行政管理重点学科丛书·专著系列

本书获上海教委重点学科行政管理建设项目资助（编号：J50406）

\>>>

公共治理结构中的企业社会责任

——基于社会防卫的治理

甘 峰/著

北京大学出版社
PEKING UNIVERSITY PRESS

图书在版编目(CIP)数据

公共治理结构中的企业社会责任:基于社会防卫的治理/甘峰著.—北京:北京大学出版社,2013.7

(行政管理重点学科丛书)

ISBN 978-7-301-22685-8

Ⅰ.①公… Ⅱ.①甘… Ⅲ.①企业责任-社会责任-研究 Ⅳ.①F270

中国版本图书馆 CIP 数据核字(2013)第 136943 号

书　　　名:公共治理结构中的企业社会责任——基于社会防卫的治理
著作责任者:甘　峰　著
策 划 编 辑:杨丽明
责 任 编 辑:朱　彦　杨丽明　王业龙
标 准 书 号:ISBN 978-7-301-22685-8/F·3643
出 版 发 行:北京大学出版社
地　　　址:北京市海淀区成府路 205 号　100871
网　　　址:http://www.pup.cn
新 浪 微 博:@北京大学出版社
电 子 信 箱:law@pup.pku.edu.cn
电　　　话:邮购部 62752015　发行部 62750672　编辑部 62752027
出版部 62754962
印　刷　者:三河市博文印刷厂
经　销　者:新华书店
965 毫米×1300 毫米　16 开本　19 印张　273 千字
2013 年 7 月第 1 版　2013 年 7 月第 1 次印刷
定　　　价:45.00 元

目　　录

第二篇 模式批判

第三篇 政府转型与"社会防卫"

第四篇 公司民主化规制与“社会经济人”转型

第五篇　政府、企业与社会:协同治理下的企业社会责任

导　论

一、研究方法

理论的一个重要功能是建立研究的形式和方法。无数的制度形成了不同的公司行为方式,每一种公司行为方式都有其自身的激励和动力机制,从而形成不同的研究形式和方法。

“公共治理结构中的企业社会责任”不是在重复新公共管理模式的改革,而是基于批判的视角,重新审视以“效率优先”为特点的新公共管理模式下的政府与企业关系,并在此基础上探索防止市场侵入的“社会防卫”治理模式。

“效率优先”的方法论体系把企业的激励机制引入政府治理。作为“企业化政府”的治理,政府削减公共开支,以最少的成本取得最大效益。然而,“效率优先”的治理模式给社会带来了巨大的道德风险。

问题是:判别公司的行为方式,究竟以价值判断的尺度衡量,还是以“效率优先”的标准测量? 这涉及经济学的方法论基础——经济学是道德科学还是自然科学? 第一篇正是从这一点切入,在对公司行为研究的基础上,探索经济学属性与方法论体系。

毋庸置疑,亚当·斯密(Adam Smith)的经济学体系以道德哲学为基础,他提出的“私利”是以“公共利益”为前提的、利己的经济行为,其视野中的市场秩序是以维护社会文明与法的正义为基础的。

然而,英国经济学家琼·罗宾逊(Joan Robinson)对上述经济学的正统学派提出了挑战——经济学研究的是“实现有效率的资源分配”,而全面阐述“效率优先”方法论体系的是新制度经济学。“效率优先”方法论体系实际上把价值判断剥离了经济学体系，从而把经济学引向一个类似于自然科学的领域。

在这里，笔者提出了一个颇有争议的论题：经济学不是自然科学，而是道德科学（Moral Science）。

本书基于跨学科的研究空间，在五篇十四章的结构体系中，以比较的手法展开批判的视角，在一个纵向全球化进程、横向国际化体系中，展现一个全新的研究形式与方法。在这里，笔者不可能打破主流思想，但是在探索范式的变化。

二、现有模式批判

在对方法论探索的基础上，第二篇的三章对现有的、为世人所推崇的公司模式以及由公司引领的经济社会形态和政府管理模式进行批判。这里包括：第三章“战时体制延续下的日本公司经营模式”；第四章“日本‘公司中心型’经济社会模式”以及第五章“新自由主义与‘企业化政府’模式”。

在大学管理专业的教学中，一直以日本式经营的“共同体”模式作为经验借鉴，并认为日本式经营是最优秀的管理方式之一。然而，笔者认为，由日本式经营的三大支柱，即终身雇用、年功序列工资制和工会组织所构成的“共同体”模式是日本战时体制——“40 年体制”在战后的延续，是从“国家主义”向“公司主义”转换中的经营模式。东京电力核事故至今还在持续，根本原因在于“公司主义”的经营体制。

由公司模式引领，“东亚奇迹”推出一个政府模式，这个模式就在日本。具体地说，是“公司中心型”经济社会模式。在这一模式中，社会合理性服从于经济合理性，也就是让社会服从于公司的经济合理性。可是，从 20 世纪的最后 10 年开始，“公司中心型”经济社会模式并没有让日本经济再度复苏，而是呈持续低迷趋势。

在 20 世纪 70 年代以来的美国，新自由主义在经济与政治领域逐渐显现出它的影响力：其一，以经济为中心的自由主义；其二，与经济自由主义互为因果的政治结构——企业化政府。

“企业化政府”以“企业支配模式”处理公司、政府与社会的关系。从里根改革、克林顿改革到布什改革，我们可以看到新自由主义改革的思路。然而，改革引发了深刻的社会危机——中产阶层消失、两极分化重现……规制改革以削减财政支出为目标，然而并没有改善财政状况。如高举“小政府”改革旗帜的美国与日本，其财政赤字居高不下。

三、政府转型与“社会防卫”

经济学是道德科学，以此为原点，本书重新审视政府与公司的关系。与新公共管理不同，本书展现的是“社会防卫”的治理。

“社会防卫”的治理中，权力动机、营利动机和权利动机之间如何保持均衡博弈，这是本书的一个切入点。我们看到，在政治家、官僚与公司的三元结构中，政治家一般居于强势，因为政治家是政策的制定者，官员是政策的执行者。可是，政治家的政治资金从公司获得，所以强势的政治家在公司面前却表现为弱势。但是，官僚在公司面前却呈强势，因为对市场的干预主要由官员完成。

同样，在官商结合的二元结构中，通过官商一体、政商结盟垄断经营。官员制定规制，引导市场走势，所以政府显得强势。然而，政府税收通过公司赢利获得，对于公司监管显得力不从心。在这里，政府又处于弱势。

今天的时代，市场经济“空间”呈不断扩大态势，而这“空间”里的“市场原理”被无限制地深化。这是市场经济的两种倾向，即“市场经济扩大与市场原理深化”，被称做“市场经济化”（或“市场主义”）。

“市场经济化”在四个层次不断向前推进：第一，全球化，国际贸易与国际资本的流动性增大；第二，区域统合，如欧盟、北美自由贸易区、东亚共同体等，这是区域层面的“市场经济化”；第三，社会主义国家从计划经济向市场经济转换，如中国特色的市场经济体系等；第四，西方国家规制改革，在民营化、规制撤销或放松的改革中强化市场化原理。无可争辩的是，以跨国公司为首的赢利企业是“市场主义化”推进主体。

匈牙利经济人类学家卡尔·波兰尼(Karl Polanyi)在《大转变》(The Great Transformation)一书中,沿着19世纪世界史的文脉,对市场与社会关系作出了深刻分析。他指出,在近代市场社会,社会是市场的原点,市场是社会的一部分。可是,市场却向社会对立面转变。例如,土地、货币与劳动力原来不是作为商品生产出来的,而现在却作为商品在进行交易。如果这一趋势不断加剧,必然引起自然与人类的冲突,最终导致市场社会解体。所以,对于土地、货币与劳动力的过度商品化或者过度"市场经济化",社会方面发起"社会防卫"运动。卡尔·波兰尼把市场调整的无秩序膨胀与社会防卫称为"二重运动"。

然而,建立在"二重运动"基础上的19世纪文明正在走向崩溃。新自由主义的西方规制改革中,"市场经济化"推动下的国民福利分配,以及新自由主义模式下的政府与企业关系,已经不能适应全球公司社会责任的竞争性需求。所以,重新审视政府与企业的社会责任显得尤其重要。

第三篇围绕政府转型与"社会防卫"展开。第六章以"发展"为视角,从内发式发展与外发式发展的结构框架中探求发展的起源、变迁以及转型。本章对"经济增长型"社会的形成进行了正反两方面分析,在此基础上,提出中国政府转型与"社会防卫"治理模式。

"社会防卫"治理模式需要政府通过制度设计保护经济和社会目标。第七章通过美国政府社会性规制折射出一个国家的民意和利益代表机制,以及政府政策的组合能力。这一章的亮点是"罗斯福新政"与"奥巴马新政"的比较。在"福特主义"时代,对于资本的社会调整来说,是一个比较成功的时代。"奥巴马新政"的"社会防卫"正在面临巨大挑战。

第八章"欧洲统一与社会的欧洲"揭示了欧洲统一进程中的"政府—社会—公司"的良性互动,以及一体化政策的公平、公正及其人道。欧洲统一进程中的"社会防卫"在"社会统一"的进程中表现出巨大的活力。

第九章回到了"生产者优先"与"消费者主权"这一颇有争议的论点,围绕美、日、中三国在改革机制、政府垄断、消费者代表体系等方面的规制改革进行比较。本章指出,社会性规制无疑是政府引导企业行为的最重要手段之一。那么,规制改革是为生产者还是为消费者?在一个外资依存度高的国家,“社会防卫”尤其需要政府的政策组合能力。

四、公司民主化规制与“社会经济人”转型

从“经济人”到“社会经济人”,这是一个革命性转变,而公司民主化规制是实现这一转变的制度安排。

今天,公司持有无限制的权力,并且永远以“法”的姿态强化其权力。公司有关生产、雇用以及投资的决策影响到了整个社会,可是公众却没有发言权。尤其当公司在环境污染、人权保障以及公共安全等方面作出了错误决策之后,受害的是消费者与雇员。在一个民主社会中,公司基本上是一套不民主的制度。所以,公司民主化规制旨在公司利润与社会福利之间建立一套民主程序,促使企业从“经济人”向“社会经济人”转变。

第四篇第十章把企业的经济活动放在一个复杂的地球环境中加以考虑。本章指出,从风力到石油转换,在人类生产活动与能源的关联中表现出一种让人类难以接受的姿态——“废热·废物、水、土之间的平衡逐渐被打破,水土流失、土地沙漠化、水资源匮乏……而这一系列状况又与不断反复的干旱、洪涝形成恶性循环,现代工业文明造就了一个环境破坏型经济结构。”20 世纪中期,英国经济学家、化学家、诺贝尔化学奖获得者弗雷德里克·索迪(Frederick Soddy)曾经指出:所谓“财富”不过是对自然的负债而已,一种负债的“财富”不过是一种幻影,“财富”应该体现人与自然的和谐……对自然不能负债,向自然索取的应该归还。[①]

第十一章对“社会经济人”的公司治理模式进行探索。20 世纪 80 年代以来,随着公司治理模式的转换、经营管理阶层的兴起,围绕公司治理的论战悄然而至:经营管理阶层应该忠诚于公司的价值利益还是相互信赖的利益相关者?本章以德国公司治理为经验,以公司与社区的关系为框架,在一个全球化的趋势中,探讨利益相关者在中国公司治理中的地位。本章指出,一个具有社会责任感的公司应该从事有助于改善社会的事情,建立

① 〔日〕室田武:『君はエントロピーをみたか』,朝日文庫 1991 年,第 168 頁。

一个与自然和谐的,符合市场伦理的,具有承诺、约束、责任感和自制力的企业。

第十二章探讨了公司民主化规制的治理结构。对大企业的民主化规制,不仅仅涉及商品、价格、服务以及品质等一系列市场评价标准,还要追究其生产过程,即公司在怎样的经营体制下生产,以及其生产过程是否符合具有社会责任的公司标准。为此,在宏观层面,把公司纳入社会责任规制体系,包括公司社会责任的国际评价机构、经营者网络以及以 NPO 为核心的市民运动,由此对公司社会责任的监督形成良性循环机制;在微观层面,公司民主化规制由一系列指标构成,在公司民主化管理、环境革新与道德管理等方面,社会责任应该成为企业经营的中心问题,并作为经济重大课题被纳入公司决策过程。

五、协同治理与公司社会责任

人重新回到社会核心的地位,这就是“人的发展”。公共治理结构中的公司社会责任以“人的发展”为前提,通过政府、公司以及市民社会的协同治理达到新的均衡,从而使企业重新回到社会原点。

第十三章从“社会企业”的角度阐述协同治理。社会企业源自 19 世纪的欧洲,它是在国家权力之外,由市民将个体人力资本通过社会协同,提高其社会效能,促进社会发展。今天的“社会企业”,我们更关注企业家的社会责任。20 世纪 80 年代以来,“以投资方法改变社会”——社会责任投资成为公司与社会协同治理的新范式。我国社会责任投资滞后,而宏观层面的社会责任推进制度缺失是问题的关键。对于产业政策基础,社会责任投资(CSR)应该被置于怎样的位置?与社会责任投资相关的各个部门如何寻求政策层面的改革?对于上述问题,至今尚未形成指导性意见。

第十四章对新公共管理中的“公共性”提出质疑。本章对日本公共部门民营化改革与上海公共部门改革进行了评述,在此基础上,提出“官制市场”与“市民市场”两个概念。本章认为,新公共管理推进下的公共部门民营化,实际上把企业(或非营利组织)引入一个“官制市场”。上海公共部门改革、BOT 模式的运用，把赢利的基础设施项目推向市场，吸引外商资本和民间资本参与建设。可是，改革基本按照“官制市场”的思路运行。

本书从“市民的公共”——一个“大公共”视野中提出公共部门改革的两大转变：其一，从“官制市场”向“市民市场”转变；其二，从“批判型市民运动”向“政策提案型市民运动”转变。在此基础上，实现政府、公司以及市民社会协同治理下的社会责任。

第一篇 公司行为的方法论探析

公司——概念化的“公司”与现实世界中的公司是不同的。作为概念化的“公司”，它来自家族式企业。经过从19世纪中叶开始的一百多年，美国实现了由家族式企业向现代公司制企业的演变。我国2005年制定《公司法》，现代公司制企业的出现比美国晚了约一百五十年。

公司属经济学研究范畴，公司社会责任是跨学科研究，公司社会责任中涉及的公平、正义已经进入了政治学研究领域。然而，不管是经济学还是政治学，它们都是从伦理学起步，近代经济社会秩序是由经济规律与政治规制构成的。

公司行为是经济学研究的逻辑起点，对公司行为的不同评价涉及经济学属性与方法论体系。作为跨学科研究，首先要建立公司社会责任的研究形式和方法，而这又必须区别于已有的研究成果。

经济学是自然科学还是道德科学？对这一问题的不同解释形成了完全不同质的方法论体系。从古典经济学到福利经济学，一个基本范式是：以价值判断为前提，把道德评价标准运用于经济制度。然而，“效率优先”的研究范式对上述学派提出挑战。新制度经济学认为，福利经济学方法论中存在基本缺陷，所以研究方法要改变。

企业是追求利润的资本运动体，又是社会生产的承担者。社会对企业伦理寄予无限的期待，可是企业实态与社会期待却有很大的背离。今天，我们再也不能只用经济术语和所谓的权威观点评价公司组织，因为公司组织要负责帮助社会实现一系列范围广泛的社会目标。公司行为是否符合市场和社会道德规范？第一篇的第一章与第二章正是从这一点切入，在对公司目标与行为研究的基础上，对经济学的方法论体系进行探索。

第一章　公司目标与行为的伦理诠释

——相关文献综述

一、从伦理学起步的经济学与政治学

公司是市场经济运行的主体。市场经济的合理运行来自人的行为的合理性，而合理性来自人们利己的情感，即私利。这里既包括生产者，也包括消费者。然而，一味地追求私利会产生危及社会的行为。所以，“利己的种种情念”必须维护文明社会的秩序与法的正义。于是，公司行为成为政治学研究的领域。经济社会秩序由政治规制构筑。

（一）公司概念

公司制企业（Company System Enterprises）简称“公司”，是一个独立于出资者的经济与法律实体，是现代经济社会中主要的企业存在形式。一个公司就是一个法律实体，它能够拥有自己的财产、经营业务，可以起诉其他组织或者被其他组织起诉。所以，一种企业组织形式的公司，标志着法律制度的革新。19 世纪中叶，美国法律制度在三个方面取得进展：其一，产权界定；其二，企业实体的公司制；第三，政府保障契约履行。在我国，公司制企业是指《公司法》所界定的两种最基本的组织形式，即股份有限公司和有限责任公司。论及公共治理结构中的企业社会责任，这里的“企业”是指“公司制企业”。本书中，“公司”和“企业”交替出现，其内涵是一致的。

企业是怎样产生的？罗纳德·科斯（Ronald Coase）认为，价格变动决定生产,这是通过一系列市场交易协调的。在存在企业的情况下,复杂的市场交易被企业家代替,市场交易被取消,企业家指挥生产。正是从这一意义上说,“企业的特点就是作为价格机制的替代物”[①]。从这里能看到企业的两种协调功能:一是价格机制的协调功能,二是企业家的协调功能。第一种功能说明资源配置由价格机制决定,第二种协调功能说明资源配置依赖于作为协调者的企业家。

在一个专业化的市场经济中,企业家是如何出现的?一些人为了能找到工作而接受低报酬,企业家便出现了,因为组建企业有利可图。但是,利用价格机制是有成本的,最明显的成本是所有与价格相关的事宜。所以,企业往往会设计出一种技术,它可以使契约成本最小化,[②]即通过形成一个组织,并允许某个权威(一个企业家)支配资源,就能节约某些市场运行成本。现实世界中的公司就是为了追逐利润而存在的。

阿曼·阿尔奇安(Armen Alchian)和苏珊·伍德沃德(Susan Woodward)把企业的合作经济活动组织称为“黑箱”,劳动力和资本进入这个箱子之后,出来的是产品——这是一种财富最大化驱动的机制。[③] 罗纳德·科斯认为,政府是一个超级企业,因为它能通过规制影响生产要素的使用。

(二)从伦理学起步的经济学

作为“家政学”——经济学的源流是伦理学理论体系的一环。近代经济学先祖——亚当·斯密在格拉斯哥大学任道德哲学教授的时候,已经勾画出从伦理基础到法律正义的一般原理,并试图以此为出发点,建立近代社会秩序。前者体现于他的《道德情感论》(1759),后者体现于他的《国富论》(1776)。遗憾的是,人们推崇西方经济学中一个最基本的概念——“理性经济人”假设,而忽略了亚当·斯密经济学体系中的道德哲学基础。今天,市场经济中的行为主体在不择手段地追求利益最大化的同时,对这一问题的矫正尤其显得重要。

---

① 盛洪主编:《现代制度经济学》,北京大学出版社 2003 年版,第 105 页。

② 同上书,第 106 页。

③ 同上书,第 265 页。

亚当·斯密设想的近代市场经济社会,其核心是道德哲学概念中的"相互共感"。"共感"基于如下假设:市场经济的合理运行来自人的行为的合理性,而合理性来自人们利己的情感,即私利。斯密在《道德情操论》中指出:"来自于私利驱动的竞争社会,它保障了资源的有效配置和生产效率的提高……然而,只有在公共利益基础上的私利,才是追求幸福的条件。"人的幸福不仅仅属于竞争中的获胜者,"经济人"的胜利并不是人们所期待的。人们需要一种"共感",即共同感受到一味地追求私利会产生危及社会的行为。所以,"利己的种种情念"必须在维护文明社会的秩序与自然法正义的基础上,才能保障资源的有效配置和生产效率的提高。[①] 显而易见,斯密从人的行为的合理性出发,提出了适合于近代市场经济的新的伦理学原理——建立在道德世界和谐基础上的"私利"。斯密在《国富论》中的著名论点——"看不见的手"与市场秩序的维系,实际上是经济活动的各主体在伦理框架下的行动。

(三)从伦理学起步的政治学

近代经济社会秩序融合了人的主体行动与市场客观规律的相互作用,这是道德科学与自然科学的两个层面,也是西欧学术研究的基本立场。西欧学术的源流是亚里士多德的理论体系,其核心是人的治理,这属于伦理学范畴。《尼各马可伦理学》[②]奠定了亚里士多德理论体系的伦理学基础。它以"善"为核心,全面阐述了人的理论知识,并把伦理学看成人类的生存方式。然而,如何寻求最善的国家?亚里士多德从伦理学走向政治学。由此可见,亚里士多德的政治学是从伦理学起步的。

亚里士多德以来的政治学与当代政治的核心问题仍然是"人"的治理。如果把人的行为的经济人假设与交易政治的范例结合起来,我们可以看到,政治家并不如人们所想象的那样是"大公无私"的利他者,政治家寻求的是促进自身利益的政治目标——一种对私人收益的追求,从个人利益

---

① Adam Smith:『道徳情感論』,〔日〕水田洋訳,筑摩書房 1973 年,第 58—59 頁。

② 此书是古希腊哲学家亚里士多德的著作,相传由其子尼各马可编撰而成,论述人类的特性。

出发的政治秩序。

二、公司目标的机会主义危害与社会成本

(一) 公司目标的机会主义危害

罗纳德·科斯认为,经济活动的组织被视为外生给定,企业被描述为生产函数,它的目标是利润最大化。[①] 道格拉斯·诺斯(Douglass C. North)在《交易成本、制度和经济史》一文中指出,财富最大化的行为假设是经济理论的基石。这一假设指出,如果在没有任何约束的情况下一味追求自身利益最大化,那么我们就会生活在霍布斯式的丛林中,生活中充满了危险和残忍。因此,约束使人们能够通过限制某些类型的行为而组织在一起,并使文明成为可能。[②]

阿曼·阿尔奇安等学者在对奥利弗·威廉姆森(Oliver Williamson)的《资本主义经济制度》的评论中指出,企业机制是"由财富最大化驱动和报酬法则所控制的机制"。那么,一个企业还能做什么呢?[③] 企业所有者雇用一位经理,并要求这位经理将利润最大化。然后,这位经理雇用员工,并要他们听从指挥。一个投资者借钱给一个企业,并要求该企业按债权人的利益行事。委托人确切地知道代理人做什么或将做什么。可是,代理人有机会更多地根据他自已的利益,带有倾向性地行事,某种程度上会与委托人的利益不一致。正是从这一意义上,阿曼·阿尔奇安认为:"企业的道德危害,机会主义是一种形式"[④]。有限理性加上自我利益,机会主义便随之而来。

什么是机会主义?奥利弗·威廉姆森指出,所谓机会主义,是欺骗性

① See R. H. Coase, Industrial Organization: A Proposal for Research, in R. Ruchs (ed.), Policy Issues and Research Opportunities in Industrial Organization, New York, pp. 51—73.

② 转引自〔德〕埃瑞克·G. 菲吕博顿、鲁道夫·瑞切特:《新制度经济学》,孙经纬译,上海财经大学出版社 1998 年版,第 245 页。

③ 参见盛洪主编:《现代制度经济学》,北京大学出版社 2003 年版,第 266 页。

④ 同上书,第 270 页。

地追求自利,如说谎、欺骗等。它更多地涉及更复杂的欺诈形式,包括主动的形式与被动的形式、事前的形式与事后的形式。至于机会主义对经济组织的影响,他认为,机会主义是一种不完全的或扭曲的信息提示,尤其是有目的的误导、掩盖、迷惑或混淆,再加上不确定性,使经济组织的问题更加复杂化。[①]

我国股市的机会主义尤为突出。首先,股市大幅度下跌都是在经济持续快速增长的情况下发生的,不确定性致使市场预测尤其复杂,根本原因就是股市的机会主义运行机制。其次,信息的不透明导致市场存在不确定性。美国证券交易委员会(SEC)规定,海外公司在美国证券市场上市的时候,必须在网上公开对企业营业产生重要影响的信息。这被称做公司电子登录、公开的 EDGAR 体系。无论是谁,都可以在 SEC 的网站上进入 EDGAR,查询公司信息。我国却没有一部强制公开公司信息的法律。所以,证券市场造假成风,违法、违纪现象普遍。最后,我国股市很少分红,所以投资者获利通常只能通过投机,以投机推动股市,左右股市的是机会主义运行机制。

开拓证券市场与国际市场接轨的路径,关键还是制度。可是,中国证监会 2006 年 1 月 1 日出台《上市公司股权激励管理办法》,以及同年 9 月 30 日国资委出台《国有控股上市公司实施股权激励试行办法》,对公司高层管理人员的激励在于以下选择:为股东利益最大化,还是攫取股东利益以中饱私囊?

吴育辉与吴世农在《企业高管自利行为及其影响因素研究》一文中,对高层管理者的薪金、绩效考核等方面进行了自利行为的测量。测量表明,现有公司治理结构对高管自利行为的制约十分有限,而且有效激励机制在促使 CEO 实现股东利益最大化,如使用不当,则会成为高管自利的合法手段。[②]

---

① 转引自〔德〕埃瑞克·G. 菲吕博顿、鲁道夫·瑞切特:《新制度经济学》,孙经纬译,上海财经大学出版社 1998 年版,第 71 页。

② 参见吴育辉、吴世农:《企业高管自利行为及其影响因素研究》,载《管理世界》2010 年第 5 期,第 148 页。

作为国内较早研究公司治理结构的机构,南开大学公司治理机构研究中心设计的“上市公司治理指数”对公司“利他主义”价值理念有系统的梳理。在2004—2008年证券公司、保险公司与商业银行的治理指数中,股东治理指数与董事会治理指数较高,而利益相关者指数相对较低。重要的是,“上市公司治理指数”旨在重构奉投资者为“上帝”的资本市场与证券市场,实现由“圈钱”到“股东回报”的转变。① 遗憾的是,公司社会责任目标并没有显现出来。在我国,公司“利他主义”经营理念如何向社会渗透?这是久而未决的公司治理难题。

(二)社会成本问题

公司机会主义目标给社会造成极大危害,市场风险向社会扩散,由此带来社会成本。有关社会成本问题,新制度经济学创始人罗纳德·科斯提出了另外一种解释。

如果某工厂的烟尘给邻近居民带来有害影响,经济学家一般主张要求工厂主对烟尘所引起的损害负责赔偿,或者根据工厂不同的烟尘排放量对其征税,再则责令工厂迁出居民区。可是,科斯认为,这些解决的办法并不合适。他举例指出:“如果我们假定污染的有害后果是鱼类死亡,要决定的问题是:鱼类损失的价值究竟大于还是小于可能污染河流的产品的价值,不言而喻,必须从总体的和边际的角度来看待这一问题。”②

按照科斯的分析,外部侵害不仅起因于侵害者的行为,也起因于被侵害者的存在;受到侵害是损失,而让侵害者停止侵害行为也会造成损失。于是,他提出了“经济外部性”的内部化。那么,政府是否要管制这些企业的“无责任危害”?科斯也提出了相反的意见。他认为,由于市场和企业不能解决问题,政府管制就显得有必要。但不能过高估计政府管制的优点,因为政府管制成本远远高于管制有害效应的收益。所以,应该用经济学上的“效率优先”的方法研究这一问题。

---

① 南开大学公司治理评价课题组:《中国上市公司治理状况评价研究——来自2008年1127家上市公司的数据》,载《管理世界》2010年第1期,第151页。

② 转引自盛洪主编:《现代制度经济学》,北京大学出版社2003年版,第4页。

对于以上社会成本问题的评析将在第二章展开。经济学是自然科学还是道德科学,将是透视这一争议的关键。

三、公司社会责任的多重视角

(一) 公司社会责任的负面压力与正面诱导

传统商业理念认为,“诚实纳税”或“创造盈余利润回馈股东”就是公司社会责任。经济学家米尔顿·弗里德曼(Milton Friedman)认为,企业唯一的社会责任就是增加利润。然而,迈克尔·波特(Michael Poter)不同意弗里德曼的说法,他认为,如果公司能运用慈善资源强化营运区域的竞争环境优势,将可能整合经济与社会目标。[①] 实际上,一些公司已经开始运用“竞争环境”战略规划慈善公益行为,以追求社会与经济双重效益。

在发达国家,公司面临巨大的负面市场压力。消费者及国际 NGO 的网络信息搜集及应用能力越来越强,再加上全球有 13 亿网民,这股强大的社会力量直接挑战公司传统的商业理念。例如,IBM 表示,社会公众对系列性社会问题越来越敏感,如气候异常、产品安全、劳动条件、公司财务报表、社区治理等,从而使公司产生巨大压力。另外,正面市场诱导作用也在显现。例如,全球第六大会计师组织 Grant Thornton LLP 会计师事务所与《商业周刊》对 500 位公司决策者的调查发现,多数公司高管确信公司社会责任可正面帮助企业营运,以创造更多的利润。IBM 调查 250 家公司战略决策后,制定了一份名为“经由公司社会责任达成的可持续发展”的报告。由此可见,消费者的网络传播能力可激发公司重视社会责任。

(二) 股东倡议行动

股东倡议行动是投资机构要求改善企业社会道德行为,并以此为议题进行股东倡议。社会责任领导机构跨信仰企业责任中心(ICCR)在 2006

---

① See Lisa Roner, Coca-Cola-Ghosts in the Coke Machine, http://www.ethicalcorp.com, 2006.03.12.

年针对70家上市公司发出150件股东委托书代理决议案，其中包括高管薪酬、国外军售、转基因以及可持续发展报告等议案。①

在地球生态保护方面，英国GCM资源公司曾计划在孟加拉国西北部开发全球最大的露天煤矿，这一计划将对当地生态及居民生活带来极大灾难。据孟加拉国专家评估，项目至少要安置13万人口；由于要阻止地下水流进300公尺深的矿坑，所以要抽降当地的地下水，为此要影响22万人的生活及灌溉用水。开采计划在当地引起极大反响，GCM资源公司在当地遭遇5万人的抗议。当地社区代表致函亚洲开发银行，指出整个计划将损害联合国教科文组织审定的世界遗产地点——红树林森林。作为对这一事件的回应，亚洲开发银行在2008年4月宣布退出孟加拉国有争议的煤矿开发项目。此后，孟加拉国、英国和国际公民组织呼吁一些国际知名金融机构像亚洲开发银行一样履行社会责任。

类似的案例在中国与缅甸之间也有发生。2009年3月，中缅两国政府签署了《关于合作开发缅甸水电资源的框架协议》。2011年3月，中国水电中标缅甸密松水电站建设与运行管理工程。10月，缅甸方面突然宣布终止中缅两国密松电站合作项目。为此，中国电力投资集团公司高层负责人表示不解，在回答记者提问时一再表示，水电是目前技术最成熟也是最经济的可再生清洁能源，对于缅甸方的态度深感震惊等。缅甸叫停密松电站合作项目是出于环境生态考虑。水力发电对生态造成的破坏实际超过火力发电，大坝一旦建成，当地丰富的生物资源和文化遗存都将被淹没在滔滔大水之中，它对生态造成的危害：从鱼类到植物，从河床到气候，从水质到疾病传播，从引发地震到安置移民……灾难性后果已经为无数教训所证明。中国水电是上市公司，但股东倡议行动在中国尚未启动。所以，中国公司的社会责任首先受到来自国外的挑战。

（三）公司"社会创新"

公司要应对社会对企业在道德、法律方面的期待。例如，权衡环境与

---

① 参见钱为家：《全球战略CSR案例报告》，中国经济出版社2010年版，第21页。

社会成本的可持续发展战略；促进社会价值，包括消费者权益和社区治理的参与；社会责任投资与环境资源的保护等。所以，在全球化竞争的时代，一个公司要脱颖而出，除了产品创新以外，还必须把社会创新（Social Innovation）视为经营成功的关键要素。

社会创新是指研发设计产品的时候，要考虑消费者的功能需要与安全。对公司来说，社会创新就是具有社会效益的品牌。社会创新需要政府、非政府组织以及企业的合作。联合利华 CEO 帕特里克·塞斯考（Patrick Cescau）认为，成功的企业是能预先降低环境负面冲击，而不是等公众抗议之后被迫改善。联合利华社会创新从两个层次进行：其一，总体层次，如"支持非洲商业行动"，主要帮助一些非洲国家的民众脱贫；其二，个体层次，如 2006 年发起的"消除慢性饥饿商业行动"，旨在帮助社区改善营养状况，参与此项行动的非洲民众约有 2 万人。

联合利华另一项社会创新是在印度 65 个村庄构筑妇女微型贷款自助网络，让有意愿的创业者成为联合利华在当地的直销代表。现在已经有 4.5 万个成员在为近 1 亿消费者服务，[①]解决了乡村没有销售网络的问题。

P&G 公司推出环保洗衣粉 Ariel，并发起"转向 30"（Turn to 30）消费者教育运动，呼吁消费者将洗衣水温调低，以节约能源。P&G 计划在未来 5 年内推出价值 200 亿美元的"可持续创新产品"。

（四）社会义务与社会响应

发达国家在过去半个多世纪消耗了 75% 以上的全球能源和资源，并制造了大量的工业废弃物、有毒废弃物和生活废弃物。一个同样令人担忧的问题是：随着全球新兴国家工业化步伐的加速，全球环境问题会更加恶化。

公司如何保护生态环境？有些公司所做的仅限于法律要求的底线，而有些公司提出了"3P 计划"，即污染防治投资（Pollution Prevention Pays）。在这里，有必要对社会责任、社会义务与社会响应作一比较分析。

---

① 参见钱为家：《全球战略 CSR 案例报告》，中国经济出版社 2010 年版，第 33 页。

社会义务是指一个企业承担其经济的、法律的责任和义务。这是法律要求的最低限度。如果只以社会义务作为公司的要求,那么企业在追求社会目标时将仅限于有利于自身利益。

社会责任加入了道德要求,公司应该从事有助于改善社会的工作,而不是仅限于法律底线的要求。于是,社会响应成为大家关注的话题。社会响应是指一个企业适应社会变化的能力,以及公司管理者作出促进其社会行动的决策。

例如,Hangers Clleaners 公司在洗衣过程中采用无污染流程。杜邦公司开发了一种新型除草剂,帮助全世界的农场主每年减少了 4500 万磅化学药品。① 通过产品开发,杜邦公司也对希望在农作物上使用最少化学药品的顾客提供了帮助。上述公司行为是一种社会响应,公司走的是绿色管理的道路。

如何满足利益相关者的多种需求,这也是社会响应的一种方式,更多考虑雇员、供应商以及社区群体在环境方面的需求。例如,康柏计算机公司制定了最大程度降低有害辐射、循环利用以及减少废弃物和能源消耗的公司计划,从而满足了不同利益相关者的需求。

(五)中国——观望中的公司社会责任

在我国,公司社会责任研究主要集中在上市公司治理、国有商业银行治理、公司治理与政府作用等方面。在公司治理方面,利益相关者研究比较受重视,尤其是上市公司的利益相关者研究已经有了比较高的水准。例如,南开大学公司治理机构研究中心设计的"上市公司治理指数"就是一例。可是,官方机构的研究在一定程度上比较趋于保守。

2004 年,欧洲推出 SA8000 社会责任认证指数,由此引发中国企业社会责任的讨论。一种观点认为,SA8000 是挥向中国的贸易大棒。另一种观点认为,SA8000 将促进劳动法实施。作为官方机构的劳动和社会保障

---

① 参见〔美〕斯蒂芬·P. 罗宾斯:《管理学》,孙健敏等译,中国人民大学出版社 2006 年版,第 123 页。

部劳动科学研究所就在这一年成立了课题组，在对珠江三角洲和长江三角洲进行充分调研的基础上，完成了“企业社会责任应对策略研究”的报告。报告提出了这样一个问题：将劳工标准与国际贸易挂钩，究竟是贸易保护主义还是改善劳工状况？中国劳动力的低成本是比较优势还是倾销？报告的核心观点基本倾向于前者，认为 SA8000 不过是外部生产守则的一种，在整个企业社会责任运动中的地位非常有限，但由于商业机构和媒体的炒作，其影响力在部分国家，尤其在中国被过度放大，而回避了其政治色彩和商业色彩。[①]

公司社会责任于 20 世纪 90 年代中期影响我国，主要集中在玩具、服装企业，以后逐渐由沿海渗透到内地，范围扩展到外贸加工行业。随着跨国公司纷纷在中国投资建厂，一些跨国公司开始启动社会责任审核机制。于是，从沿海到内地，被迫接受社会责任审核机制的企业逐渐增多。社会责任在我国企业实施主要采取两种方式：一是跨国公司“查厂”；二是 SA8000 认证。由此可见，我国公司社会责任是被动拉入国际体系的，公司尚未形成自觉自愿的社会责任机制，而且相关的法律也不完备，更没有监督。国务院国有资产监督管理委员会在 2008 年 1 月发布了《关于中央企业履行社会责任的指导性意见》，但是没有任何强制性。

四、跨国公司与环境

说起企业，人们一般会联想起世界上著名的跨国公司（TNC），利润驱动着这些公司到处寻求市场。自由贸易、民营化的趋势在扩大，而经济全球化和金融全球化致使这些公司的权力不断膨胀。随着全球市场的形成，获取利润的机会也越来越多。

（一）跨国公司是全球化的起因

来自跨国公司的海外投资是经济全球化的起因与结果之一。以美国

① 参见劳动和社会保障部劳动科学研究所课题组：《企业社会责任运动应对策略研究》，载《经济研究参考》2004 年第 81 期。

经济的战略转型为例:美国经济可以分为“北部型”与“南部型”两种类型。“北部型”是以制造业为轴心、大企业为核心的产业体制,经济循环以大量生产、大量消费为中心。支持这一结构的是凯恩斯主义和福利主义。“南部型”是以资源和农产品为中心的独立自营经济。自由竞争的经济人模式支配着“南部型”经济,靠低工资实现其低成本,利润来自于对劳工的榨取与新市场的开拓。

20 世纪 70 年代以来,美国经济从“北部型”模式向“南部型”模式转型,如独立经济人模式、低工资的劳动强化制度、市场竞争的能力主义等。由于受制度约束,这种低工资、低成本的市场竞争逐渐向海外廉价的劳动力市场转移,与此相关的是大量的资本输出。这就是 20 世纪 80 年代全球化的重要特征之一。

跨国公司推动了全球化进程。20 世纪 70 年代以来,跨国公司呈显著增加态势。1970 年的跨国公司数量大约为 7000 个(包括各国的子公司、分店),2002 年增加到 65000 个以上,在全球约有 85 万个系列公司,国外的系列公司占世界 GDP 的 1/4 左右,企业内贸易占世界出口的 1/3 左右。①

再看跨国公司的海外直接投资(FDI),1970 年的纯流入约 92 亿美元,1998 年上升到 6890 亿美元,2000 年达到一个空前高度——1 兆 4900 亿美元,2001 年回落到 7350 亿美元。2001 年发达国家的海外直接投资占世界海外直接投资的 68.4%,其中西欧占 45.7%,美国占 16.9%,日本占 0.8%。在过去的几十年间,众多的世界性企业通过合并或买收扩张其实力。1990 年跨国公司的境外收购为 1510 亿美元,2000 年达到 1 兆 1400 亿美元,2001 年回落到 5940 亿美元。② 全球化促进对特定市场的控制,从而导致企业力量集中。电子、电气产品领域的五大企业占据世界市场的 40%,耐用消费品领域的七大公司占据世界市场的 70%。

社会绿色主义者指出,跨国公司的利益最大化目标致使人类被不平等的榨取控制。大型跨国公司为了降低成本而进入一些人权不受重视的国

① Jennifer Clapp, Peter Dauvergnc,『地球環境の政治経済学』,〔日〕仲野修訳,法律文化社 2008 年,第 166 頁。

② 同上。

家。接受国政府辩称,跨国公司能带来就业并有助于当地经济发展。汽车制造商生产耗油量高的运动型车辆,因为有顾客喜欢这类车辆并愿意为之付出高价。但是,这类车辆对环境造成严重危害。有14亿人口的中国加入了世界贸易机构(WTO)以后,跨国公司在中国的投资呈全方位增长的态势。有些跨国公司正是利用了中国对外资的优惠政策,生产高污染产品,从而引发企业伦理、环境等一系列与后发国家社会结构关联的问题。

(二)“污染逃避”与“产业逃避地”的二重标准

自由市场主义者对跨国公司在全球的扩张持赞许的态度,认为世界经济由此可得以健全,而健全的世界经济对一个国家的国民经济有拉动作用,不管是富国还是穷国,其功效都相同。尤其是发展中国家,由于跨国公司的投资而带来的商机不仅仅在于经营层面,还在于有效率的新技术。换句话说,跨国公司给发达国家或发展中国家带来了持续发展的动力。

对跨国公司持批判态度的人指出,跨国公司在海外投资,目的在于寻找几乎没有环境规制的国家。从一个环境规制严格的国家向环境规制宽松的国家转移,这被称为“产业逃避”,或者称“污染逃避地”的寻找。[①] 寻找“污染逃避地”有以下两个条件:其一,发展中国家出于对招商引资的需求,环境规制的门槛很低;其二,企业为了节省治理污染的成本而把产业转向别国。

世界银行的经济学家戴维·韦勒(David Wheeler)指出:“这些污染企业,既有国内投资家的产权所有,也有国外投资家的产权所有;产品既面向世界市场,也有面向国内市场。所以,对于‘污染逃避地’的争议,其重要的是,它既不是所有权问题,也不是市场定位的问题,而是受入国政府为了发展而自发地取消了环境规制。”[②]

“污染逃避地”与“产业逃避”是表里一致的问题。也就是说,这两个概念意味着两个国家在环境规制方面的不一致。美国严格的环境规制引

---

① See World Bank, World Development Indicators: 2003, www.worldbank/data.

② Jennifer Clapp, Peter Dauvergnc,『地球環境の政治経済学』,〔日〕仲野修訳,法律文化社2008年,第169頁。

发"产业逃避",相关公司向环境规制较宽松的发展中国家转移。对接受污染产业的国家来说,环境与健康始终是令人不安的两大问题。发展中国家的环境污染一直是悬而未决的难题。

20世纪70年代以来,西方学术界对上述环境与健康两大问题展开争论,争论集中在论据层面。争论的一方来自市场自由主义者。计量经济学家收集了有关美国制造业的污染物排放与排除抑制成本的数据,经研究认为,由于发达国家严格的环境规制引发的"产业逃避",其可能性很低,因为工人与技术的成本远远高于环境成本,污染抑制成本一般不会高于销售总额的2%。[①] 所以,尽管环境规制在变,企业也不会以此为理由而转移。市场自由主义者指出,发展中国家中接受外资最多的国家——巴西、中国与墨西哥在过去的10年出现了大量的国内污染产业,这是国内生产与消费方式的变化所致。作为市场自由主义者的世界银行前副总裁、克林顿政府的前财政部长拉里·萨默斯(Larry Summers)在1991年的世银备忘录中指出:"据损害健康的污染成本测定,损害健康的污染是在成本最低的国家生成。不言而喻,其工资也是最低的国家。在工资最低的国家,大量的有害废弃物的丢弃,似乎有其经济理论的合理性……"[②]

除了市场自由主义者以外,一般都认为,跨国公司的海外直接投资会给自然环境带来深远的影响,其中最有力的批判首推"社会绿色主义者"与"生物环境主义者"。生物环境主义者与社会绿色主义者对跨国公司的环境影响基本持否定的态度,因为他们看到了"污染逃避地"与"产业逃避"的现实威胁与潜在威胁。尤其是以开采自然资源为目标的全球跨国公司,如石油、采矿以及伐采业等,占用了地球大半的自然资源,通过加工输往发达国家,由此导致煤炭和石油的储藏量逐年减少,地球生命的资源逐渐被耗尽。资源—产品—废弃物,跨国公司的经济发展模式带来的是资源耗竭、环境污染、生态恶化。例如,美国康菲石油公司在中国的溢油事故造成周边3400平方公里海域的水质由一类下降至三类、四类,840平方公里

---

① Jennifer Clapp, Peter Dauvergnc,『地球環境の政治経済学』,〔日〕仲野修訳,法律文化社2008年,第170頁。

② 同上书,第171頁。

海域的水质由一类下降至劣四类。

生物环境主义者和制度主义者的批判依存于案例研究，他们收集的实证数据比市场自由主义者来得详细，足以说明跨国公司对现实地域社会的影响，而这些实证概念是计量经济学家所难以捕捉的。社会绿色主义者和生物环境主义者指出，污染严重产业在发展中国家的比例不断升高，这是由于跨国公司使用了“二重标准”的缘故。也就是说，跨国公司在母国使用的是一种标准，在别国使用的是另外一种标准。①

制度主义者对市场自由主义者统计的数据与实证材料提出批评。相对于可持续发展而言，制度主义者更强调国际社会的引导，并呼吁国际社会重新修正基准，从而减少因基准差异带来的不公平。但是，对于环境标准的修正将给国家政策与企业行为带来深远影响，这不仅仅是一个经济问题，还是一个重大的政治问题。

五、公 司 批 判

（一）公司批判：从文学领域到政治领域

1. 最早的公司批判从文学领域开始

美国是最早建立起现代公司制企业的国家。但是，在美国的一项调查表明，美国人生活之中的商人是以一种负面的形象出现的。② 最早的公司批判可以追溯到独立战争时期，由文学家们直接对商人发起了攻击。

文学领域对企业界的批判集中在道德层面。1885 年出版的威廉·笛恩·霍威尔斯（William Dean Howells）的《塞拉斯·拉法姆的发迹》被认为是第一部关于批判美国企业的小说。主人公塞拉斯通过攫取合作伙伴先前的利润而发了大财，可是不久因公司发生财政危机而走向破产。作者指

① See Castleman 1985: UN Transnational Corporations and Management Division, 1992, p. 223.

② See Emily Stipes Watts, The Businessman in American Literature, Athens University of Georgia Press, 1982, pp. 2—5, 6.

出,企业的成就是以肮脏的金钱为基础的,企业破产是一种洗罪的经历。①

在文学家的笔下,商人是一批浅薄而没有文化的人。舍伍德·安德森(Sherwood Anderson)的《俄亥俄州的温斯伯格镇》描述了气量狭小、感情麻木的商人,他们对社区没有作出任何贡献,反而用企业标准强制蹂躏社区。②

当然,美国文化中的商人形象也有其积极的一面。在19世纪,公众喜爱的企业也具有良好美德,一些小说或者小故事中描述的公司人物以创造性或者努力工作而博得了社会认可,有些商人还被描绘成文化精英。然而,一些新的大型公司确实缺乏公共合法性。在1895—1896年的合并浪潮中,大公司受到了公开谴责。尽管公共关系部作了极大努力,但是大企业还是没有赢得公众的信任。这一现象一直持续到第二次世界大战开始才得以改善。

2. 从文学领域到政治领域

对企业界进行政治性批判出现于20世纪初的小说创作中,矛头主要指向大公司的经营战略。例如,弗兰克·诺里斯(Frank Norris)的《章鱼》以加州铁路发展史为视角,揭示了农场主与铁路公司之间的冲突,控诉铁路公司对农场主的无情占有,以及对立法机关的控制。《章鱼》中有这样的一段表述:"他们占有我们的家乡;占有我们的立法机关。有人告诉我们,我们能够在票箱中击败他们,可是票箱被他们占有;有人告诉我们,可以到法院去寻找正义,可是法院为他们说话。"③

从20世纪60年代中期到70年代中期,由于越南战争和"水门事件",公众对国家领导人的信任度呈垂直下降趋势。与此同时,私人企业的信任度也呈崩溃态势。由此而来的公司批判也从文学领域转向政治经济领域,即从政府与企业关系中探求企业的社会性建构。

对企业经营方式的批判主要体现在一系列的问卷调查和相关的报告

① 转引自〔美〕理查德·雷恩:《政府与企业——比较视角下的美国政治经济体制》,何俊志译,复旦大学出版社2007年版,第66页。

② 同上。

③ 同上。

中。1976 年,美国仅有 9% 的受访者对国会领导人保持信任,而 10 年前则维持在 42%;对大公司领导保持信任的受访者只有 16%,而 10 年前达到 55%。①

在对公司权力问题上,一项民意调查显示,1963 年,54% 的受访者担心大公司集中了太多的权力。这种担心到了 1979 年上升为 80%。进入 90 年代初期,美国公众更多地批评公司权力,更少支持公司赢利。②

在公民与企业利益关系上,一项问卷提出了这样一个问题:如何看待——对企业有利的事不利于消费者;或者说对企业有利的事也有利于消费者?具体问卷结果见下表:

表 1-1　企业与消费者的利益关系

	1981	1987	1991	1996
对企业有利的事对消费者也有利	57%	61%	53%	42%
对企业有利的事不利于消费者	20%	17%	20%	20%
不清楚	5%	4%	5%	8%

资料来源:Roper Organization, Roper Reports 96-5, May 1996, p.134.

对于表 1-1 中第一个问题的回答,到了 90 年代就不那么肯定了。在 1991 年和 1996 年,对这一问题的肯定回答首次降到 53%,接着又降到 42%。

表 1-2　企业社会责任——1978—1996 年

	1978	1988	1996
开发新产品和服务	88%	88%	87%
提供质量好的产品和服务	66%	77%	84%
为人们提供工作	71%	72%	65%
为雇员提供良好报酬	69%	66%	59%

注:表 1-1、表 1-2 参照〔美〕理查德·雷恩:《政府与企业——比较视角下的美国政治经济体制》,何俊志译,复旦大学出版社 2007 年版,第 69、70 页。

---

① This discussion draws from the principal work on this topic, Seymour Martin Lipest and William Schneider, The Confidence Gap: Business, Labor, and Government in the Public Mind, New York: Free Press, 1983.

② 参见〔美〕理查德·雷恩:《政府与企业——比较视角下的美国政治经济体制》,何俊志译,复旦大学出版社 2007 年版,第 71 页。

从表1-2看,企业在涉及产品和服务的选项中能够得高分,但是对就业方面的评价在1996年有所下降。

20世纪70年代,美国企业在政府规制下展开活动,这是经济社会划时代的变化。国会通过了一系列规制改革的法律文件,改革涉及环境保护、劳动安全、公民权以及消费者主权等领域。

(二)批判经营学

如何控制社会成本无限制地放大?批判经营学应运而生。作为企业批判的方法论体系——批判经营学产生于20世纪70年代的日本,90年代是发展期。

美国的企业批判运动曾对日本产生巨大影响,而日本国内经济、政治环境的变化是批判经营学产生的主要动因。70年代,日本经济因石油危机而进入低速增长期。与此同时,因产业公害引发的环境破坏、土地股票投机、价格欺诈等一系列企业"反社会"行为频发,由此引发公众对政府与企业的强烈不满。东京、大阪等大城市首先掀起企业问责运动,批判经营学由此产生。

批判经营学以企业的社会存在为基轴,从公共层面与营利层面的互动中构筑新的经营学体系。从这一意义来说,批判经营学是从企业的社会性角度探讨企业经济性的方法论体系。

作为方法论体系的批判经营学包括以下几个方面:

1. 新批判经营学

新批判经营学认为,传统的"合理性企业"是为企业利益最大化而行动的;而批判经营学强调企业的营利性、生态性与社会性的关联,并在这种关联中促成企业营利性的相对化趋势。正是从这一视角出发,新批判经营学指出,企业的营利性、生态性和社会性是批判经营学的三大原则。在三大原则的分设与制衡中探索企业的存在,这就是批判经营学的核心理念,并在此基础上构筑资本、劳动与环境协调的方法论体系。

新批判经营学的"新"在于揭示了现代资本主义特征及矛盾中的生态性与社会性问题,它与企业营利性的相对化共存于企业行为体系中。问题是，企业三大原则的分设与制衡对企业来说，尤其是对现代企业的资本运作来说，至今尚未形成指导性意见。

2. 社会经营学

关于社会经营学的结构与框架，其代表性成果见于重本直利所著《社会经营学绪论：从企业经营到市民经营学》(2005)中。社会经营学建立在市民社会合理性的基础上，它包括企业、地域、学校与家庭等多重关系。然而，与社会合理性抗衡的是企业经济合理性。企业经济合理性来自以企业为中心的经济社会模式。在现代社会，社会合理性从属于经济合理性，从而侵犯了家庭与社区的经济利益。例如，丰田模式的“效率至上”原则是一种经济合理性，可是它很难与社区、家庭共存于利益相关的体系中，而是让社区、家庭服从于丰田模式的经济合理性。于是，正常的社会关系被破坏，社会经济的整体性开始动摇。

社会经营学旨在规制以效率为中心的企业活动。以往的经营学主要以企业经营为对象，而批判经营学把企业置于社会整体的关系中，在社会经营中摆正其位置，并在此基础上评价企业经济合理性的运行模式。

3. 市民管理论

市民管理论旨在构筑企业与社会的全新关系，其代表性成果见于中村共一编著的《市民的管理论——公共性的再构筑》(2005)中。如果从方法论上把握市民管理论，那么该理论创导了一种新的企业运行机制——以市民的公共性引导企业活动。

市民管理论对“企业的管理社会化”与“社会的企业管理化”作了基本区分。“企业的管理社会化”是指企业通过“政治调整”，把企业资本的一部分用做社会救济。“政治调整”既是企业的力量，同时也显现社会力量对资本的制约。“社会的企业管理化”是指以社会规制实现企业的可持续发展，这就是市民管理。市民管理以社会对资本的制约为视角，在社会与政治的众多关系中实现社会力量的整合。

如果把市民管理论纳入公司治理框架，那么与此相对应的是，公司治理需要依靠企业的多个利益相关者共同参与，而不是仅仅依靠股东。基于市民管理的公司治理模式，企业目标应由股东价值最大化转为利益相关者利益最大化。只有利益相关者各方共赢,才能促进企业可持续发展。

市民管理论的运行机制表明:不应把更多的权利和控制力交给股东;反之,公司管理层应从股东的压力中分离出来,将更多的权利交给其他的利益相关者,由利益相关者参与公司治理,从而达到各方力量的制衡。

由此可见,现代世界发展,我们所看到的是"经济人"的行为方式,以及被利润最大化驱动的社会模式。然而,我们还看到另外一种模式——以自律为前提的、不依存于他者的社会经济模式。在一个社会、经济与秩序关联的世界,发展不仅仅是指经济增长,而是与社会发展、制度建构紧紧关联。

第二章 经济学的道德科学回归

经济学是自然科学还是道德科学？亚当·斯密的古典经济学以人的行为为基础，把道德评价标准运用于经济制度。近代英国哲学家、经济学家约翰·穆勒(John Mill)的经济学体系的一个中心要点是加上了分配论，而分配以“善”为基准。英国近代经济学的创始者阿尔弗雷德·马歇尔(Alfred Marshall)在1890年出版的《经济学原理》一书中考虑的中心问题与穆勒一样，是分配问题。凯恩斯主义的经济结构以“社会哲学”为基础。约翰·凯恩斯(John Keynes)在《自由主义与工党》一文中提出了基于经济学的人类政治结构——“效率、公正与自由”。

由此可见，从斯密到穆勒，再到马歇尔、凯恩斯，经济学的方法论体系都是以道德科学为基础。

然而，从“分配”到“效率”，琼·罗宾逊对英国经济学的正统学派提出了挑战。她在《经济学的本质和意义》一书中提出，实现有效率的资源分配是经济学所要研究的核心问题。美国经济学家罗纳德·科斯把“外部不经济”作为分析的起点，建构了“效率优先”的方法论体系。

社会所期待的是什么？是改善“分配”，还是提高“效率”？两者都是实现人类经济理念的手段，然而却是完全不同质的方法论体系。从宏观层面分析，这涉及经济学的属性——经济学是自然科学还是道德科学？从微观层面分析，即公司行为是否符合市场和社会的道德规范？

一、在道德哲学中生成的经济学

经济学从伦理学起步，经济学的体系都是在道德哲学中生成的。

从格拉斯哥(Glasgow)到牛津(Oxford)求学的亚当·斯密，在1751年回到母校格拉斯哥大学当教授的时候，他的教授职位是关于道德哲学。1759 年，斯密把他的道德哲学讲义写成《道德情操论》，并予以出版。1776 年出版的《国富论》是《道德情操论》的副产品，却是斯密的成名作。

市场原理主义善于引用斯密在《国富论》中提出的"利己心"作为自我利益最大化的根据。然而，斯密的古典经济学以价值判断为前提，以社会存在为基轴，把道德评价标准运用于经济制度。

斯密提出的"利己心"是以"公共利益"为前提的。他认为，自由主义的市场竞争必须遵循一条基本原则，即"他人危害排除"，"每个人自然都偏好于自己的幸福甚于他人的幸福，但是，任何公正的旁观者决不可能赞许，我们以牺牲他人为代价，放纵我们自己的这种自然偏好……"①对于企业的经济性与社会性的关系，他作了如下阐述："来自于私利驱动的竞争社会，它保障了资源的有效配置和生产效率的提高……然而，以利己心为基础的经济行为，必须维护社会的文明与自然法的正义，并以此构筑市场秩序。只有在公共利益基础上的私利，才是追求幸福的条件。"②

由此可见，以"公共利益"为前提、以利己心为基础的经济行为，必须维护社会文明与法的正义，并以此构筑市场秩序。

19 世纪早期的一些案例充分说明了斯密倡导的"他人危害排除"原则。例如，一幢建筑物阻碍空气流通，从而影响一座风车的运转，为此提起诉讼；③美国佛罗里达州的一个案例涉及一幢房子在毗邻旅店的日光浴场、游泳池和帐篷上投下阴影。④

由此可见，从市场经济到企业特性，斯密关注的是与经济活动相关的制度、人性深层次的道德情感以及因制度差异而显现的公正缺失，这是自由市场经济的一种机制性的设定。

不仅仅是亚当·斯密，马歇尔和凯恩斯在剑桥大学学经济学的时候，首先接触的也是道德哲学。

---

① 〔英〕亚当·斯密：《道德情操论》，谢宗林译，中央编译出版社 2009 年版，第 99 页。

② Adam Smith：『道徳情操论』，〔日〕水田洋訳，筑摩書房 1973 年，第 58 頁。

③ See Gale on Easements, 13th ed., M. Bowles, London: Sweet & Maxwell, 1959.

④ See Fountainbleu Hotel Corp, v. Forty-five Twenty-five, Inc., 114So, 2d 357, 1959.

“道德科学”是19世纪后半期在剑桥大学盛行的一门学科，给予马歇尔巨大影响的是专门讲授“道德科学”的西丘库教授。马歇尔一直致力于贫困问题研究，并带着这一困惑进入经济学领域。他曾经这样写道：“我实质上是道德科学的弟子。”[①]凯恩斯在剑桥大学首先学的也是道德哲学，他从年轻的时候就开始考虑人的行为方式和社会运行方式，他的经济学理论也是在这基础上建立的。凯恩斯经济学的伦理学基础来自伦理学家穆尔的教诲。

毋庸置疑，经济学离不开生产理论。但是，在古典派的生产理论体系中，自然法则起主要作用。大卫·李嘉图（David Ricardo）的土地收益递减法则和托马斯·马尔萨斯（Thomas Malthus）的人口法则构成了古典派的“自然体系”的生产法则。近代英国哲学家、经济学家穆勒对李嘉图体系的改动，一个中心要点是加上了分配论——生产、交换、分配、消费，这就是穆勒的经济学体系，它显现了对人的理性的信赖。穆勒认为，“善”是人的理性，从长期看，人的理性的提升是社会进步的原动力；从短期看，是实现再分配。

英国近代经济学的创始者马歇尔继承了穆勒的经济学体系，并以此作为研究近代化的基础。他在1890年出版的《经济学原理》一书中所考虑的中心问题与穆勒一样，是分配问题，“国民分配的研究”是《经济学原理》重要的章节。经济学层面的分配，从短期看，是围绕劳动与资本的分配所引起的对立；从长期看，是资本家与工人之间理性的两个层面，而人口问题的解决、技术进步所带来的生产力的提高、收获的增加以及国民分配的增加可以实现人们的富裕。显然，马歇尔的经济学是以“道德哲学”为基础。

凯恩斯主义的经济结构以“社会哲学”为视角，然而它又是建立在亚当·斯密与马歇尔经济学的基础之上。凯恩斯是英国自由党的支持者，却认为自由不能仅仅被解释为经济上的自由。在政治层面，自由表现为每个人对于幸福追求的权利。但是，对自由的追求不能妨碍其他人追求幸福的权利。凯恩斯在《自由主义与工党》（1926）一文中提出了基于经济学的人

---

① 〔日〕伊東光晴：『現代に生きるケインズ』，岩波書店2008年，第193頁。

类政治结构——“效率、公正与自由”①。无可否认,从亚当·斯密到凯恩斯,经济学始终是一门道德科学。

需要强调的是,亚当·斯密的著名论点——“经济人”与“看不见的手”实际上是经济活动的各主体在道德哲学下的行动。人的主观行为与市场客观规律构成道德科学关系,而经济主体的主观行为会破坏这一道德关系。例如,1929 年美国股票市场的“借股卖空”行为导致金融市场崩溃。所谓“借股卖空”,是指在股市上抛售股票的人实际上并不持有股票,而是向投资银行借股抛售。大量抛售引发股市下跌。然后,这些人又用廉价买入,利用差价的一部分归还借股的利息。仅仅以私利为目的,最终导致大量公司破产,这绝不是斯密所指出的“公共利益基础上的私利”行为。1933 年当选的罗斯福总统制定《股票交易法》,制止了“借股卖空”行为。

二、方法论体系改变:“效率优先”的经济学范式

在美国的经济学教程中,对经济学是这样解释的:如果经济学是研究对稀缺性资源如何进行分配,那么经济学应该更注重效率。也就是说,实现有效率的资源分配是经济学所要研究的问题。

上述问题是英国经济学家罗宾逊在《经济学的本质和意义》(1932)一书中的阐述。从“分配”到“效率”,罗宾逊对英国经济学的正统学派——从马歇尔到庇古(Arthur Cecil Pigou)的经济学体系提出了挑战。问题是,“分配”以价值判断为前提,罗宾逊提出的“实现有效率的资源分配”,实际上把价值判断剥离了经济学体系,从而把经济学引向一个类似于自然科学的领域,最终将实现经济学范式的转换。

全面阐述“效率优先”方法论体系的是新制度经济学。美国经济学家罗纳德·科斯把“外部不经济”作为分析的起点,建构了“效率优先”的方法论体系。

---

① 〔日〕伊東光晴:『現代に生きるケインズ』,岩波書店 2008 年,第 193 頁。

（一）经济外部性的内部化

今天我们所看到的公司行为是基于“效率优先”的经济学范式。对于“效率优先”的公司行为，应如何评价其合理性？我们将从公司的私人产品与社会产品之间的分歧角度加以分析。

例如，某工厂的烟尘或污水给周边环境带来了有害的影响。经济学正统学派如福利经济学把这种危害称做“反社会行为”，认为政府应该责令工厂迁出该地区，并对受害者予以赔偿。可是，制度经济学却认为上述解决方法并不合适，因为它们所导致的结果不是人们所需要的，甚至通常也不是人们所满意的。[①] 公司与社会之间存在着许多“合法的妨害”，“……一些不可避免的妨害或损害，如水管、排水沟堵塞；污水排放；授权工程的挖掘对公共交通的影响；等等。在普通法上不构成诉讼，不论引起损害的行为是出自公共目的还是私人利益，情况都是如此”[②]。所以，反对任何引起危害他人的行为才是真正的“反社会”行为。

以上两种不同范式的对峙，其根本点是公司的社会成本问题。我们以制度经济学的两个经典案例进一步加以分析。其一，河的上游工厂排放污水，致使下游渔民的收成受到损失。其二，某糖果制造商的机器噪音和震动声妨碍了邻近医生使用的听诊器，致使其难以检查病人的肺部疾病。

对于上述两个案例，文明国家对企业的外部侵害都采取抵制的态度。传统经济学以价值判断为前提，把道德评价标准运用于经济制度，主张最大限度地提高最大多数人的福利，而不是让某个人或某个厂商得到最大限度的利润。

可是，制度经济学却提出了截然不同的观点。“由于河的上游工厂排放污水，致使下游渔民的收成受到损失，对于工厂排放污水问题，是否值得去限制上游工厂所采用的方法，并以减少其产品的代价来保证下游渔民的损失呢？显然不需要，因为避免对公众的损害将会使企业受到损害。在这

① 参见盛洪主编：《现代制度经济学》，北京大学出版社 2003 年版，第 3 页。

② 同上书，第 19 页。

种情况下，如果渔民从工厂得到的赔偿大于他的损失的话，那么，渔民会容忍上游工厂的污染；从工厂的方面来看，如果企业的追加利润大于所支付的赔偿金，那么，工厂也乐意支付赔偿金的……这里起决定性的因素是：鱼类损失的价值究竟大于还是小于可能污染河流的产品价值。”①

同样如此，对于医生对糖果制造商的诉讼，法院确定了医生享有不让糖果制造商使用机器的权利，但也有通过当事人之间的讨价还价修改法院的判决的。如果糖果制造商支付给医生的一笔赔偿大于医生搬迁所带来的损失，或者超过医生减少看病所带来的损失，那么医生也许会放弃自己的权利，允许糖果制造商的机器继续运转。如果糖果制造商胜诉，他有权继续使用有噪音和震动声的机器，而不必支付任何赔偿。于是，医生将不得不付钱给糖果制造商以请求他停止使用机器。如果医生在机器继续使用时减少的收入大于他支付给糖果制造商的费用，那么医生也是乐意支付的。

对于以上两个案例，制度经济学想说的是，虽然法官们认为他们在影响经济制度运行，但是当市场交易成本为零时，法院的有关损害责任判决对资源配置毫无影响，而“效率机制”却起到了至关重要的作用。法院面临的迫切问题是：不是由谁做什么，而是谁有权利做什么。如果权利的安排能导致产值的增加，那么通过市场交易修改权利是可能的。

（二）方法论体系改变

在以上制度经济学的经典案例——工厂污染问题中，如果工厂有排放污染的权利，那么它的成本就会减少，附近居民的成本就会增加；如果工厂没有排放污染的权利，那么它的成本就会增加，附近居民的成本就会减少。新制度经济学认为，解决这一矛盾的关键是产权制度，应用对他人产权的尊重换取他人对自己产权的尊重。

基于这一思路，制度经济学提出了一种最具影响力的方法论体系：将公司“外部侵害”引起的成本或收益的损失引入经济当事人之间的责任范

---

① 转引自盛洪主编：《现代制度经济学》，北京大学出版社 2003 年版，第 4 页。

围,使之获得应该属于自己的收益,这被称为“经济外部性的内部化”。也就是说,对于企业的外部侵害,有必要权衡一下它所引起的危害和好处,即衡量消除有害效果的收益与允许这些妨害继续下去的收益,限制妨害的收益是否大于停止产生该损害行为所遭受的损失。所以,“在设计和选择社会安排的时候,我们应考虑总的效果,这就是我所提倡的研究方法的改变”①。

在这里,尽管企业污染对生态环境的有害侵蚀持续在发生,可是只要相关企业的经济效益在持续增长,那么对于污染源本身及其对社会的损害是不予考虑的。企业给社会造成了危害,但是避免对社会的损害将会使企业受到损害,是否值得通过限制企业采用的生产方法并以减少产品供给的代价避免社会的损失?

由此可见,所谓“研究方法的改变”,实质上是把社会成本内化为经济当事人之间的责任与收益。以此为依据,制度经济学认为,这一制度增加了经济当事人有效运用资源的动力,从而提高了经济效益。所以,没有理由认为市场和企业不能很好地解决问题,政府没有干预的必要,千万不能过高估计政府管制的优点。

毋庸置疑,新制度经济学在全世界获得了巨大成功,尤其对中国市场经济转型具有不可估量的理论意义。然而,我们在探讨经济学是自然科学还是道德科学的时候,对公司社会责任加入了一种道德要求,这种要求是社会共享的,它并不局限于经济当事人之间的责任与收益。从这一视角审视社会成本,还是有需要进一步商榷的地方。

首先,社会成本不仅仅是经济当事人之间的事情。社会成本是指在生产过程中产生的、社会承受的而又难以让企业承担责任的所有损失。例如,大气污染、水污染以及固体废弃物给社会带来了难以弥补的经济损失,而企业对此却难以承担责任,由此引发社会成本。

其次,社会成本费用也不是指个别企业的费用,而是扩大到使全社会的福利与安全达到一定水准所需要的费用。也就是说,把“外部侵害”所

---

① 转引自盛洪主编:《现代制度经济学》,北京大学出版社 2003 年版,第 28—34 页。

造成的损失恢复到侵害前状态所需要的费用。这里还包括所有受害者的生活费、医疗费以及财产和身心遭到侵害的费用,这些费用无法通过市场加以解决。所以,在经济外部性的“内部化”过程中,企业把风险从市场向社会扩散。这是一种风险社会化的过程,是以牺牲多数人的利益满足少数人的财富扩张,可以称之为“风险扩散”。

三、效率优先——剥离了价值判断的方法论体系

作为道德科学的经济学方法论涉及两个问题:第一,自然科学的方法论与经济学的方法论是不是同一的?也就是说,如果用自然科学的研究方法研究社会科学,那么在方法论上是单一的,或称做“方法论的单一性”。第二,经济学是一门“手段”的学问。然而,没有实现经济理念的经济,只有实现经济理念的手段的经济。所以,对于一种“手段”,必须予以制约。

(一)方法论的单一性问题

所谓“单一性”,是指不变的、有效的一般概念,或者是一种普遍的法则。当我们对社会现象与自然现象进行研究的时候,使用的方法与标准却是相同的,这就是方法论的单一性。然而,社会现象与自然现象有着本质的差异。社会现象的特点是具有不确定性,这种不确定性在自然现象中一般是不存在的。可是,这一本质的差异往往被忽略。

1. 经济现象的不确定性

“充分竞争会带来最有效率的结果”,这作为经济学的经典理论为人们所推崇。从此以后,经济学就像牛顿物理学定理一样成为普遍的、教科书式的理论体系。然而,这一命题基于以下假设:企业与消费者之间的信息是完全畅通的。也就是说,上述命题必须以信息对称为前提。问题是,市场的不确定性与人的理解能力从本质上说是不充分的。

以“均衡理论”为例。均衡理论来自牛顿力学,认为需要与供给总是向均衡点移动,价格也总是向均衡的方向靠拢。在一定条件下,每个市场参与者追求自身利益的行为,最终能带来资源的有效配置。在边际生产费

用与市场价格逐渐趋同的情形下，各企业生产商品；在边际效用与市场价格逐渐趋同的情形下，消费者购入商品。均衡点是用数学计算市场参与者的利益最大化。这一理论主张成为19世纪欧洲各国自由放任政策的理论支柱。里根执政时期，均衡理论传入美国，并成为"市场魔法"的信仰基础。

可是，最初发表均衡理论的时候，作为中心命题之一的是具备"完备的知识"。也就是说，所有市场参与者必须以具备一定的知识为前提。经济学家们把这"完备的知识"称为"信息"。均衡理论以充分的信息为假设条件，但是支持均衡理论的信息往往是不完备的。为了弥补这一缺陷，经济学家提出把"需求曲线"与"供给曲线"当做独立的体系看待。虽然"需求"属于心理学范畴，"供给"属于经营学范畴，但是二者都是市场参与者对市场的期待，而市场状况本身也是源于市场参与者的期待而形成的。尤其是金融市场，市场参与者的期待被无限放大。这就是社会科学与自然科学根本不同的地方。金融商品的买卖基于将来的价格，期待也是建立在这一基础之上。

2. 经济学是对现实的操作

现在的经济学一般都用数学公式、模式解读经济学的各种现象，尤其是市场的均衡状态。但是，社会科学与自然科学的本质区别在于：社会科学是由人类根据自己的想法对现实进行操作。市场的不确定性导致社会现象多变，这一多变也来自人类的操作。也就是说，社会现象是可以操作的，而这一点在自然科学中是不可能出现的。卡尔·波兰尼在《大转变》中深刻指出，经济研究不同于自然科学的研究方法，必须考虑人类行为与心理因素。

自然科学的对象是自然，目的是解明自然法则。国家因环境、时代的变化而发生变化，可是自然对象一般不会发生变化，自然科学法则可以超越人类而得以贯彻。凯恩斯曾经在给英国经济学家罗伊·哈罗德(Roy Harrod)的信中对经济学与一般自然科学作过比较："苹果落在地上，但苹果没有动机;大地对苹果也没有期待,更没有对将来的预测。”[①]可是,经济学研究的是经济现象,是有行为意识的人以及人与人之间的关系,这里有动机、期待以及心理层面的不确定性。这一行动的对象——社会在不断地变化,包括制度在内的因国家制度差异而显现的社会差异也是因时代的变化而变化的。

在美国,主流派经济学以资源分配的效率性为目的。他们认为,自由的经济市场能带来合理的资源分配,即“帕累托最优”。可是,这一假设以静态市场为前提,实际上是不存在的,因为不断变化的国内、国际市场是不确定的,效率是动态的。

以下以金融与财政的比较加以分析。金融市场完全是按照与财政政策不同的理论运作的。在财政政策层面,如价格根据成本(原料费 + 工资)的变动与竞争原理发生变化。在这种情况下,成本是作为一个基本稳定的基准而存在的。可是,金融市场的价格与财政政策意义上的价格完全不同,它极端化地变动。以 20 世纪 80 年代到 90 年代的日本股市变动为例:股市 1986 年进入泡沫期,日经平均股价达到 15,000 日元,但是到了 1990 年前又飙升至 38,915 日元,随后突然下滑,1992 年落到 14,309 日元。2 倍以上的上涨,1/2 以上的下跌,这种变动在财政政策层面是不可能发生的。这就是流动性偏好利息理论所提出的不确定预期,人们以股票价格的变动为目标,以投机的行为出现在证券市场上。由于对将来预期的困惑,大众心理更趋向于一种投机的心态。

以下从这一视角评价计量经济学。计量经济学用经济模型及对过去的统计数据推断原因与结果关系的概率,并根据这一概率预测将来,这一切都是以静态的假设为前提的。1938 年,当荷兰经济学家丁伯根(J. Tinbergen)做成宏观经济模型的时候,凯恩斯对此持批判态度。凯恩斯认为,计量经济学采用了与自然科学相同的方法,以过去预测将来,无视经济学与自然科学的区别。问题是:“过去”是在怎样的条件下生成的?不断变化的国内、国际市场是不确定的,效率是动态的,社会公正、自由也是多样

① 〔日〕伊東光晴:『現代に生きるケインズ』,岩波書店 2008 年,第 50 頁。

的、动态的。在某一时期，也许提高效率比改善分配更重要。可是，政策对改善经济效益的作用并不大。因为体现为社会公正的失业、收入等问题不断在发生变化，它们对效率产生负面影响，结果导致政策多变。

正是基于这一考虑，凯恩斯对罗宾逊经济学的"效率说"提出异议："经济学不是自然科学，而是道德科学，从亚当·斯密到马歇尔的经济学都是道德哲学(社会哲学)层面上的学问。"①

21 世纪初美国金融危机的起源是 20 世纪 80 年代以后金融领域的技术创新，不断创新的金融衍生产品实际上把经济学的创新当做自然科学对待。然而，金融市场所有的变数与自然科学不同，它不可能朝着均衡点的方向发展。相反，它是沿着失衡的方向扩散的。这就是现代金融市场所面临的风险、不确定性与无知。所以，经济学家们不能沿用自然科学家的方法预测金融市场的走向。在一个不断变化的金融市场，对于过去的成效，很难保证其将来的有效性，这正是金融市场的特点。

(二) 经济学是"手段"的学问

英国政治学家、思想家伯克(Burke)认为，政治学是一种手段的学问(The Political of Edmund Burke，收藏于剑桥大学 200 本未发表的资料中)。伯克的理论基于以下的思考：政治理念是普遍存在的，但是并没有实现政治理念的政治，而作为实现政治理念的手段的政治是存在的，因为普遍性的政治理念是外力所给予的，这就是政治的手段。把这一思路引向经济学领域，同样的论证告诉我们，没有实现经济理念的经济，只有实现经济理念的手段的经济。例如，对于经济效益的追求显然是实现经济理念的一种手段，而不是目的。

人们对经济效益的追求，其目的是外力所给予的。显然，这是一种手段。也就是说，经济研究实际上是一种手段的研究。既然经济现象或者是经济学理论是一种"手段"的科学，那么对于一种"手段"的追求必须予以制约。

---

① 〔日〕伊東光晴：『現代に生きるケインズ』，岩波書店 2008 年，第 28 頁。

以伦敦金融市场与华尔街金融市场为例。华尔街证券市场的交易手续费便宜,所以美国人一般从事短期投资;而伦敦金融市场的交易手续费比美国高,所以英国人一般从事长期投资。以上英美两国的差异,并不是来自国民性的差异,而是制度差异。显然,这是一种手段的差异。手续费高,流动性受到损失,经济效益自然就低。1986 年 10 月,英国宣布“金融改革”(Big Bang)。英国公正交易厅开始着手调查证券市场的交易规则,他们批判经纪人所谓的“最低手续费限制”,开放交易所的会员权,通过竞争提高效率。于是,交易手续费大幅度下降。美国三大投资银行从纽约向伦敦转移,伦敦金融市场重新恢复了生机,再次成为国际金融中心。可是,英国金融改革创设了一个无规则的场外市场,市场投机全面覆盖金融市场。20 世纪 80 年代之后,在全球化的推进下,金融市场投机化向全球蔓延,从而引发发展中国家的金融危机。显然,金融投机的泡沫是为了达到某种“效率”的手段,而政府介入是对这一手段的抑制。

在此可以作一个归纳,从方法论的视角看,“效率”虽然是一个重要变量,但作为道德科学的经济学,其研究范围比经济学家们所追求的分配问题更加宽厚、深入。经济学的道德科学研究已经超越了经济问题,从而把视野延伸到了与自由市场经济密切相关的社会公正问题。

四、从“效率优先”到“次贷”危机

20 世纪 70 年代以来,美国贸易型财富积累体系开始向资本自由型财富积累体系转换,通过产业金融化的方式对财富格局重新分配,以夺回在政治、经济中逐渐失去的权力和利益。这被称为“金融资本主义”。

(一)从产业资本主义到金融资本主义

翻开美国的历史,当它刚刚跨入 20 世纪的时候,还没有中央银行,1913 年才成立联邦储备委员会。可以说,美国在 20 世纪初期才开始筹建中央银行。所以,传统的融资以直接金融为主。银行的地方贷款业务也是以证券这种直接的金融模式运行的。这就是历史上美国模式的金融体系。

1929年世界经济危机引发股市暴跌。于是,1933年的美国《银行法》规定,银行户头与证券分离,银行不准经营股票业务和参与证券业。可是,1970年以后,这一规制开始放宽。到了80年代,尤其是90年代,美国模式的金融体系被称做“新经济”或者“IT革命”而进入了10年的繁荣期。直接金融中心的美国金融模式得到国际社会的推崇,美国证券市场一片活跃,金融资产在经济结构中的比例大幅度提高,这被称为“金融资本主义”。

以过去30年世界经济体系中的国际资本膨胀为例。1991—2000年,发达国家实质的GDP增长为26%,世界的贸易额占GDP的比例,1980年是36%,2006年上升到55%;而跨国境的金融资产流动占GDP的比例,1990年是58%,2004年膨胀到131%。[①] 其中,发达国家的资本流动300%,直接投资600%,证券600%,债券130%。[②]

由此可见,一种金融资本主义模式的财富积累方式已经形成,美国贸易型的财富积累体系已经向资本自由型的财富积累体系转换,这是资本积累方式的根本变革。

(二)“效率优先”的“市场原理主义”

金融资本主义演化成一场金融危机——“次贷”危机。美国“次贷”危机是一场酝酿已久的公司道德危机。新自由主义的“效率优先”原则主张通过非规制的政治过程扩大金融的影响力,政府把构筑良好的企业环境置于首要位置,被视为资本主义核心价值与市场经济基础的“公司诚信”居然是一场掠夺式的欺骗,道德风险遍及金融市场的每一个角落,这是典型的“风险扩散”。

“次贷”危机开始于崩溃的房地产泡沫,作为“超级泡沫”,其影响力已经超越边境,覆盖全球。“超级泡沫”的核心价值理念是对“效率优先”的市场体系过分信赖,即“市场信仰”。例如,美国前总统里根曾以“市场魔法”表达其对市场的信赖。乔治·索罗斯(George Soros)把这种市场信仰称

---

① See World Economic Outlook-Globalization and Inequality, October 2007, IMF.

② 〔日〕赤木昭夫:「アメリカ型グローバライゼーションの終了」,『世界』2008年第2期,第48頁。

为“市场原理主义”①。

“市场原理主义”的理论渊源是19世纪自由放任的经济思想。亚当·斯密主张的自由市场经济追求的是充分竞争,古典派经济学家发展了这一思想。1991年,苏联与东欧剧变,与资本主义对抗的社会主义经济模式消失,“市场原理主义”名声大振。

可是,对社会主义经济模式的批评却有很大的误算。20世纪30年代金融危机以来,政府当局在规避金融风险方面取得了惊人的成就,致使19世纪以来的自由放任思想在其以后的50年遭受了极大的声誉危机。第二次世界大战结束的时候,银行与证券有着严格的规制。然而,20世纪80年代,市场原理主义复活,金融当局失去了对市场的控制,“超级泡沫”逐渐形成。

“超级泡沫”在三种趋势中形成:其一,没有限制的信用膨胀;其二,金融规制的废除与金融衍生产品加速产出;第三,金融全球化。第一种趋势形成于20世纪30年代,而第二、三种趋势是在80年代出现的。可以说,“超级泡沫”是20世纪80年代以来的现象。金融全球化是市场原理主义思想基础上的成功实践。金融资本自由地跨越国境,对政府来说,对其规制及课税都是极其困难的。因为一旦对国际资本加以课税,这些资金会转移到其他国家。所以,对这些国家的政府来说,吸引外资远远胜过对国内民生的重视。于是,国际金融资本取得了一种特权地位,而这恰恰与金融全球化的目的一致。问题是,金融全球化并没有提供市场原理主义所宣扬的公平竞争的机会。国际金融体系成为发达国家金融当局的工具,而对于他国却加以严格的市场规范。国际货币基金组织(IMF)和世界银行(WBG)实际上是维护美国利益的金融体系。

再以美元为例。世界各国中央银行在国际决算和金融交易时以美元作为国际储备货币。发展中国家对金融实行严格的规制,而美元却在全球肆意横行。美国把国内经济调整成本扩散到其他国家。例如,里根执政时期,为了消除居高不下的财政赤字,美国政府发行财政部债券,通过国外巨

① George Soros,『ソロスは警告する』,〔日〕徳川家広訳,講談社2008年,第149頁。

额的美元流入弥补国内经常性的财政赤字。贫困的发展中国家的资金流入富裕的发达国家,这是一种“倒错”的情形。然而,这一“倒错”正是美国信用膨胀的根源。例如,消费大国美国与生产大国中国同处一个命运的共同体中:美国的对外债务逐渐膨胀,中国的外汇储备逐渐膨胀;美国的低储蓄率与中国的高储蓄率等。这些都处于相互依存的关系中,最终形成住宅按揭与借贷之间的相互依存关系。

(三)从金融资本主义到“次贷”危机

“次贷”是典型的资本自由型的财富积累方式。由“次级按揭贷款”引发的“次贷”危机是“市场失败”还是“政府失败”?毋庸置疑,是“政府失败”。更确切地说,是“效率优先”的市场主义和无规则的金融市场互为因果的过程。

美国的房地产业从兴旺走向衰落。2001年,美联储为应付经济衰退,作出了货币宽松和低利率政策,结果之一是房地产业的兴旺。到2005年,国家已经建造了多出民众居住和融资能力的200—300万套。因为人口结构老化,使得生活需求空间缩小。

可是,这一次房地产兴旺与以往不同的是,低利率与原始贷款人能够将成千上万抵押借款打包成抵押债券,这些债券可以在一般资本市场出售,而买进的人并不真正了解其中的抵押风险有多大,信用评级机构自身也陷入利益冲突之中。

20世纪80年代以后的金融化是以投机的、掠夺的方式进行的。如果购买了一种复杂的“次级”抵押打包债券,它可能还不如一年前的价格,事实上可能根本找不到承兑人,也无从知道两三年内其价值是多少。当你想将其变现还债时,它基本上一文不值。也就是说,它既不能出售,也不能使用,又不能用做抵押。如果是从银行借贷的,那么银行与借款人全都受骗上当了。

银行、投机基金以及保险公司都为自己挖下了类似的相互联结的陷阱,它们从其他金融机构借款,从而对风险资产进行复杂抵押;它们还借款给其他举债经营机构,以便让他们重新对风险资产作复杂赌押,这就是压垮银行资产负债表的“有毒资产”。没有人确切知道他人的资产值多少钱。不确定资产中包括其他机构的债务,这些债务也是不确定的。

一旦危机发生,银行机构之间都不愿意贷款给对方,因为担心借款人破产。问题是,那些为日常经营而需要信贷的普通企业也不能获得合理贷款。商业票据市场即日常业务借款市场停止运转,金融系统瘫痪,继而又危及更多公司的偿付能力。

另外,通过利率调整进行掠夺是一种更为隐蔽的手法。从2001年初美国联邦基金利率下调50个基点开始,美联储13次降息。到2003年6月,联邦基金利率降低到1%,达到过去46年以来的最低水平。在房地产市场上,30年固定按揭贷款利率从2000年底的8.1%下降到2003年的5.8%,1年的按揭贷款利率从2001年底的7.0%下降到2003年的3.8%。然而,从2004年6月起,美联储的低利率政策开始了逆转。经过连续13次调高利率,到2005年6月,联邦基金利率从1%提高到4.25%。到2006年8月,联邦基金利率上升到5.25%。2008年2月的总统经济报告《美国经济白皮书》承认,住房抵押贷款融资——“次贷”是一种“掠夺型”贷款。①

除了利率风险之外,掠夺性的积累方式还包括:有组织的股票操作、通过通货膨胀掠夺资产、通过合并与收购(M&A)强夺资产、公司欺诈行为以及养老金的挪用等。在美国,不断推进的金融创新加快了贷款债权证券化的步伐。由于住宅泡沫,民间的住宅融资公司犹如雨后春笋般出现,而华尔街的煽动致使住宅泡沫无限制地膨胀,“次贷”危机愈演愈烈。

更严重的是,现在发生的金融危机不仅仅是美国的问题,而是全球问题。因为全球形成了依存于美国的国际资金回流,通过长期证券投资流入美国的资金额始终呈现一种高增长态势。问题是,由美国“次贷”危机引发的全球性经济危机正在继续发展,资产泡沫一旦破裂,全球必将陷入债务危机。一旦金融诚信崩溃,必将触发全球性的公司信用危机。

从美国的政治决定过程看,新自由主义全面否定凯恩斯主义,逐渐上

① 〔日〕原伸次朗など:「米国発の金融危機とドル体制のゆくえ」,『経済』2008年10月,第14頁。

升为美国主流的政策过程——以效率为中心，无限制地发挥公司活动的自由，而美国联邦政府在金融领域的权力转让导致了“公”权力的弱化。

由此可见，金融资本主义过程是新自由主义化的过程。这一过程不仅仅涉及市场的制度体系，而且影响到社会关系及人的行为方式。美国总统罗斯福在 1935 年的一次演说中指出，1930 年的世界经济危机正是由于无规则的“自由”导致的市场崩溃引发。

五、效率、公正与自由

今天的经济学教材把亚当·斯密在《国富论》中提出的“利己心”作为市场效率的依据。然而，斯密提出的“利己心”是以“公共利益”为前提的。在《道德情操论》中，斯密提出了一个经济学的命题：“人总是以利己为出发点”。可是，他又指出，如果每个人都毫无节制地发挥自己的利己心，社会必将混乱，最终导致毁灭。所幸的是，人的感情是多样的，还有利他心、慈善心、爱心等，由此确立了法与统治的一般原理的基础——正义。显然，这是政治学层面的问题。由此可见，以利己心为基础的经济行为，必须维护社会的文明与自然法的正义，并以此构筑市场秩序。这就是斯密在《道德情操论》中所阐述的“共感”。斯密视野中的自由市场经济是以道德价值为基础的。

社会所期待的是什么？是改善分配，还是提高效率？或者是为了维护自由而牺牲效率和公平？在这完全不同质的社会目的下，创造一个多数人所追求的社会，构筑实现这一目的并作为手段的学问体系，这就是作为道德科学的经济学体系。凯恩斯认为，“自由”——如果仅仅理解成经济的自由是错误的，“个人自由”最重要的是不能妨碍其他人追求幸福的权利。所以，与新自由主义不同的是，凯恩斯强调扩张政府权力，以避免经济上最大的问题——危机、不确定性与无知。

尽早摒弃作为主流的新自由主义理论是走出金融危机的前提，经济学的道德科学回归，它需要通过一系列的制度反思实现。

首先，创造政府规制下的金融信用体系。走出金融危机的首要条件是强化政府规制下的金融信用体系。在美国,资本急剧膨胀下的金融机构以及超越规制的所谓金融技术的“创新”是金融市场混乱的根本原因之一。金融市场的市场参与者并不是在完全掌握技术知识的情况下采取行动的,认知技能与操作技能之间很难排除一些非确定性的或非决定性的因素。所以,金融市场不是像自然科学那样,利用复杂的数学模式或者计算预测金融市场的活动,而必须通过构筑信用体系规范金融市场的活动。如对于高风险、高收益的投资信托,尤其是投机性的资金,包括金融机构在内的所有市场参与者必须向金融当局提交相关信息,信息提交成本远远小于金融市场危机所引发的成本。

其次,重构政府、议会的公共作用,重新审视规制缓和、民营化以及以自由效率为核心的经济政治政策。为此,对于经济效益的追求必须具备批判的精神和警戒心,如果无视这两方面的因素,那么一味地追求经济效果将破坏人们所期待的社会制度。

再次,经济学的使命是要把研究延伸到一个比效率与自由更加广阔的社会公正问题。在金融领域,新的衍生产品、新的资本组织形态不断出现,美国投资银行20%的职员在从事金融专利创新。问题是,在金融全球化进程中起主要作用的证券、期货以及交易都是以无规则的路径突进的。当金融衍生产品动员所有的技术力都参与金融创新的时候,它所具有的不稳定性、风险和投机将会导致社会连带解体。这就是资本主义内部酿成危机的一般倾向。

最后,经济学的使命在于它的“回归性”,放弃方法论的单一性,回归道德科学。经济学是一门科学,但不是一门自然科学,它不可能像牛顿力学那样会出现一个确定的结果,因为市场参与者是在不完全理解的基础上采取行动的,而且这一状况是无法避免的。所以,经济学的道德科学回归是指对市场不确定要素——人的行为的重视。在金融市场,所有变数都会导致市场失衡。所谓市场,无非是失衡现象的循环往复而已。问题是,如何探索远离均衡点的市场,然后预测这一市场的走向,从而防止人的非道德行为对市场造成的影响。所有的决策均应建立在这一基础之上,这就是经济学道德科学的“回归性”。

第二篇 模式批判

20世纪70年代，日本式经营被推崇为全球最优秀的经营方式之一，公司“共同体”模式涵盖了日本公司的基本理念。然而，所谓“共同体”模式实际上是“国家主义”向“公司绝对主义（公司主义）”转换中的日本式经营，是战时经济体制在战后的延续。

公司模式引领政府管理模式。与此同时，政府行为的主导范式也在不断变换其方向。20世纪80年代以来，与新自由主义相呼应，在政治上，以公司为中心的经济社会模式逐渐成形。日本的“公司中心型”经济社会模式与美国的“企业化政府”模式的一个共同的特点是：政府向企业分权，无限制地发挥公司活动的自由，政府与公司的关系事实上向伙伴关系转换。

在对方法论探索的基础上，第二篇对现有的、为世人所推崇的公司模式以及由公司引领的经济社会形态和政府管理模式进行批判。这里包括：第三章“战时体制延续下的日本公司经营模式”、第四章“日本‘公司中心型’经济社会模式”以及第五章“新自由主义与‘企业化政府’模式”。

第三章　战时体制延续下的日本公司经营模式

公司是“经营者与职工的命运共同体”。多少年来,我们一直以日本式经营的“共同体”模式作为经验借鉴,并认为日本式经营是最优秀的管理方式之一。但是,事实果真如此吗?

一、公司是“共同体”吗?

(一)什么是日本式经营

20世纪60年代之前,“日本式经营”并不为人们所看好。一般认为,日本公司的经营方式是近代工业的产物,必须予以改善。可是,70年代以后,这种认识逆转,日本式经营被推崇为全球最优秀的经营方式之一。

什么是日本式经营?对于这一概念,有来自不同层面的解释。例如,松本厚治在《企业主义的兴隆》中提出的企业主义,伊丹敬之在《人本主义企业》中提出的人本主义,马场宏二在《现代世界与日本公司主义》中提出的公司主义,等等。[①] 然而,不同的研究视角提出了基本相同的日本式经营的三大支柱,它们是:终身雇用的用人制度、年功序列的工资制度以及企业工会组织。一般认为,日本式经营的三大支柱是包括劳资双方在内的共同体模式。显然,这是一种说教式的比喻。问题是:公司真能成为一个共同体吗?

什么是股份有限公司?在欧美国家,股份有限公司是指股东投资建成的公司。最早的股份制公司是荷兰的东印度公司,公司把每次航海所获得

---

① 〔日〕奥村宏:『会社本位主義は崩れるか』,岩波書店1999年,第78—79頁。

的利润都返还给投资者。为了维持这种持续的产业,形成了股份有限公司。可是,日本对公司的解释却不同,认为公司是包括经营者与职工在内的共同体。对于资本与劳动的关系而言,不是资本雇用了工人,而是工人依附于公司。

马克斯·韦伯(Max Weber)在《新教的伦理与资本主义精神》一书中指出,新教禁欲的伦理推进了资本主义发展的进程。但是,我们不能忽略一个事实:对于利润的追求是资本运行的基本原理,正是对于利润追求的欲望构筑了资本主义的经济基础。可是,所谓"日本式经营"却掩盖了资本利润的一面,我们看到的是员工都在为公司拼命工作。在这里,竞争的动力不是为了工资,而是社长、经理的地位。

以利益为导向的公司,却说成是劳资双方的共同体,这里有很大的误导性。19世纪末,德国社会学家斐迪南德·藤尼斯(Ferdinand Tonnies)在《共同社会与利益社会》一书中指出,人类社会由共同社会走向利益社会。利益社会展现了由利害关系结成的集团相互运作的动态过程。今天的公司是以董事利益为基础,并由董事出资结成的集团,法律上称为"法人"。所以,把日本企业描绘成包括劳资双方在内的共同体是不恰当的。如果说是一个共同体,那么仅仅是职工的共同体是可以成立的。股份有限公司的大股东以法人身份存在,与个人资本家经营的企业有本质区别。由股东出资成立的公司,作为运行机制的是股份有限公司,这是一种实体概念,是以公司为中心的企业模式;而"共同体"的思维方式实际上是要把社会纳入,或者服从于企业的运行方式,形成一个"公司本位"的经济社会模式。

(二)"共同体"模式是"40年体制"的延续

由日本式经营的三大支柱,即终身雇用、年功序列工资制和工会组织所构成的"共同体"模式是日本战时体制——"40年体制"的产物。"40年体制"产生于特定的战争时期,有两个基本特点:其一,公司是作为命运共同体的生产组织;其二,"共生"理念。

1. 作为命运共同体的生产组织——公司

"40年体制"下的公司不仅是生产单位,而且是生活的基本单位,它以年功序列工资制和终身雇用制为轴心，以"共同体"模式构筑企业存在方式。这是战时经济的重要特征。

以企业为中心的经营者与职工的命运共同体，是在1938年《国家总动员法》中所规定的限制股东权利的过程中形成的。年功序列工资制也是在战时因对工资的管制而形成的全国性工资制度。企业的工会组织的原型是二战时期的"大企业报国会"，当时由劳资双方共同参与组织了工会。企业依存于银行借贷的间接金融制度也是在战时形成的。政府当时根据临时资金调整令、银行资产运用令以及金融管制令等法规改组了金融机构，从而形成了企业依赖于银行的间接金融制度。

日本战后的成功来自于官僚主导的经济运行，这也能从战时体制的延续中看到其原形。战争结束时，除了军部以外，几乎所有的官厅均被保留下来，以大藏省为代表的经济官厅在人事制度方面的年功序列基本与战时一样。战争时期的各种管制会在战后摇身一变而成为实业界团体，并成为实业界的行政机构。中央政府的财政制度也是在那个时期建立的。例如1940年的税制改正，当时为了调配战争费用而制定的"工资所得源泉征收制度"成为战后税制改革的核心内容，同时又作为现行税制最基本的部分被保留下来。

今天，日本式经营所面临的问题有：如何加强职工对公司的归属意识？终身雇用和年功序列工资制解决了这个问题。职工与公司如何同舟共济？工会组织在协调劳资关系方面发挥了重要作用。由此可见，日本式经营的三大支柱——终身雇用、年功序列工资制和工会组织的基本框架是在1940年前后，作为战时统制经济的重要环节形成的。在战时统制经济结构下，各企业对外呈封闭状态，大企业尤其如此。公司员工从年轻时就职于某一企业，一直可以工作到退休。公司从医疗到住宅以及生活等方面，让员工享受公司福利。

当代日本式经营模式下，"公司人"意识对日本人的思考方式及其生活方式有巨大影响。例如，对于各种违法事件，有的人认为，只要是为了公司，没什么不好。由此可见，作为一个公司，在工作和生活方面能如此步调一致，并成为命运共同体，是战时总动员体制——"40年体制"的产物。

2. "共生"理念

这是"40 年体制"的第二个特征。作为"共同体",目标是单一的,所以成果只能"共享"。

首先,"共生"是"共同生存"的意思。按照经济学理论,生产遵循市场竞争规则,生活保障由社会保险承担。也就是说,个人生存是应该得以保障的,但不是通过雇用提供的。可是,战时体制下的公司理论认为,员工的生存也应该由公司承担。企业员工的年功序列工资制与终身雇用制正是基于这一理论设置的。在战时统制经济结构下,"日本式经营"模式初见端倪。

其次,"共生"还包括了企业的生存权,但又违背了市场经济规律。企业能否生存,应由消费者决定。可是,日本的企业可以违背市场规律而存在。例如,在金融行政方面的"护送船团方式"就是出自这一考虑。金融领域的关键问题,一是效率,二是安全。可是,二战后,日本金融体制采用了不让银行破产的"护送船团方式",即牺牲效率以换取安全性。

需要强调的是,终身雇用与年功序列是具有日本特色的、有一定合理性的劳资关系。问题是,这一合理性被无限放大,并成为企业文化的"共同体"模式而被大肆渲染。

(三)从"国家主义"到"公司绝对主义"

国家主义是一种关于国家组织和功能的理论,也是关于国家利益和安全的理论。"40 年体制"是战时的组织体系及其功效的总称,它是"国家主义"在战时的集中体现。所以,"40 年体制"也可称做"战时总动员体制",它建立在"战时国家总动员法"的基础之上。

从"国家主义"到"公司主义",日本式经营的一些基本特征基本来自"战时国家总动员法"对一系列经济政策的管制。以上对战时制度的延续已经有所涉及,作为"战时国家总动员法"的系列管制。例如,作为全国性的工资制度——年功序列工资制制定于 1939 年,它基于战时工资统制的"不同年龄工资制"与 1940 年制定的家族津贴制度而形成。税制也是如此,1931—1936 年的国税收入约 2/3 来自间接税。1940 年税制改革以所得税为中心,现在的国税70%来自所得税。公司平等主义也来自那个时期。“全部月薪化”是在1940年前后实施的新制度,因为公司对员工的忠诚寄予很大的期望。日本的统制经济体制与政府对企业经济活动的介入也是在1940年前后形成的制度。二战后,日本从“国家主义”向“公司绝对主义”(公司主义)转换,这就是日本式经营真实的一面。在日本,“公司绝对主义”与战前的国家主义极其相似。

公司“共同体”模式产生于“公司永恒”的经营理念,换句话说,是“公司绝对主义”的经营理念。公司是个人的还是属于法人的?这里有很大的区别。作为资本家个人的企业,由于种种不可预测的原因,会遭遇破产。如果公司是法人股东所有,可以逃避公司解体的风险。所以,公司是永恒的,工人对公司的忠诚是有价值的。

员工对公司的忠诚是永恒的。如果是对财阀家族,或者是对资本家个人的忠诚,那么这种人与人之间的关系很容易产生背叛或厌恶情绪。然而,在法人资本主义的情形下,员工对公司的忠诚是有价值的,因此可以是永恒的。如财阀家族型的公司,对于财富持有的悬殊,即使是经营者也会感到不平。可是,对一个法人所有的公司来说,对于财富分配不公不会产生任何疑问。一般认为,为了公司利益的财富积累,对公司有利,对员工也有利。这是一种“共同体”幻觉,实质上是以“公司绝对主义”为宗旨的经营理念。例如,现代社会的物质供应几乎都由公司提供,公司的生产、雇佣及投资的决策影响到了整个社会。然而,公众对于公司的决策选择却毫无发言权。这就是“公司绝对主义”的社会效应。

从公司组织结构看,“公司绝对主义”是一种自上而下的金字塔形的权力结构。社长、副社长、专务、常务处于权力的上层,自上而下是部长、科长、主任等,下级服从上级,阶层极其明确。从公司决策过程看,“公司绝对主义”不可能是一种参与型决策,它容不得来自公司内部或外部的任何批评。

例如,汽车成为社会性公害的20世纪70年代,日本《朝日新闻》办了一个专栏。当时的东洋工业(现在的马自达)汽车计划部科长田中公雄在专栏发表了一篇读者日记,文中指出了汽车本身所存在的弊端,如人的孤立化、体力下降等,而深层次的问题在于可能引起的贫富差异。文章的发表引起公司高层的不满,当时的一位副社长直言不讳地对田中公雄说,为了平息公司不满,你还是主动辞去工作为好。结果,田中公雄被迫离开公司。

宪法保障公民思想、言论自由,作为一个公民的权利,对汽车文明的批评是不容置疑的。然而,不允许汽车工业的员工对汽车文明进行批评的。更令人不解的是,工会组织没有提出任何异议。

日本企业文化的思想基础是什么?我们在推崇或者引进日本式经营理念的时候,是基于公司还是员工的立场?如何使员工脱颖而出,成为经营高层,这是人力资源管理的一般原理。然而,我们却没有注意到"公司主义"的运行机制。公司利益与员工地位联系在一起,从而形成"公司人"的企业文化。可以说,"公司人"的企业文化旨在培育忠诚于公司的员工队伍。基于这一前提看上述案例,公司显然是不可能有错的;即使有错,也是不能批判的。这就是"公司绝对主义"的企业文化。如果说公司是包括员工在内的共同体,那么这不过是以"公司绝对主义"为宗旨的、被虚拟的共同体而已。

二、企业工会:公司立场还是员工立场?

今天的日本企业,"终身雇用"与"年功序列"制度正在发生变化,可是企业工会依然在发挥其优势,因为它是战时体制延续下的"公司绝对主义"经营思想的基础,不可能发生变化。

(一)工会的"职场防卫"

日本企业的工会组织都是以培育员工的忠诚心发挥作用的。然而,工会组织成立之初并不是以此为宗旨的。战后的企业工会是在经济社会极度混乱的情况下组建的,当时优先考虑的是维系同一职场的员工利益。所以,工会重视的是职工及其家属的生存,以及生存所需的工资水准。为此,必须维护职场的生存,即企业的生存。所以,刚从战争中走过来的企业,其职场生存是通过工会组织发挥作用的,这被称为"职场防卫"。例如,同一企业,体力劳动者与事务性劳动者的待遇基本相同,没有工作性质的差别。这是基于平等主义的考虑,也可以说是战后民主主义的产物。

"职场防卫"是"公司绝对主义"的初期理念。在日本,不同的产业,工会组织的作用基本相似。重要的是,随着财阀的解体,大企业已经不是大股东式的个人资本家统治模式。所以,工会交涉的对象发生了变化,劳资关系向劳使(员工的使用者——公司)关系转化。也就是说,工会直接交涉的对象是公司的经营者。于是,"职场防卫"转换成今天的"公司绝对主义"理念。首先是公司壮大,然后才有提高员工工资的可能,这一思想一直灌输给每一个员工。在日本经济高度增长时期,或者是在石油危机后的低成长时期,这一思想在工会的协力下不断地被强化,提高了公司效率。工会是公司的工会,不是工人的工会,这就是日本式经营的特点。

日本的企业工会以"春斗"的方式活跃在劳资双方之间。然而,"春斗"维护的是企业绩效。1973 年 10 月发生的石油危机,致使世界经济受滞涨和通货膨胀双重袭击,日本经济也随之进入低增长期。1974 年,日本经济出现负增长,股市下跌。对于石油危机后的经济困境,日本企业采取减量经营方式,即人、物、资金三个层面的减量。也就是说,如果要对经济高度增长时期不断膨胀的企业规模进行减量,首当其冲的是员工的减量。工会组织在形式上维系终身雇用,在上述措施实施方面尽力协助公司。例如,以往"春斗"方式的工资目标在逐渐降低,作为"企业防卫"的工会组织站在公司一方,极力劝阻员工放弃增加工资的要求。工会的作用可以从年增长率、工资与物价三者关系角度加以说明。

表 3-1　年增长率、工资与物价三者关系①

年份	年增长率%	名义工资上升率%	物价上升率%
1974	-0.4	26.1	24.4
1975	-3.9	11.5	11.8
1978	8.7	5.9	3.9
1979	10.8	7.3	3.6
1984	9.9	4.7	2.4

① 参见甘峰:《比较政府新论》,立信会计出版社 2007 年版,第 80 页。

第一次石油危机后的1974年与1975年,名义工资上升幅度超过年增长率,从而引起通货膨胀,实际工资下降。于是,工会组织不再提出增加工资的要求。有些工会甚至主动提出减少工资,以助企业共渡难关。结果,从1978到1984年,工资上升幅度低于年增长率,物价开始下降。

石油危机以后,日本物价基本保持稳定,而欧美国家却陷入经济停滞与通货膨胀。然而,这一功效来自生产第一的重商主义经济体系,以及与此相适应的"公司绝对主义"的经营路线。在那里,我们看到了日本式经营——"效率至上"的原则,这固然有其经济合理性的一面。问题是,在现代日本社会,社会合理性从属于经济合理性,让社区、家庭服从于公司经营模式的经济合理性。这是法人资本主义制度下"公司绝对主义"的成功案例。

(二)没有经营管理参与权的企业工会

作为"公司绝对主义"的工会组织,它与西方国家工会的不同之处在于没有经营管理的参与权。例如,联邦德国的联邦议会在1976年3月通过的《新共同决定法》规定,在有1000名员工以上的企业设监查会,监查会的员工代表与资方代表按同一比例产生,共同承担责任与义务。在德国,董事大会选出监查会成员,监查会选出董事。值得注意的是,在董事会上选出的监查会成员中,法律上强制规定了资方代表与职工代表的比例数。显然,法律赋予了公司员工经营管理的参与权。

在日本,工会组织的经营参与权始终是一个悬而未决的问题。松下电器产业工会曾经在1976年7月召开的定期大会上通过工会参与公司经营的提案。对此,公司高层的回应是:"每周一次的工会与公司方的劳使协议会已经讨论了工资福利问题;另外,有关产品开发与销售计划以及设备投资等等也已经与工会有过沟通,所以工会的参与应该是充分的,没有必要再制定出相关的制度。"[①]显然,公司拒绝了工会参与经营的要求。所以,公司的最高经营会议或者是部长会议,工会代表是不能参与的。

---

① 〔日〕奥村宏:『会社本位主義は崩れるか』,岩波書店1999年,第108頁。

松下电器产业如此，其他公司也持同一态度，而且得到了日经联的支持。因为“共同体”理念是企业文化的基本点之一，经营者与员工是共同体的主体，经营者代表公司，如果工会介入，必然招致混乱。这是“公司绝对主义”的思想基础，也是工会的组织目标。

企业工会为何以公司利益为其组织目标？从公司方面看，公司利用工会组织作为提高生产效率的工具。在选举工会负责人的时候，公司劳务部与人事部都积极介入。所以，工会负责人都是公司得力的管理层干部。从员工方面看，一种牢固的信念是：只有维护职场利益，才能保障自身利益。在经济高速增长期，工会起到了这种作用。可是，随着公司的壮大，财富和收入分配日趋悬殊。对于这一差距的扩大，工会也起了推波助澜的作用。问题是，公司绝对主义经营思想导致日本收入分配率远远低于欧美国家，而这一差额被公司占有。

资本与劳动的对峙被一种所谓的经营策略掩盖。在社会意义方面，公司经营方式逐渐显现出它的弊端，工会的作用很难被员工认同。尤其是年轻一代，对工会的不信任感在加剧，最终导致工会组织率每年呈下降趋势，20 世纪 90 年代中期已经下降为 25% 左右。[①]

三、“法人资本主义”体系下的日本式经营

二战以后，从公司体制方面的变化看，日本式经营是从个人资本主义向法人资本主义转换中的“公司绝对主义”，或者说是以公司为中心的法人资本主义。

（一）战前的日本是个人资本主义

二战前的日本并不是法人资本主义。明治维新以后，随着殖产兴业政策的实施，公司犹如雨后春笋般出现。一战以后，大企业的实力逐渐增强，而地主、军部的实力也同步增强，由此形成战前日本资本主义的权力结构：

① 〔日〕奥村宏：『会社本位主義は崩れるか』，岩波書店 1999 年，第 110 頁。

天皇制控制下的资本家、地主与军部的权力分布结构。

从资本家方面看，有三井、三菱等大财阀、中小财阀或新兴企业联合。但是，以这种形式展现的资本所有都是个人或家族所有，而不是法人所有。例如，三菱商会是在19世纪70年代由岩崎弥太郎组建，并以此为基础，形成三菱财阀。三菱商会完全是岩崎家族的事业，商会所有的大事由社长自己决定，商会的利益全部属于社长。一直到二战结束前，三菱财阀仍是属于岩崎家的。不仅仅是三菱商会，三井、住友、安田等大财阀也是家族模式，就连二、三流财阀也是由家族控制。

由资本家控制的资本主义社会是资本家与工人对立的社会，资本家与工人之间的贫富差距相当悬殊。当时的日本，不仅仅是左翼，就连右翼势力也对资本家独占财富持批判态度。三井财阀巨头被暗杀就与右翼势力及军部有关。

从20世纪30年代到40年代，在战时经济发展的进程中，日本资本主义在发生变化，企业体系也开始变化。然而，这些变化并没有成为今天我们所看到的以公司为中心的法人资本主义。

由此可见，战前的日本资本主义是个人资本主义或者家族资本主义。作为资本主义模式，它更接近于欧美模式。

（二）法人资本主义形成

二战结束后，占领军给日本式资本主义带来了革命性的变化。土地改革后，大地主没落，民主改革壮大了工会组织，但最有革命性意义的是财阀解体。三菱、三井、住友、安田等财阀被强行解体，财阀家族被企业排除。于是，所有权制结构发生变化。这一变化并没有引发流血革命，而是来自美国占领军的“超权力”。日本政府并没有成为这一变革的主体。

财阀控制的公司被强行解散，原公司所有的股份被股份公司整顿委员会没收，财阀家族的股份也同遭类似的命运。根据《垄断禁止法》的相关规定，实业公司与金融机构持有的股份只能是股票发行公司的5%以下。另外，股份公司整理委员会收取的股份通过证券处理调整协议会审议，然后向职工和一般市民发放。不可避免地，在政策实施期间，公司发展曾一度陷于混乱状态，但持续时间不长。占领时期结束，《垄断禁止法》的实施趋于缓和，当初以经营者和职工名义发放的股份，通过交易重新流向持股公司，公司间的相互持股又重新开启，企业集团再现，财阀以企业集团的名义重组。另外，朝鲜战争结束后，日本企业进入复兴期，系列化的企业集团几乎掌控了所有的股份。

从 1950 年到 1973 年是日本经济高度成长期，其中 1955—1963 年是第一次高度成长期，大公司的技术更新与设备投资快速推进。进入 60 年代，这一态势不断加速，并以强劲态势进入第二增长期。

法人资本主义形成于第二增长期。在这一时期，法人持股比例大幅上升。这一机遇来自政府的资本自由化政策。1964 年，日本政府加入经济合作与发展组织（OECD），并承诺实施资本自由化政策。可是，资本自由化会带来风险。为了防范风险，稳定股东工作在全方位地展开。首先，解冻一度被冻结的日本共同证券与日本证券的股票，并准许其上市交易；其次，以吸收市场浮动股票的方式稳定股东。在这一政策的驱动下，三井、三菱以及住友等旧财阀系列的企业集团相互持股比例进一步提高，财阀以企业集团的方式重新整合，一些独立的企业通过相互持股方式也形成了一定的势力范围。以三菱重工为例。三菱重工战前的大股东是三菱本社的岩崎，战后的股东是银行、保险公司以及事业会社，大多数是三菱集团的会社。

综上所述，法人资本主义的特点体现在以下两个层面：其一，以法人股东为中心，公司股权结构由金融机构、财团与社团法人、实业公司等法人组成，控制公司的主要是法人股东，个人在公司治理的权力体系中几乎没有作用；其二，金融机构与实业公司相互持股，即银行与公司之间、公司与公司之间相互持股。

法人资本主义是日本战后经济运行的特点之一，公司法人是大股东，个人股东基本消失。这种现象不仅仅发生在三菱重工，而是现有大企业共同的现象。这犹如“没有资本家的资本主义”，准确地说，应该是“没有个人资本家的资本主义”。

从个人资本主义到法人资本主义见以下两表:①

表 3-2 三菱重工的大股东(1991 年 3 月)

	持股率%
三菱信托银行	7.03
三菱银行	3.60
明治生命	3.08
东京海上火灾	2.08
住友信托银行	2.01
日本生命	1.99
三菱商事	1.58
东洋信托银行	1.55
住友生命	1.36
三井信托银行	1.34
合计	25.67

表 3-3 法人与个人的持股比率(上市公司%)

年度	金融机构	实业公司	个人
1949	9.9	5.6	69.1
1950	12.6	11.0	61.3
1955	19.5	13.2	53.1
1960	23.1	17.6	46.3
1965	23.4	18.4	44.8
1970	30.9	23.1	39.9
1975	34.5	26.3	33.5
1980	37.3	26.0	29.2
1985	40.9	24.8	25.2
1991	41.5	24.5	23.2

在日本,占株式会社 40% 以上、资本金 10 亿日元以上的大企业,绝大部分都是以上所述的"没有资本家的公司"。当然,上市公司中也有个人或家族是大股东的公司,但仅占上市公司的 10% 以下。几乎所有的大企业的大股东都是法人,这是日本法人资本主义的基础。

日本的资本主义模式与美国不同。美国的大公司,例如福特、杜邦等,依然是以福特、杜邦一族为大股东,且仅限于此,可以说还是"有资本家的资本主义"。但是,值得注意的是,与个人资本家并列且作为大股东的是机构投资家。在美国,机构投资家包括年金基金、投资信托、生命保险、财团等,其资产运用委托银行信托部以及机构投资家,所以银行信托的股份所有比重较大。

机构投资者如何运作?以年金为例。年金加入者(收益者)的资产运作委托机构投资家,机构投资的基金经理以收益者的利益最大化为目标。如果银行信托部的基金经理站在银行一边谋取私利,那么他将承受法律的制裁,从而被客户解约。在美国和英国,这种机构投资家很多,他们代替年

① 〔日〕奥村宏:『会社本位主義は崩れるか』,岩波書店 1999 年,第 3、13 頁。

金加入者或者是投资信托的收益者,并作为代理持有一定股份。但是,这部分股份不是机构投资家自己的资产。在日本,银行或事业会社的法人所持有的股份是作为自己资产的股份,这是与美国和英国根本的区别。尽管美国也有法人所有,可是商业银行的股份所有是被禁止的,事业会社的股份所有比率比日本低得多。美国反托拉斯法的规制相当严厉,法人不能自由地持有股份。

由此可见,机构投资家是作为个人所有的代理,而日本的法人股份是作为法人自己的资产而持有的,它切断了个人对股份的所有。这就是"法人的、来自法人的"的所有,是法人资本主义的特征所在。

（三）法人资本主义与泡沫经济

1985 年"广场协议"之后,日元持续走高,与此相随的是金融缓和政策及大幅度降低利率所带来的泡沫经济,日本经济被卷入投机的旋涡。由于地价、股价高腾,丰田、松下、日立等日本著名制造业几乎都参与土地与股市的投机活动。不仅仅是土地与股市的投机,最为显著的是土地所有法人化与股份所有法人化所诱发的投机,这已经不是单纯的泡沫经济现象了。

由于股份所有法人化,整个股市变成可控的交易,于是股价大幅度上扬,而机构正是利用了这一不断上涨的股价进行公司债务转让、新股发行、公司债券发行等一系列活动,发行公司以低成本调拨巨额资金。这庞大的交易量不是单凭投机便能做成的,它需要管理、计划以及投机三位一体的运作。制订计划的是股票发行公司和证券公司,而背后支持的是政府。这种投机带来 1990 年开始的股市暴跌、地价下挫,由此引发的银行丑闻和证券丑闻进一步加剧了因泡沫经济破灭所带来的恶果。

更为严重的是,在股价、地价一路高涨的时候,企业经营也向投机化转型,企业从事"投机经营"成为普遍现象。所以,泡沫经济破火引起股价、地价暴跌,企业濒临破产。也就是说,银行、证券、实业公司同时受到打击。同时,股份所有的法人化进一步推进,金融机构的持股比例显著增加,稳定股东、相互持股成为一种常态化对策且呈持续强化态势。

美国在 1989 年签订的《美日结构协议》中,对"相互持股"、企业集团以及企业系列化等法人资本主义的结构性弊端提出了批评。实际上，日本企业强盛的秘密在于企业相互持股。然而，泡沫经济破灭，“相互持股”逆转为风险转移的链条。这种恐慌心理进一步打压股市，致使股市暴跌。1992年春天开始的股市暴跌正是这一市场逻辑的表现，从而使日本经济进入长期的低迷。

四、日本式经营的权力结构与无责任体制

（一）以公司为中心的经营者阶层

公司以经营者为中心，这被称做“经营者的时代”。公司经营者一般指董事、监事和高层经理，而对公司持有最高权限的人是董事长。从严格意义上说，经营者包括董事长和董事。这一制度的创设来自战后《商法》的修正，以美国公司的管理模式为蓝本，业务的决策与执行分离。在美国，决定公司政策的是董事，执行这一政策的是经营管理层的经理。董事中半数以上的是公司外董事，经理一般不担任董事。董事会决定公司政策的同时，也监督政策执行状况。这就是政策制定与执行的分离。

日本引进了美国公司管理模式。与美国不同的是，董事会决定公司政策方针，董事长执行这一方针。虽然经过战后《商法》的修正，公司决策与执行在形式上得以分离，但是公司的权力结构与《商法》改正的目标背道而驰。美国公司的管理模式中有“职能”概念。但是，在日本，这一概念被“身份”概念替代。一般来说，社长、副社长是董事长，身份相对较低的董事没有权力监督董事长的政策行为。董事长代表公司法人，拥有无限的权力。日本公司的身份概念渗透到每个职工，董事——董事长——法人的三个跨越也是每个职工的奋斗目标。

在家族式的资本主义制度下，经营者始终服务于资本家，忠实于资本家。可是，在法人资本主义制度下，经营者必须忠实于法人公司，所有的权力都代表着具有法人性质的公司。经营者的权力属于公司法人，所有的权力都从那里产生。公司的最高权力来自社长、副社长，这种权力是终身的。

例如，社长退休当会长，辞去会长后当顾问，一生为公司服务。日本大企业养了众多这样的官员，发生核危机的东京电力公司就是典型一例。

在美国和英国，大企业的高层一般到65岁就退休，而且是完全引退；而日本公司的高层即使超过65岁，仍占据公司会长或顾问等职，这种“老害”是法人资本主义的产物，它侵蚀着公司的机能与活力，致使公司组织僵化。

（二）无责任体制下的人事机制

战时体制延续下的“公司绝对主义”是一种专制的、无责任的体制。从理论上说，董事与监事的人选由股东大会决定。但是，实际上，董事与监事的人选由公司董事会决定，股东大会只是形式上的认可，以书面投票形式对公司提案表示同意。

问题是，董事会的人事权掌控在社长或者会长手里，与社长意见不一致的人是不可能获得董事或监事提名的。也就是说，对公司持批评意见的人是不能成为董事的。理论上，社长由董事会选出。可是，董事的职位却由社长决定。这样，社长的地位等于由社长自己决定，这就是日本公司的人事构图。

在美国，公司外董事占董事会的绝大多数，公司高层管理者由董事会的多数票选出，这是股份有限公司的一般规则。可是，日本公司的社长人事机制几乎没有规则可循，专制主义的人事模式下，采取的是密室商定的选人机制，社长可以决定自己的继承者。为此，派系争斗与丑闻接连不断地发生。“为了公司的竞争”成为公司活力的源泉。然而，没有规则的人事制度成为公司无序的主要原因，由此而来的无责任体制也就不会让人感到不解。

社长决定社长的人事机制致使公司管理层缺少一种制度，这就是问责制。在日本公司，问责制是一种稀缺的资源。当公司出现巨大亏损或者是公司丑闻被揭露的时候，社长可以引咎辞职。那么，应由谁承担责任？公司没有这一机制。同样，理论上，董事长的行为由董事会监督，董事的行为由公司监事会监督。可是，实际上正相反。公司监事由董事会选出，董事人选必须经董事长认可。再进一步分析,作为公司外部监督机构的会计师事务所监督公司账户。可是,所雇用的会计师也是由公司董事会决定的。也就是说,监督公司的人选是由公司自己决定的。这就是法人资本主义下的公司制度,是一种体系性的制度矛盾。在公司业务流程中,对公司管理层的监督机能很难发挥作用。这是一种无责任体制。今天,在环境公害、药品危害、产品质量安全等一系列社会性事件中,很少会看到具体的经营者承担责任。东京电力公司的核危机事件就是这种无责任体制的表现。

2011 年 3 月发生的地震致使福岛核电站冷却系统失灵,但东京电力公司没有在第一时间发布消息。福岛一号机组厂房爆炸后,该公司也没有在第一时间把消息向日本当局汇报。东京电力的无责任行径并不是地震发生后迫不得已的行为,其劣迹可以追溯至 20 世纪 70 年代。当时对下属核电站进行维修和检查时,发现一些反应堆管道有裂痕,但未按规定向日本核安全管理部门报告,也没有及时检修。福岛核电站的一号反应堆已建成四十多年,各种设备和管道都已老化,甚至存在锈蚀状况。然而,这座摇摇欲坠的老核电站竟然被政府有关部门批准继续运营 20 年。

五、公司危机与“经营者时代”的终结

(一)战后四次“公司危机”

第一次公司危机以工人运动为特征,发生于战后混乱期的 1945—1949 年,主要涉及经营者与工人的关系,其实质是资本与劳动,即企业经营中的职工待遇问题。

第二次危机以“反企业主义”和“反产业主义”为特征,发生于 1970—1973 年。20 世纪 70 年代之前,国家与社会对公司寄予厚望,以资本积累作为优先目标。政府为企业活动创造了良好的环境,而社会对于这一政策也表示支持。公司对于国民来说是自由、开放的象征。然而,国民对“公司中心主义”的预期并没有带来实质的效果,非预期效果远远大于预期效果。例如,公害问题突显了一些公司对人性的忽视,致使人们对产业政策产生

怀疑，进而对以公司为中心的经济增长方式产生抵触情绪。于是，“反企业主义”、“反产业主义”在社会蔓延。

第三次危机以国际贸易摩擦为中心展开，发生于 1988—1990 年，其核心问题仍然是经营的本质和经营状态，包括第一次危机中涉及的资本与劳动的关系，以及第二次危机中涉及的“相关利益者”的关系，不过是延伸到了国际层面。

第四次危机是针对福岛第一核电站营运商东京电力公司。2011 年发生地震及引发的海啸，导致了自 1945 年以来的第二次核危机。据日本公民组织收集的资料披露，在距离福岛核电站 60 公里外的一个县，他们在土壤里探测到严重超标的核辐射物，其辐射水平比当年切尔诺贝利核事故之后的辐射水平还要高。人口达 29 万的福岛县位于核疏散区之外。公民组织在福岛县四个地点收集的土壤样本，铯（Caesium）含量高于日本法律规定的每公斤不得超过 10000 贝克勒尔水平。他们说，含辐射量最高的一个样本中，每公斤土壤含 46540 贝克勒尔。

公众对东京电力公司的愤怒情绪不断加剧。2011 年 4 月 26 日是切尔诺贝利核电站事故发生 25 周年的纪念日，日本市民团体在东京都港区的公园内举行集会，约有 4500 名参加者在集会后游行至东京电力总公司门口，高喊“停用核电”。6 月 28 日，东京绿色和平组织成员举着横幅，谴责东京电力公司是史上最恶劣的排污公司。当东京电力公司召开股东大会的时候，许多民众和反核团体在会场外示威，要求东京电力公司全面放弃核电。9 月 19 日，约 5 万人在日本东京明治公园举行反核电集会和游行，市民团体和非政府组织主张放弃核电。在集会后的游行中，游行者呼吁日本政府立刻关闭所有核电站，东京电力公司立刻关闭核电站。

以上公司危机表明，以“反企业主义”和“反产业主义”为标志，“生产第一”、“公司第一”、“经济增长第一”的国民共识已经崩溃。对公司运营来说，社会责任是首要条件。

（二）“经营者时代”的终结

从 1955 年开始的经济高度增长期到石油危机后的泡沫经济时代，这一时期被称为“经营者时代”。大公司的经营者像神一样被人们推崇,电视、报纸、杂志充满着对企业家的赞美,社会把企业家看做日本经济的支柱。不仅仅是经济领域,在政治、社会、文化、教育等领域,到处有企业家的声音及形象。

“经营者时代”诞生于大企业时代。然而,进入20世纪90年代,企业家形象急转直下。可以说,90年代是公司经营者形象跌落的开始。1990年10月7日,住友银行会长磯田一郎破例在星期日举行记者招待会,宣布辞去会长一职。辞职缘起于住友银行青叶台分行行长在国际航空业的股份买卖中进行不正当融资,磯田一郎为此引咎辞职。在媒体的视野里,磯田一郎是住友银行一位出色的经营者、一流的银行家。但是,随着调查的深入,黑幕的揭露,盛名之下的经营者转眼成为众矢之的,企业家偶像开始从公众视野中消失。

继住友银行事件之后,协和崎玉银行、富士银行、东海银行等一系列非法融资丑闻频频被揭露,会长、行长相继辞职。然而,问题并不局限于非法融资,更多的银行涉足土地非法交易,以及为股票交易非法提供资金。银行对泡沫经济的形成起到了推波助澜的作用。1991年夏天发生的证券丑闻致使公众对金融界彻底失望。野村证券、日兴证券、大和证券以及山一证券的社长及相关责任人相继辞职。在日本,这是前所未闻的事件。曾经受公众尊敬的银行金融业经营者转眼为社会所唾弃,媒体也从“公司的赞美者”变为“公司的批评者”,“经营者时代”宣告终结。

2011年的核危机事件彻底改变了人们心目中的公司形象。核危机责任者东京电力公司派遣25名干部分别到福岛县内各避难所,向因核泄漏而受难的灾民们表示谢罪。但是,许多避难所拒绝了东京电力公司干部的进入,也拒绝接受他们的谢罪。福岛县民对于东京电力公司的愤怒已经到了极点。

在日本,公司形象从一个被人们推崇的制高点不断向下跌落,所谓的“经营者时代”已经成为历史。

第四章　日本“公司中心型”经济社会模式

日本经济社会曾被比喻为“日本株式会社”，实际上是一种企业支配模式，或者说是“公司中心型”的经济社会模式。

在日本，政治家、官僚以及公司（金融界）的权力精英控制着经济社会。在政治与企业的关系中，我们看到“政、官、财”复合体，大企业及经营者们通过财界团体影响政府决策，从而保障自身利益。在官僚与企业关系中，我们看到企业优先的行政机制，日本政府凭借强有力的统制力控制企业，从而把国家变成一个庞大的股份有限公司。

可是，从20世纪的最后10年开始，“公司中心型”的经济社会模式并没有让经济再度复苏，而是呈持续低迷趋势。加之地震、海啸，以及东京电力公司带来的核灾难，“公司中心型”的经济社会模式正在把日本推向覆没之路。

东亚奇迹推出一个东亚模式，实际上这个模式就是日本模式，因为日本是东亚第一个达到西方工业国目标的国家。20世纪的东亚模式给亚洲乃至全球带来正、负两大层面的经验与教训，21世纪的社会经济模式还能让“公司”引领吗？对这一问题的回答从批判日本模式开始。

一、分析框架：政治家、官僚、公司的三位一体结构

美国著名社会学家莱特·弥尔兹（Wright Mills）在1956年出版的《权力精英》一书中指出，控制现代美国的是政治、经济、军事领域的权力精英。半个多世纪以来，政治与经济结合的倾向越来越严重。不可否认的是，经济精英占据优势地位。如果运用莱特·弥尔兹的分析视角看今天的经济社会，这一现象表现为政治家、官僚以及公司的三位一体结构，或者是官商

结合的二元结构。

20世纪70年代以来，一种个人主义的方法论试图说明利益最大化可能是构成政治家行为动机的主要方面。“一种活动从私人选择领域转移到社会选择领域，这涉及社会物品对私人收益动机的替代——对私人收益的追逐已在私人部门勉强地被默认了——在政治领域，个体参与者对私人收益的追求，几乎总是被各式各样的道德家谴责为‘恶’，然而，政治是一个完全类似于市场的复杂的交易过程。”[①]今天，政治家、官僚以及公司（金融界）的权力精英控制着经济社会。问题在于，这三者是相互依赖的有机体，经济市场上一味求利的自利者很难成为具有社会责任的利他者。

公司、政治家、官僚三者处于胶着状态，显现的是“公司中心型”的经济社会结构。经济增长与繁荣是政治家的目标，这已经成为政治家的主流意识。在经济社会中，是“公司本位”还是“顾客本位”？政治家选择的是前者。必须注意的是，政治是“一种能把个人利益出发的行为引导向公共利益的政治秩序的形式。选民、政治家、官僚通过与政治市场的相互作用，寻求促进他们自己的目标。在这一概念化的过程中，政治过程类似于市场过程”。[②] 在那里，解决“市场失败”的政府在起“正”的作用还是“负”的作用？这就是我们要研究的问题。

二、具有分配功能的选举制度

一国的政治制度，特别是选举制度，对政党、政治家来说，是为了获得选票最大化而提供的制度诱导。确保国会的绝大多数席位是执政党的目标。可是，这一目标受到来自选举制度的制约。日本在自民党执政时期，在中选举区制度框架下，所有选区，在多个候选人之间，自民党把选票分配维持在基本平均的状态，这就是利益均沾的制度背景。

---

① 〔美〕詹姆斯·M.布坎南、理查德·斯塔克：《一致同意的计算》，陈光金译，中国社会科学出版社2000年版，第21页。

② 参见〔英〕J.R.沙克尔顿、G.洛克斯利编著：《当代十二位经济学家》，陶海粟等译，商务印书馆1992年版，第38页。

以提供"私"的利益作为选举战略，这一政治现象在日本被称做"候选人中心"的选举。美国的 Fiorina、Cain 和 Ferejohn 分别在 1977 年和 1987 年对日本的投票战略进行了实证分析。实证分析指出，把忠诚于政治家的选民组织起来，并给予该地区或集团特殊利益，政治家正是依靠提供"私"的利益实现其政治与企业的利益关系，这是一种具有分配功能的选举制度。①

（一）候选人后援会

战后的日本宪法规定了众议院所能享受的一系列优越制度，其中关键的一点是中选举区制度。这是对第一大党——自民党有利的选举制度。在中选举区制度下，自民党在几乎所有的选举区都拥立 3—5 名候选人，以此维系在国会过半数的席位。

在中选举区制度下，自民党选举对策总部基本不起作用。对选民来说，自民党 3—5 名候选人，投票的方向难以把握。所以，对候选人来说，获胜的概率在于支持团体的多少。在这一前提下，自民党政治家组建选举区的支持者中心，把候选人支持团体组织起来，并动用多额的资金维持这一组织。

自民党政治精英一般从 30—40 岁起步，如果政治基础好，在政治家族的影响下能比较顺利地登上政治舞台。如果不具备这一条件，那么只能以亲戚、友人以及地方政治家为中心筹建支持团体，即后援会。有些自民党议员居然有 50—80 个支持组织。支持组织形式多样，如企业恳谈会、时事研讨会、妇女会、老年会等。

自民党议员动用国家的资源提供"私"的利益，候选人得到了受到公共资源恩惠的投票者的支持。支持者来自中小企业、农业、运输业、电气通信、建筑业等领域，总体上构成了一个"候选人中心"的战略平台。

"候选人中心"的选举战略下，在参众两院同时选举的 1986 年，政治捐

---

① J. Mark Ramseyer:『日本政治の経済学』,〔日〕加藤寛訳,弘文堂 1996 年,第 25 頁。

款总额达到1700亿日元。这还是比较保守的估计,实际支出是它的4—5倍。[①] 自民党给予候选人在政策制定方面的权力,候选人可以取得公司及财团的支持。正如采用事业部制的公司那样,自民党正是在选举中采用了分权化运作,刺激了党内的竞争与革新。

(二)选举过程与收入再分配过程

"候选人中心"的选举战略需要大量资金,这一点在战前与战后是一样的。战前的1925—1945年也是采用中选举区制度。战前与战后的根本差别在于政治家的政策供给能力及范围。

战后的自民党控制了政府资源,并以此拓展支持者规模,包括大企业、中小企业的经营者及农家。战前的政治家也经常采取这一做法,但是缺乏有效的制度权力。例如,众议院由国民选举产生,但是众议院却掌握在一批与选举无关的贵族院、枢密院、军部以及元老手中。名义上的统治权在国会,实质的权力在天皇。所以,国会很难实施立法的否决权。对没有民主主义责任的国会议员来说,即使支持了政治家,也不会带来利益。所以,从政治家的政策供给能力看,战前与战后有很大的差别。

自民党议员把权力委托给官僚,这是战后日本执政党政策供给能力的一大特征。首先,官员精通政治。其次,政治家掌握让官员遵守规则的技巧。自民党与官僚是委托—代理关系。在政治市场上,官僚是以代理人的面目出现的。例如,企业对在规制上或预算上给予照顾的议员是给予回报的。有关小规模银行与小规模销售店的保护政策,无论从政治学还是经济学角度说都是违反市场规则的。可是,自民党议员经常给特定的支持团体以规制作为保护,而具体执行的是官员。于是,官员与公司结成一种特殊关系,而这种关系的形成都是在"行政指导"的名义下进行的。

自民党从哪里集聚资金?为什么能集聚如此多的资金?一言以蔽之,这是公司为了寻求政策照顾而付出的捐款。这就是战前与战后在制度上的差异,而这一差异来自日本战后通过改革确立的西方国会两院制模式。

---

① J. Mark Ramseyer:『日本政治の経済学』,〔日〕加藤寛訳,弘文堂1996年,第26頁。

在议会政治层面,在国会占有绝大多数席位的自民党可以把选举制度尽量朝着有利于本党利益方面调试。以公司为例,规则改变着公司的经营方式,如果规制对某些公司有利,那么这些公司的活力就越大。如美国汽车产业的燃油费规制,如果把规制朝着有利于自己一方操作,企业的利润将成倍地增长。也就是说,美国汽车产业越是把规制朝着对国外不利的方面调试,那么本国的汽车商越有利。金融规制也是如此。美国的货币政策越宽松,对国际金融市场的冲击力就越大;美元越是下跌,美国国内的利益就越大。

同样的理论也适用于中选举区制度下的选举运动。在几乎所有的选举区,自民党候选人之间是按比例分配选票的。因此,利益诱导成为自民党的选举战略。在地域利益诱导的基础上,为了取得公司捐款,自民党采用的不是绝大多数选民所偏好的政策,而是更接近于产业界偏好的政策。这是牺牲绝大多数选民利益的政策倾斜。当然,捐款的公司在预算、税制以及经济规制方面均受到政府的特别照顾。

制定和实施有利于投票者的相关优惠政策,关键是确保政府资源配置。自民党控制了国会半数以上的议席,这是确保政府资源充分供给的前提。可以说,自民党议员控制了政策形成过程。自民党议员以再次当选为目标,并以此推动政府的政策运作。

然而,为了获得政策照顾而捐款,在公司捐款者之间很难形成一种同盟。为了与自民党之间保持一种交易的优势地位,公司之间也处在一种竞争态势。自民党候选人为了获得选票最大化,在地域公共政策的供给方面也展开竞争。在这种情形下,只要自民党候选人的政策更接近公司利益,公司利益的获得也是最大化的。如果公司捐款减少,那么通过地域政策返还的资金也就减少。在这种情况下,选民是不会同意实施惠及生产者政策的。正是从这一意义上说,中选举区制选举制度具有收入再分配的功能。在选举过程中,收入再分配功能表现为大规模的资金循环。

选举制度的收入再分配功能产生了一系列负面问题:其一,把选举制度作为收入再分配手段,将导致社会福利的损失;其二,选举区的资金环流容易产生非效率的损失,而最大的获利者是自民党的国会议员,他们当选的概率会大幅度地递进。

三、政治与企业

（一）“政、官、财”一体中的财界

在“政、官、财”三位一体的结构中，财界指什么？所谓“财界”，并不是单指经济界，而是指“大企业及经营者们形成的经济世界，它是通过财界团体影响政府决策，从而反映自身利益的‘政、官、财’复合体，并给予日本社会以巨大影响力的权力精英集团”①。这里提到的财界团体包括经团联、日经联、经济同友会、日本商工会议所、关经联等多家团体，这些团体的实力人物被称做“财界人”。

经团联的全称是“经济团体联合会”，是财界的核心。大企业与业界团体的代表是经团联会员，历届经团联会长被称做“财界总理”。东京电力公司在20世纪90年代末也由总裁出任过会长。经济同友会的会员是以经营者个人的身份参加的，被称做“提案团体”，也是经营者的政策提案团体。日经联的全称是“日本经营者团体联盟”，被称做“财界劳务部”，主要是就劳动问题而组成的团体。当劳动争议比较激烈的时候，该团体的活动就会比较引人注目。但是，近些年来，随着公司权力逐渐趋于强势，该团体的作用在减弱。日本商工会议所与其他团体不同，它是根据《商工会议所法》而组建的一个全国性团体，全国各地的商工会议所为其成员。从企业的数量看，中小企业占绝大多数。关经联的全称是“关西经济团体联合会”，由关西大企业经营者组建，它作为独立的团体展开活动。

财界是战后的产物。从作用看，战前也有像工业俱乐部这样的团体，也有“财界”之称，但只是一种宽泛的含义，并不具有战后财界那样的功能。战前能够调解利益对立并对政治施加影响力的是财阀。例如，三井、三菱就是这样的财阀。战后改革驱逐了财阀，初期的经济混乱催生了财界

① 〔日〕平和経済計画会議：『国民の独占白書』，御茶ノ水書房1982年，第10頁。

团体，战前的资本家与经营者消失，取而代之的是年轻的经营者，从而形成财界。也可以说，财界是经济界的新生势力。财界人可以介入占领军或者吉田茂政权的政治事务，可以利用像开发银行这种政府资金。这些权力的赋予，足以证明当时财界人的实力。1956 年，东芝社长石坂泰山出任经团联会长，确立了经团联在财界的核心地位。大企业的经营者成为财界的主流，这一体制至今没有改变。从这一意义上说，财界的真正确立是在经济高度增长期，并一直延续至今。这是“大企业时代”或者说是“经营者时代”的象征。

（二）财界的政治影响力

可以说，财界人是政治影响力的代理人。让政治家去实现自己的目标，这就是财界人的思维模式。所以，在历次政权交替的过程中，财界都起着举足轻重的作用。例如，从吉田茂政权到池田内阁、佐藤内阁以及田中内阁的政权更替，都有财界的介入或政策建议。不仅仅在政权交接的时候，财界还通过各种形式对政府进行制约。所以，财界又有“控制日本的又一个政府”之称。

财界对政府施加影响通过组织方式进行。财界代表参与政府的各种审议会与调查会。在行政改革审议会上，财界人成为主导力量。另外，经团联等各种委员会在举行会议的时候，一般也有政治官僚出席。所以，财界与政界的信息交流也相当通畅。

财界对政治的最大影响力是通过政治捐款实现的。作为财界对政治家捐款的路径是 1961 年经团联组建的国民政治协会。也就是说，以前由企业或业界团体的名义进行政治捐款，而自从国民政治协会成立后，由该组织统一进行政治捐款，即“政治献金的一体化体制”。1990 年，国民政治协会募集的政治捐款达到 128 亿日元，其中排在前 10 位的都是一流的银行，如三菱、富士、第一劝业银行等，大企业如丰田、三菱商事等也名列前茅。然而，披露的数据仅仅是冰山一角。据《朝日新闻》政治部部长的统计，把符合或不符合《政治资金规正法》的政治捐款加在一起，大约高出

128 亿日元 10 倍的资金流向自民党。[①] 可以说，财界是政治家最大的财源。

通过政治捐款对政治施加影响是财界发挥的最大功能之一。另外，由财界在经济界内部进行利益调整，从而共同推进国内外事业。这包括经济自由主义所引发的价格竞争、中小企业的对立、出口产业与内需产业的矛盾、超市与一般百货店的利益博弈等。在政府介入的同时，财界也介入调整。财界在经济界内部具有利益调整机能，并以此机能为基础，影响政府决策。

（三）政治捐款的日美比较

在 1976 年的《宪法修正案》颁布之前，美国公司政治捐款是违背宪法的。也就是说，捐款是个人的事情，公司是不可以给政治家捐款的。所以，政治捐款一般通过个人方式进行。这一方式的宪法认可来自 20 世纪初美国联邦法院的一个判决。当时，美国生命保险公司为共和党全国委员会募集总统选举资金。1907 年，联邦法院的判决书指出，对于法人（或公司）政治捐款的行为，即使现行法律没有禁止的相关规定，也已经绝对地超越了法人或者公司的组织目的，这完全是无法获得认可的违法行为。

联邦法院判决的依据是什么？在美国，从事政治活动是受宪法保护的行为，但为什么公司法人除外？从一个州的层面分析，如果公司法人使用了为法律所不容的法人财产，那么在公职选举的竞争中，公司法人就成为一支优势的力量，这是对选举人权利的侵害。从选举人的角度看，这意味着国民政治意见的形成。从公民政治参与的方式看，是以个人的身份参与其中。法律保障个人平等参与政治的权利。个人（或者通过政治组织）以一定的政策主张或主义为依据，直接或间接地选举公职人员。如果法人为了一定的政治目的而使用法人财产，那么法人（公司）从物质的创造者转眼成为物质的控制者。这是对公益的侵害，与公民平等地参与政治相违背。

---

① 〔日〕奥村宏：『会社本位主義は崩れるか』，岩波書店 1999 年，第 127 頁。

由此可见,选举或者是被选举,所有这一切都是自然人的行为。法人是没有选举权的,法人的政治捐款自然是不被容许的。如果允许法人自由地进行政治捐款,那么法人必须要被给予选举权。然而,给予法人选举权绝对是一件荒谬的事情。在日本,近乎荒谬的事情却成为了事实,八幡制铁会社的政治献金事件就是一个典型案例。

1961年,作为法人的八幡制铁公司(现新日本制铁公司)由于向自民党捐款而被元华银行告上法庭。原告以政治献金违法为由,要求法院予以损害赔偿。1963年,东京地方法院一审判定原告胜诉,八幡制铁败诉。如果东京地方法院的判决生效,那么公司的政治献金也将被禁止,今天的政治腐败也就不会那样猖獗了。问题是,东京地方法院的这一判决遭到了财界人和政治家的强烈反对,甚至连东京大学商法学者铃木竹雄也对此表示了强烈不满。于是,败诉的八幡制铁上诉。1966年,东京高等法院的二审判决推翻了东京地方法院的一审判决,八幡制铁胜诉。最高法院在1970年驳回原告上诉,维持东京高等法院的二审判决。最高法院的判决书作了如下阐述:“公司与作为自然人的国民一样,同样可以支持国家和政党的特定政策,以及自由地付诸政治意愿的权利,政治献金就是其自由的一环,公司给予政治动向的影响应该与自然人的国民捐款一样,不应该有另类的禁止。”①

法人地位的企业是没有选举权的,如果允许企业通过政治捐款实施对政治的影响,显然侵害了作为自然人的个人所具有的基本人权,违背了民主主义一人一票的基本原理。可是,日本最高法院却作出了如此荒谬的判决。

由于最高法院对政治捐款的认可,公司政治献金一发不可收拾,虽有《政治资金规正法》,但也难以规避金钱政治的诱惑。现在,财界着手对政治献金进行一元化的管理,国民协会就是这一元化管理的组织机构。国民协会由经团联首脑控制,最终的政治资金经由自民党干事长流向执政的自民党各派阀。由于金钱政治受到法律保护,政治家使用的资金无限制地膨

---

① 〔日〕奥村宏:『会社本位主義は崩れるか』,岩波書店1999年,第132—133頁。

胀。在岸信介、池田勇人、佐藤荣作、竹下登等自民党领袖长期执政过程中,金钱政治主导下的政治与企业构成了“政、官、财”三位一体的连带关系。1988 年发生的利库路特股票贿赂事件彻底暴露了政治与企业的腐败关系,在此也留下了执政党下台的伏笔。

财界对这一事件有所反省。在 1992 年 2 月的一次经济同友会的记者招待会上,副代表干事贺来龙三对金钱政治发表了自己的看法,他认为:“日本经济如何增强内外的信赖感,这需要政治家的努力,我们是在河的下游,下游的清洁需要来自上游的净化。”显然,贺来龙三对政治献金提出了批评。对于经济同友会的抨击,自民党方面迅速作出回应:“这是一种不懂政治现实的人的发言。”日经联的永野键会长也开始反驳,并再三强调:“作为一种理想是可以理解的,但是一旦终止政治献金,政治家会代表我们的利益吗?”①

无法回避的是,政治献金已经成为政治腐败的元凶。但是,可以看到,围绕政治改革的公司政治献金,财界已经开始反省。从 1990 年开始连续发生的银行非法融资事件及证券公司丑闻激起国民的强烈愤慨,公司批判之声日趋高涨,公司信赖江河日下。这是 20 世纪 90 年代的企业批判,它是在政治批判与公司批判双重夹击下对政治与企业关系的反思。

四、官僚与企业

1997 年亚洲金融危机后,一些经济学家提出一个问题:东亚有奇迹吗?他们把东亚奇迹的基础归结为政府与市场的特殊关系,用一个概念表述,就是“国家股份有限公司”。在日本,这一模式被称做“日本股份有限公司”。这是一种无法律依据的、政府通过“行政指导”对市场进行干预的体制。

---

① 〔日〕奥村宏:『会社本位主義は崩れるか』,岩波書店 1999 年,第 139 頁。

（一）“企业优先”的行政机制

公司中心型的经济社会模式推动经济高速增长，发达国家是如此，发展中国家也是如此。战后日本经济形成的强劲竞争力，以及1978年以来中国经济的高速增长，其理由也在于此。

政府对市场进行干预，其政策运行受企业驱动，还是受社会驱动？是坚持“企业优先”，还是“社会优先”？这是测量“公司中心型”经济社会结构的基本维度。经济社会结构中的日本官僚究竟怎样引导企业与财界？官僚作为独自的、自上而下的权力机构，如何实施对公司与财界的控制？这是了解日本经济社会特点的一个窗口。1972年，美国商务部曾发表一份报告书，题目为：“日本——政府与企业的关系”，把日本描述为一个株式会社，日本政府凭借强有力的统制力控制企业，从而把国家变成一个庞大的股份有限公司。在中国，当我们在观察日本官僚与企业关系的时候，已有的成果很难有参考价值，因为学术界对日本官僚与企业的内在联系缺乏方法论的研究。

日本的政党政治，如果打一比方，那就是一部官僚管制产业的制度史。日本官僚不需要通过任何法律程序就可以对经济进行实质性的干预，这不是一些外国记者和研究者们富有想象力的表述，而是日本经济社会的特殊性——“国家管制主义”。“国家管制主义”并不是以国家经济发展为目标，而是“以公司为中心”的战略均衡。

在美国商务部的研究报告《日本株式会社》、C.约翰撰写的《通产省与日本奇迹》等一系列研究日本经济社会的著作里，一个共同的认识是日本官僚主导的经济社会模式。企业和财界依存于政府管制或行政指导，从而获得利润的持续增长。战后官僚主导的产业政策足以显示日本与西方国家不同的发展模式，有人称之为“半市场经济模式”。

日本官僚的权力基础是法人资本主义，但这并不是官僚本身所持有的权力。“公司中心型”的原理意味着日本经济繁荣依附于公司的成长。在那里，我们看到了行政的基本宗旨。当然，政府与企业的关系来自两种力量的博弈。一种观点认为，官僚或者是政府应该站在一个制高点上对企业实施控制。可是,博弈的结果,企业往往是赢家。比较典型的是20世纪60年代制定的《特定产业振兴临时措施法》(简称《特振法》)。在此以前,通产省以贸易、汇率自由化为由,在一定程度上抑制企业的过当竞争,以企业的联合与合并强化国际竞争力,这被称为"新产业体制论",备受朝野关注。然而,在这种危机意识中产生的《特振法》与官僚的"权力欲"有着难以言表的联系,所以它遭到了以经团联为首的财界主流的反击,最终没能付诸实施。

在养老金问题上,政府与公司的博弈成为影响日本政党走势的重要因素之一。2003年底,厚生劳动省发表2004年年金改革方案。2004年6月,在对厚生劳动省方案调整的基础上,自民党提出的《年金改革关联法案》在国会获得通过。法案主要包括:(1)基础年金的国库负担比例由1/3提高到1/2;(2)从2004年10月开始,厚生年金保险率每年提高0.354%,2017年提高到18.3%;(3)厚生年金的支付水准从现在工薪月工资的59.4%逐渐下降,以50%为下限;(4)国民年金的负担额从2005年4月开始,在现行每月13,300日元的基础上,每年提高280日元,到2017年提高到16,900日元。养老金保险费上升到18.3%(企业和个人各承担一半),这一数字与欧洲各国比较也不算太高。可是,厚生年金保险费增加1%,相当于法人税增加4%。2003年,企业交纳的法人税是9.1兆日元,而养老金保险费却为10.5兆日元。[①] 也就是说,企业的养老金负担已经超过了法人税。日本经济界强烈反对厚生劳动省的年金改革方案。2003年12月,日本经团联、日本商工会议所、经济同友会、关西经济联合会等为首的158家企业团体在东京举行"反对年金保险费上涨协议会",公开表示反对这一议案。日本连锁店协会和百货店协会等13个团体也举行集会,反对厚生省把提供年金保险率延伸到临时工群体。正是在这一背景下,2004年和2005年的参众两院议员选举被称为"年金国会",自民、民主两党在养老金问题上都作出了政策调整。

另外,政府劳动部门在劳动基准法的运用方面也是很消极的。例如,

---

① 〔日〕大林尚:「負担と年金改革」,『日本経済新聞』2003年11月12日第1版。

对公司的加班加点熟视无睹；对女工的结婚退职制度与退休制度上的差别无有效的对策；有关合同工和临时工的相关规章制度也不完善。环境部门的公害规制对于公害问题虽然也有一定的约束，但最终还是退却，基本处于弱势的位置。在环境问题上，由于经团联等财界的干扰，致使政府对企业的规制显得力不从心。文教政策也受公司左右。例如，职业学院的大学生就业，根据与企业的就业协定，三年制的学生第四年进公司。可是，这一协定并没有被企业遵守，相关部门也没有任何规制。总之，政府官员以公司为中心，应该加以规制的地方没有规制，没有法律基础的行政指导实质上成为保护企业的行政条款。

战后日本的福利水平远远落后于西欧国家，并不是一个福利国家。在日本，由公司运作国民福利。例如，公司有寓所等福利设施，有些公司还有医院。福利是以公司为中心提供的，而非公司人无法享受。对老人、母子单亲家庭、病人、残疾人等，公司一般不予照顾。“公司中心型”经济社会结构把国民分成“公司人”与“非公司人”，国家很难考虑非公司人的福利。

由此可见，日本官僚并不是自上而下地对社会实施控制，而是以“企业优先”的行政原理构筑一个“公司中心型”的经济社会结构。在这种结构体制下，官僚与企业有着千丝万缕的联系。作为回报，政府官员退休以后可以进入公司担任顾问。根据 1991 年版的大藏省要览前辈名册（局长级）记载，497 人的职业岗位中，有 226 人在民间金融机构任职，101 人在民间企业任职，38 人在特殊法人任职，22 人在政府系统的金融机构任职。[①] 不仅仅是大藏省，经济产业省、运输省等的经济官厅去民间企业或特殊法人任职也是很平常的一种惯例。尤其是高级官僚，一般都成为企业或者关系团体的重要人物。

由此可见，一种对私人收益的追求，从个人利益出发的政治秩序——官僚并不是人们所想象的那样是“大公无私”的利他者，其所寻求的是促进自身利益的政治目标。

---

① 〔日〕奥村宏：『会社本位主義は崩れるか』，岩波書店 1999 年，第 142 頁。

(二)“企业优先”政策的国际压力

国民对这种官僚与企业的关系持批判态度。一种批判来自对政府的不信任,对官僚不寄予任何期望;另一种批判基于“官僚优秀论”,所以很难成为一种有效的批判。由此可见,社会对官僚的批判并没有影响到官员特有的权益,“企业优先”的政策也不可能有实质性的改善。

20世纪90年代以来,上述情况开始变化。首先,《日美结构协议》对“企业优先”政策的影响。该协议指出,日本政府对企业的排他性行为负有不可推卸的责任。数十年来,日本市场是由政府创造的。这是日本的一个特点,即政府设置贸易壁垒及规制,以此阻碍国外企业进入日本市场。[①]所以,美国对日本的要求首先是纠正政府与民间企业的关系。官僚对于国民的批判无动于衷。可是,对于来自美国的批评,政府官员相当重视。从1990年开始,对于企业垄断行为,公正交易委员会进行强化规制。

其次,欧美国家对日本规制改革的压力。1997年2月,六十多个国家在日内瓦就有关电信领域的规制改革达成协议,并决定从1998年1月开始实行。其中,美国ISR(International Simple Resale)与日本就有关低价格提供国际通信服务也达成协议。可是,日本政府实施该计划的时候却最大限度地发挥了裁量权,它保护了现有企业,面对新加入企业采取种种限制。为此,欧美各国向日本提出抗议。美国通商代表与日本邮政省进行了四个月的交涉,迫使日本同意实施相关协议。实际上,在日美交涉期间,日本通信服务领域的有些企业也赞成这个国际协议。也就是说,对于规制改革的国际协议,国内同样有受益的企业,整个业界已经呈多元化趋势。

21世纪左右,国家和企业盛衰的信息技术必将促使政府规制改革,从“企业优先”到“社会优先”。日本也面临结构改革的机会。然而,改革的阻力仍然很强。从税制方面看,日本的法人税占企业利润的50%左右,高于其他发达国家。为此,欧美国家的投资商纷纷退缩,可是日本政府依然坚持现行税制。在通信领域,美国重视的是营造公平竞争的环境,而日本

---

① 評論:「日米構造協議」,『朝日新聞』1990年3月23日第8版。

重视公司的利益调整。

五、土地法人化批判

（一）财富向法人集中

无论哪个社会，贫富差别总是存在的。在传统资本主义社会，资本家与工人的贫富有巨大差异，这似乎是一般常识。然而，从传统资本主义到法人资本主义，资本主义所有制发生了新变化，法人资本所有制崛起并成为居主导地位的资本所有制形式。于是，资本家与工人的贫富关系似乎被掩盖起来了。在西方资本主义国家，资本家与职工的贫富差距在逐步缩小，两极分化趋势在减缓。可是，日本的两极分化表现为个人与公司之间的贫富之差，也就是个人与法人之间的差异。例如，日本的资本所有制在二战后发生了很大变化，大资本家的数量已经很少。在大企业集团中，家族性企业越来越少，资本家与工人的贫富差似乎看不见了。取而代之的是法人公司，财富向公司集中，工人与公司之间的财富分配产生巨大矛盾。

我们可以从法人资本所有制的特点看上述关系的变化。法人资本所有制包括公司法人所有制与机构法人所有制，这里主要指公司法人。也就是说，各类法人取代个人或家族股东成为公司主要出资人。法人股东凭借控股权干预或直接参与公司治理，监督和制约管理阶层的经营行为。

中国国有企业以股份制改革和完善法人治理结构为重点。国有企业的现代企业制度（modern enterprise system）改革是以企业法人制度为主体，以有限责任制度为核心，以公司企业为主要形式的一场改革。所以，传统意义上的国有企业所有制形式已经变成公司法人所有制形式。与市场经济产生劳资矛盾一样，中国的劳资博弈也表现为工人与公司之间的博弈。与日本等国家相似，中国也是一个工人与公司法人之间存在巨大格差的社会。

（二）土地向法人集中

财富向法人集中，土地也向法人集中。在市场经济中，正是由于土地买卖，破坏了社会的有机联系。以土地法人化现象为例。日本国土厅发表的1991年度《有关土地动向的年度报告》指出，1990年全国土地交易总额为59兆1000亿日元，法人的土地购入为27兆1000亿日元，占总额的46%。私有土地中，法人所有土地的比率是13.7%，仅1990年一年就增加了0.8%，而70年代这一比例只有8%左右。[1] 由此可见，土地法人化现象是在不断推进的。

土地法人化现象主要缘于土地投机的动因，即以建造公司宿舍为名，大量购买土地。建设部的统计披露，公司宿舍的竣工数自1988年以来剧增，1991年达到4万户。例如，新日铁的公司宿舍在全国有2万户，公司总部所在地也有2400户。[2] 表面上看，建造公司宿舍是考虑员工福利，而实质上是公司资本积累，通过发行新股筹措资金，然后购入土地。这是一种土地投机方式。这种投机方式还涉及工厂和事务所建设，以及不动产。公司的资本积累导致土地的法人化现象加剧，致使土地价格暴涨，泡沫经济形成。

在中国，土地所有权属于国家，任何单位和个人进行建设，需要使用土地的，必须依法申请使用国有土地。但是，国家可以征收原属于农民集体所有的土地。国家机关用地和军事用地，城市基础设施用地和公益事业用地，国家重点扶持的能源、交通、水利等基础设施用地，经县级以上人民政府依法批准，可以以划拨方式取得。同时，为公共利益需要，国家还可以收回国有土地使用权。

由此可见，在中国，以土地房屋为基础的产权制度，是建立在土地使用权的基础上的。这是中国特殊的产权制度——土地所有权与使用权分离。然而，土地使用权作为一种财产权，同样具有“占有、使用、收益和处置”的效能。在实行土地私有制的国家和地区，政府要先收购私有土地，进行初步开发后才能出让。中国是土地国有制，可以凭借公权力强行征地拆迁，低价收购他人的土地使用权，以此牟取暴利，“土地财政”由此而来。

---

① 〔日〕奥村宏:『会社本位主義は崩れるか』,岩波書店1999年,第151頁。

② 報道:「社宅の調査」,『日本経済新聞』1992年3月5日第8版。

土地财政是指一些地方政府依靠出让土地使用权的收入维持地方财政支出，属于预算外收入，又叫“第二财政”。我国的“土地财政”主要是依靠增量土地创造财政收入，即通过卖地的土地出让金满足财政需求。十多年来，各地土地出让金收入增长迅速。2001 年，全国土地出让收入占地方财政收入的比重只有 16.6%。到 2009 年，该比例已上升为 48.8%。[①] 国务院发展研究中心的一份调研报告显示，在一些地方，土地直接税收及城市扩张带来的间接税收占地方预算内收入的 40%，而土地出让金净收入占政府预算外收入的 60% 以上。

地方政府在土地市场中扮演着买卖土地使用权的角色。地方政府往往以国家的名义去农民那里“买”地，也就是所谓的“征地”，再以市场高价卖给开发商或用地人，从中赚取巨额差价。地方政府在与商人做土地买卖生意，土地买卖双方是政府与开发商（公司），一个是“出售者”，一个是“购买者”，源头是出让国有土地使用权。从土地财政角度看，这是一个资金大循环，要维持这个循环，就必须不断出让土地。要不断出让土地，就要不断征收和出让农民的集体土地及城市的公共用地。这种土地扩张与征占的机制导致大批共用土地流向公司，土地法人化现象同样严重。根据 2003 年的一份统计，全国共有各级各类经济开发区 3877 家，集中经国务院批准的只有 232 家，占 6%；省级批准的 1019 家，占 26.6%。各类开发区规划面积 36 万平方公里，超过了全国现有城镇建设用地总量。[②]

2. 土地是属于谁的？

卡尔·波兰尼在《大转变》一书中对土地交易问题有着深刻的分析。他认为，在市场经济中，正是由于土地买卖，破坏了社会的有机联系。他的观点基于这样一种事实：土地一旦卖出，便无法再生产。因为土地是有限的资源，本来不是作为商品交易的，而且人一旦失去土地便无法生存，土地是生活的基础、社会的基盘。

所以，在近代社会之前，土地是不能作为商品买卖的。欧洲中世纪领主和国王所持有的土地，实际上是拥有土地的征税权，而不是对土地的所

① 参见黄小虎：《解析土地财政》，载《中国改革》2010 年第 10 期。

② 参见徐昙：《五部委督察组痛打圈地运动》，载《中国经营报》2003 年 8 月 11 日第 10 版。

有权。日本江户时代的幕府及各藩也是如此,他们对于农田收获拥有征税权,也不是所有权。城市的土地也是如此,土地是公共的,是属于天下的。

然而,资本主义兴起,这种意识崩溃了。例如,法国《拿破仑法典》中首次规定了土地是“个人的私有财产”。在日本,明治维新后的土地也由公有物转为私有物。笔者不否定资本主义代替封建主义的历史进步,土地私有制化也应该是时代的需求,如果不能自由地买卖或变换土地的用途,那么近代资本主义就不可能产生。所以,必须破除土地的神圣性,才可能有资本主义的生产方式。然而,不可避免的是,土地私有化与商品化给社会及环境带来的破坏是巨大的。

英国从18世纪到19世纪的圈地运动致使传统小农业向现代大农业转换,大资本家不断征购土地,从而把农民赶出世代生息的地方。于是,失地农民流向城市,成为城市工人。波兰尼在《大转变》中批评了这一转变引起的后果:“在这里,英国传统的社会被解体,人与人之间联系的纽带被扭曲。”波兰尼的批评,其深层次的内涵指向人类社会的文明及其文化,因为只有人类长期的集团生活和定居生活,才有可能使文明与文化发展到一个高度。也就是说,土地与人类社会联结,形成了地缘关系,然后才能培育出人类的文化与文明。然而,资本主义出现后,作为人类社会基盘的土地成为商品而自由买卖,土地与人类之间的纽带被扭曲,文化被破坏。

近代资本主义的土地私有化是今天环境问题的主要原因之一。土地私有化意味着个人对土地有使用、处置以及达成契约的自由权利。如果土地作为私有财产可以自由地使用或处置,那么为了土地的使用而自由地砍伐森林就没有关系,为了土地的使用而把废弃物随意地抛向河川也没有关系,将地下的石油、煤炭资源作为“私有物”随意地处置和买卖更没有任何关系。只要是经济活动,森林可以毁坏,海洋可以污染,这就是“硬道理”。今天,地球上到处发生的环境破坏都是由于人类的经济活动与赢利追求所致。受“经济人”与利益最大化的驱使,对于上述破坏似乎成为顺理成章的事情,而所有这一切的原点在于土地的自由买卖。

第五章　新自由主义与“企业化政府”模式

20 世纪 70 年代以来的美国，新自由主义在经济、政治两个领域逐渐显现出它的影响力：其一，以经济为中心的自由主义；其二，与经济自由主义互为因果的政治结构——“企业化政府”。

“企业化政府”来自新自由主义在政治领域改革的一个标志性口号——“小政府”。然而，新自由主义所讲的“小政府”不是指政府规模的一种“量”的改变，而是指对政府行为的“质”的制约。“小政府”在处理公司、政府与社会关系时，旨在构筑一个“企业支配模式”——“企业化政府”。

从“规制政府”到“企业化政府”的市场逻辑是公司面向市场方式的改变。20 世纪 70 年代，企业面向市场的方式由“福特模式”向“丰田模式”转换，而“企业化政府”正是将“丰田模式”的效率原则内化为政府目标。在经济层面，这意味着无限制地发挥公司活动的自由。

从市场逻辑到政治逻辑，根本的原因来自资本积累危机，以及由资本积累危机导致的政治危机。公司卷入政治，借助于公共权力，影响公共政策。统治阶层为了维护在政治、经济中逐渐失去的权力和利益而转向新自由主义。

然而，新自由主义改革并没有带来实质的成效，“企业化政府”意味着政府在生活服务方面支出减少，而支持企业经济活动的支出增多。可是，它却导致政府税收下降，财政赤字居高不下。

一、公司政治战略

今天的企业，仅仅通过生产品质超群的产品已经不可能在竞争中完全取胜。传统的五种经济战略，即价格、质量、观念、市场调查、广告，也不一定能奏效。所以,必须再加上一种新的战略——公司政治战略。对企业界来说,运用国家权力是一个中心问题。市场上得不到的东西,可以通过国家权力获得,即借助于公共权力,以实现其特定权利,从而获得特定利益。

(一)对于公司政治战略的不同评述

公司应该扮演何种政治角色?有的评论认为,公司是一股不合法的力量,一旦卷入政治,会扭曲政治过程;而另外一些评论则认为,公司参与政治是一种正当活动,公司可以用各种方式在政治过程中表达自己的观点。[①] 就经济与政治的关系,公司支持者指出,公司所开展的政治活动促进了经济增长;而公司反对者回应说,如果扩大政府管制范围,就能使社会变得更平等,公司决策更有社会责任。[②] 尽管争论的焦点在于如何完善公司与政治的关系,可是现实的却是不完善的市场和不完善的政府。[③] 美国大公司都建立起了公共事务部,专门管理与政府的事务。另外,作为中介,大公司还建立了无数个像商会一类的组织,以此向政府表达公司、产业的利益要求。

显然,公司是出于自己的目的参与政治,觉得政府规制的影响力已经危害到了公司的自主性,弱化了公司抗衡政府的能力。所以,公司介入政治的目的是提高公司及所有者的经济地位。由此看来,大型公司并不民主。实际上,不民主的企业卷入了政治,会成为民主的障碍。在公司介入政治的过程中,政治资源被用来压制其他社会群体,公司的收获是整个社会的损失,尤其是以中下阶层的损失为代价。所以,公司卷入政治强化了现存的不平等关系。

公司政治活动是否维持了多元主义民主?这一问题的依据来自美国民主的基础,即多元化社会的多元化权力中心。然而,公司卷入政治并没有巩固社会的多样性,更没有抑制官员的私利。官员正是利用了公司参与

---

① 参见〔美〕理查德·雷恩:《政府与企业——比较视角下的美国政治经济体制》,何俊志译,复旦大学出版社 2007 年版,第 180—181 页。

② 同上书,第 181 页。

③ See Charles Wolf, Markets or Governments: Choosing between Imperfect Alternatives, Cambridge, Mass: MIT Press, 1990, pp. 6—7.

政治的利益驱动,以此满足自己的私欲。例如,国会议员从公司资源中捞取了大量的选举资金,从而在选举中击败对自己不利的政治家。

(二) 公司“政治活动委员会”

在美国,企业政治战略基于特定的经济基础,无论在市场领域还是政治领域,都能看到公司特殊的身影。现代公司具有独特的法律和组织安排,以保证其介入政治的动机和目的。它们借助于公共权力,影响公共政策。从 20 世纪 70 年代开始,企业政治战略的组织结构基本成型,其标志是建立企业“政治活动委员会”。

当时,企业政治战略是阻止制定保护消费者的劳动法则,并促使政府制定出有利于公司的税制和规制立法。为了争取共和、民主两党的支持,“政治活动委员会”应运而生。“政治活动委员会”是企业之间组成的政治资金团体。在美国,直接的企业政治捐款是不允许的,所以企业组成政治活动委员会,以该委员会的名义向议员或政党捐款。“政治活动委员会”企图通过募集大量的资金控制两大政党的财政,而予以法律支持的是 1971 年制定的《选举资金法》与 1976 年的《宪法修正案》。在《宪法修正案》的第 1 条,首次规定了企业有向政党捐款的权利。结果是显而易见的,民主、共和两党事实上已经依存于巨额的政治捐款而不能自拔。与此关联的是,“政治活动委员会”的数量从 1974 年的 89 个增加到 1982 年的 1467 个。[①]

20 世纪 70 年代发生的纽约市财政危机是实现企业政治战略的良好契机。纽约市在 60 年代发生“都市危机”,急速发展的“去城市化”,导致贫困化在城市中心发生。与此同时,公务员数量的剧增与福利扩张,使得纽约市的收入与支出失衡。最初,金融机构通过借贷弥补赤字。可是,到了 70 年代中期,投资银行拒绝纽约市政府拖欠债务,纽约市的财政被逼入困境。急剧恶化的财政状况致使公共福利被大幅度地削减,工资被冻结,

---

① David Harvey:「新自由主義——その歴史の展開と現在」,〔日〕渡辺治訳,株式会社作品社 2007 年,第 72 頁。

公务员雇用减少,自治体工会甚至把年金基金投资市债等,这就是纽约市的财政危机。为了获得投资银行的借款,新的政府预算管理机构以债权者优先为原则,赋予债权者对市税收的第一请求权。然而,这是对收入、财富与权力进行逆向分配的“抑制通胀战略”。当时“救市”的唯一方法是把创造良好的企业环境放在最优先的地位,如果市民利益与金融债权者利益发生冲突,政府会向金融机构倾斜。

企业政治战略的功效在于把风险从市场向社会扩散,这是一种风险外部化的过程。在美国,组织化的集团与企业成为利益中心,而工会被排除在外。社会政策被置于投资银行的监管之下,牺牲市民利益,满足投资银行家的要求。金融危机致使市民失去了数十年的收入积累,国民福利被企业福利取代,城市基础设施大部分被削减……以企业为中心的财富分配结构对市民社会的冲击是巨大的。

二、资本积累危机与新自由主义

(一) 资本积累危机

如何构建二战后的国家体制与国际关系?西方国家首先考虑的是:不能让20世纪30年代的经济危机再次威胁资本主义体系。所以,战后国家体制与国际关系的重构,其目的在于防范金融机构危机的再次发生。于是,新的世界体系通过布雷顿森林协定建立起来了。世界银行、国际货币基金组织、国际决算银行(BIS)都是基于国际关系的稳定而建立的。

为了确保国内的和平与稳定,政府着手建立劳资间的阶级协调体制,以建立国家、市场与民主主义的混合体制。美国两位社会科学家罗伯特·达尔(Robert Dahl)与查尔斯·林德布洛姆(Charles Lindblom)把这一路径描述为:和平、宽容、福利与稳定。①

多种形态的国家都接受了一个共同的理念:国家必须重视就业,经济

---

① See R. Dahl and C. Lindblom, Politics Economy and Welfare: Planning and Politico-Economic Systems Resolved into Basic Social Processes, New York: Harper, 1953.

增长应该带来市民福利。为了达到这一目的,国家权力与市场过程必须步调一致。毋庸置疑,这包括了国家对市场的干预。可以说,凯恩斯主义实现了20世纪60年代西方国家高速的经济增长。政府积极介入经济,通过资本交易规则对自由资本实施一定的监控,取得了较好的实效。在景气循环方面,由于采用了凯恩斯主义的积极财政政策,宏观调控也取得了较好的效果。可以说,通过政府干预,形成了有规则的、有伦理基础的经济市场。在美国,凯恩斯主义的政治经济结构被称做“被埋葬的自由主义”,这是指公司的活动被置于政治的、社会的规制下,公司的经济产业战略被制约,有时被逆向推进。[①]

战后几乎所有的西方国家都不同程度地限制上层阶级的经济权力,工人收入水平有了较大程度的提高。在美国,收入最高的1%的人占国民收入比例,从战前的16%下降到8%以下;在资产价值方面,由于股票、不动产价格的急剧跌落,资产价值占GDP的比例,从1965年的38%跌至1975年的22%。[②]

(二)从凯恩斯主义到新自由主义

20世纪70年代以来,深化的资本积累危机致使凯恩斯主义在经济与政治两个层面逐渐陷入困境。在经济上,失业率与通货膨胀并存,导致税收剧减,社会支出直线上升。世界各国的美元为了脱离美国统制,纷纷流向欧洲银行。1971年,固定汇率制被取消,黄金失去了国际货币的基础机能,从而导致外汇市场动荡不安。英国在1975—1976年曾经接受IMF救济。资本积累危机致使经济精英与统治高层明显感到一种政治上的威胁。那么,应如何重新构筑资本积累体系以克服危机?以美国为代表的西方国家面临重大抉择。

民主党控制下的美国国会进行了大规模的规制改革,改革从环境保护

① See S. Krasner, International Regimes, Ithaca, NY: Cornell University Press, 1983; M. Blyth, Great Transformations: Economic Ideas and Institutional Change in the Twentieth Century, Cambridge University Press, 2002.

② David Harvey:『新自由主義——その歴史の展開と現在』,〔日〕渡辺治訳,株式会社作品社2007年,第28頁。

到劳动安全、公民权以及消费者主权等一系列领域,但这些解决方法与资本积累要求相差甚远。在欧洲,一些政党希望通过协调国家主义和社团主义实施国家规制,推进这一提案的是欧洲社会民主党,可是这也与资本积累目标不符。当时,一种意见是维护社会民主主义式的国家干预;另一种意见主张取消企业与财界的种种束缚,重新确立市场自由。到了20世纪后期,后一种意见逐渐占了上风。那么,资本积累体系回归的条件如何确立?统治阶层把视角转向新自由主义。从国际层面看,作为新正统性的华盛顿体系(Washington Consensus)为新自由主义转换提供了制度保障。统治阶层为了维护在政治经济领域逐渐失去的权力和利益而转向新自由主义。

1947年,以学究主义为主的经济学家、历史学家和哲学家以著名的政治哲学家哈耶克为中心,形成了新自由主义学派。新自由主义信奉19世纪后半期的新古典经济学的自由市场原理,以崇尚个人自由与企业活动自由为宗旨,强调私利对财富与权力追求的合理性——以市场为基础,以竞争与规制改革为两翼,对财富进行重新分配。

20世纪70年代以后,新自由主义在政治与学术领域逐渐显现出它的影响力,一个基本点是以经济为中心的自由主义。在社会结构的基本层面,新自由主义主张应该向以效率为中心的管理社会转换。

新自由主义对社会主义和经济学主流派的批判不仅仅局限于意识形态层面,其对经济学的知识结构也进行了大幅度修正。例如,哈耶克把矛头指向经济学的效率与自由的关系问题,而且在学术上获得了巨大成功。1974年,哈耶克获得诺贝尔经济学奖。1976年,新自由主义的货币主义倡导者弗里德曼也获得诺贝尔经济学奖。可以说,新自由主义在各个政策领域开始发挥现实的作用。当时,政策研究机构纷纷建立,它们有雄厚的经济基础,例如伦敦经济问题研究所、华盛顿的世袭财团等。美国芝加哥大学为新自由主义提供了广阔的理论平台,其中就有经济学家弗里德曼的参与。

新自由主义认为,私利对财富与权力的渴望是人之本能最卑微的方面,可是它又是动员万人利益的最佳装置,由此形成的两个基本观点是:第一,效率至上;第二,私有化。西方国家行政改革正是把这两个基本观点内化为政府目标,目的在于确立效率优先的行政目标,以实现政府行为的非官僚化、政府管理的非规则化。

(三)公司政治战略的作用

从凯恩斯主义到新自由主义,公司政治战略起了推波助澜的作用。在美国,对所有形式的国家干预与规制天生具有一种抗衡本能的富人和企业精英组成了一个旨在反对混合经济的阵营,他们担忧在战时构筑的指令性经济在战后会全面推进。为了避免这一现象重现,对企业界来说,运用国家权力是一个中心问题。为此,企业家们组成了政治防御群体。例如,美国最有影响力的综合性协会——美国商会对于如何应对资本积累危机所表达的一系列主张得到政府的广泛认同。美国商会成立于 1922 年,其特点在于精心设计的组织沟通广泛的影响力。它出版了《国家的企业》、《华盛顿报告》和《企业之声》,其主要成员负责向国会和政府官员表达商会的主张。

为了获取国家权力的支持,全美工商协会的影响力不断扩张,在它名下的企业,1972 年是 6 万家,10 年后增至 25 万家以上。1972 年,全美工商协会建立 CEO 公司圆桌会议(Business Round Table,BRT),该会议每年用于政治活动的资金达 9 亿美元。全美工商协会凭借其雄厚的资金,对联邦议会进行游说活动,并对政府、大学、媒体、出版界和法律界等主要机构采取攻势,以改变人们传统的思考模式。当时的政策智囊集团,如胡佛研究所、美国公司研究中心(CSAB)、美国企业研究所(AEI)等,都设立了政策研究机构,这些机构积极地向政府提供新自由主义政策。

公司政治战略对政府高层具有重要的决策影响力。尼克松政府任命的联邦最高法院法官鲍埃尔曾经在给全美工商协会的一份报告中对企业政治权力作了如下阐述:“……对自由的公司体制的批判已经过时,在美国,应该与破坏这一体制的行为抗衡,以此唤起美国企业界的智慧与才智。为了实现这一计划,必须建构具有长期目标的组织,以更多的资金以及全国的组织网络获得一种政治力。”①

三、“企业化政府”的市场逻辑

20世纪70年代以来的美国，新自由主义在经济、政治领域逐渐显现出它的影响力：其一，以经济为中心的自由主义；其二，与经济自由主义互为因果的政治结构——企业化政府。

（一）企业化政府的“小政府”含义

新自由主义与凯恩斯的国家干预主义格格不入，对所有领域的国家权力抱有不信任感。在新自由主义的视野中，市场与国家是相互矛盾的。哈耶克在《自由的条件》一书中表达了他与亚当·斯密、李嘉图、马克思古典经济学派理论以及凯恩斯主义的本质区别，并断言与社会主义、国家计划制以及凯恩斯主义的斗争至少持续一个世纪才能获得成功。

在民主制度层面，民主主义并不是新自由主义批判的对象。可是，新自由主义崇尚的自由经济活动与对政治的不信任互为因果。所以，新自由主义认为，国家设置的政治边界约束了民主主义范围。市场的合理性由个人构筑，个人是自我决定的主体，并为自我决定承担责任。个人行为的选择自由可以形成市场的秩序，这是形成“伟大社会”（great society）的基本原理。政府不可能掌握社会全体的知识，如果说可能，则只能是发生谬误的可能，而市场是利用和控制这些知识的最好方法。所以，政府承担公共责任的范围应该缩小。正是基于这一逻辑，新自由主义提出了一个基本口号——“小政府”。

“小政府”是新自由主义在政治领域进行改革的一个标志性口号。然而，新自由主义所讲的“小政府”不是指政府规模的一种“量”的改变，而是指对政府行为的“质”的制约。“小政府”在处理公司、政府与社会关系时，

---

① J. Court, Corporateering: How Corporate Power Steals Your Personal Freedom, New York J. P. Tarcher/ Putnam, 2003, pp. 33—8.

旨在构筑一个“企业支配模式”,即“企业化政府”,以实现政府行为的非官僚化、政府管理的非规则化。

实际上,有关大小政府的争论由来已久。1996 年美国总统选举时,大小政府是一个重要争论点。当时,共和党支持率低下,原因是共和党秉持“小政府”主张。可是,1994 年中期选举时,民主党的“大政府”主张也被国民否决。根据美国舆论调查提供的资料,国民并不喜欢“什么也不做”的“小政府”,而是期待在现有的财政规模下,提高政府付费比例,从而提高公共服务质量。具体而言:其一,资源分配功能,即提供公共服务功能;其二,收入再分配功能;第三,促进就业功能。

(二)企业化政府——从“福特模式”到“丰田模式”

从规制政府到企业化政府的转变以企业转型为基础。20 世纪 70 年代,企业面向市场的方式由“福特模式”向“丰田模式”转换。

1.“福特模式”

传统的企业面向市场方式以“库存方式”为主,也称“福特模式”。1913 年,亨利·福特在福特汽车公司首先推行“泰罗制”,从而形成“福特主义”。福特主义的企业组织结构呈纵向控制模式,在这种模式下,统一标准规格与制度规范,减少产品种类,实现操作的可替换性等,并有计划、最大限度地利用各道规范的工序以创造规模效益。1955 年,美国推行了六种汽车的单一产品结构,占汽车总销售量的 80%,并要求操作工人能像机械一样随时调换。

二战后到 20 世纪 70 年代中期之前,欧美国家相继进入福特主义阶段。凯恩斯主义与欧美福利国家政策一般都以福特主义为基础。

福特主义最重要的制度形态是“管理制度化的劳资妥协”。随着凯恩斯主义的介入,福利国家、消费者信用制度、管理货币制度、固定汇率制以及内需为主的经济等制度形态支持了 20 世纪 70 年代发达国家的经济增长。

2.“丰田模式”

20 世纪 80 年代以来,日本制造业的国际竞争力大幅度提高,而国际社会关注的却是生产体系，这就是丰田汽车公司创造的丰田生产体系。

丰田生产体系的基本特点是产品结构、数量与销售协调一致，在必要的时间生产必要的产品和必要的数量，即 Just in Time（JIT）生产体系。JIT 生产体系力求适应多种需求的生产活动，以消除多余生产，节约成本。所以，“丰田模式”以“订单方式”为特点，而“福特模式”是一种“库存方式”。

如何避免多余生产？丰田创造了 Kan Ban（看板）指示方式，它是指工序传递的指示，具体地说，是一种信息倒流构想。从原料到产品的最后工序，把多余的原材料按种类、数量写在“看板”上，然后从最后工序“倒流”至原料工序，告知原料采购多出的一部分，从而节约成本。

从丰田生产体系的“效率至上”原则看，力求完成“多工序操作人员—多台机械—多工序流水作业”的工作流程，以节省人力。丰田生产体系的分权模式更注重从纵向型向横向型移行，强调管理的自主权，重视结果的责任模式。例如，一旦碰到非常事故，赋予现场管理人员停止生产并立即予以处理的权力。这一点与“福特模式”完全不同，福特生产体系的现场操作与业务判断是分开的。

丰田公司进行了一系列效率优先的改革，如 1961 年实施成本管理、1962 年引入价值分析，1970 年实行丰田生产方式体系化……20 世纪 80 年代，丰田生产体系走向世界。

综上所述，20 世纪 80 年代以后，企业面对市场的方式由“库存方式”向“订单方式”转换，即由“福特模式”向“丰田模式”转换。“效率至上”的组织结构与分权模式是“丰田模式”的核心之处。其重要的意义在于：丰田主义的弹性需求、适应性的组织原则、管理的自主权以及重视结果的责任模式为西方行政改革所借鉴，并成为强大的推进力。

（三）从“丰田模式”到“企业化政府”

20 世纪 90 年代中期，作为民主党主要智囊团成员的戴维·奥斯本与特德·盖布勒合作，出版了《改革政府——企业精神如何改革着公营部门》一书，提出了“企业化政府”主张。这一主张得到了民主党自由派的高度评价。克林顿对此书作了全面推荐：“美国的每一个民选官员都应该读这本书，此书给我们提出了改革蓝图。”[①]时任副总统戈尔领导的行政改革小组花了六个月时间撰写的研究报告，以及报告公布后政府采取的一系列措施，都是对“企业化政府”的回应。

“企业化政府”来自于“丰田模式”的运行机制，它以市场为导向，主张分权的政府；强调政府管理的非规则化，主张政府对市场的控制从纵向向横向移行。

将“丰田模式”的效率原则内化为政府目标，从而创设一个无规则的自由市场，这就是新公共管理改革的实践，也是“企业化政府”的真实含义。把“企业化政府”作为国家层面的正统原理体现在1979年的撒切尔改革与里根改革、20世纪90年代的克林顿改革以及2004年的布什改革中。

四、“企业化政府”实践——西方行政改革

（一）撒切尔改革

撒切尔改革源于英国20世纪70年代的经济滞胀，以货币主义为基础的供给主义获得了政治家们的认可。改革带来的是：其一，放弃了1945年以来确立的社会民主主义制度，福利国家相关政策解体；其二，公共部门民营化，社会协同组织以妨碍经济为由被限制；第三，减税，营造有利于投资的政策环境；第四，政府与工会形成对立态势。撒切尔的名言是：“社会并不存在，存在的是男人和女人。”“经济学的目的是改变国民的信念！”[②]

（二）里根改革

1979年10月，美国进入里根执政时期。时任联邦储备基金理事会议长的保罗·伯卡（Paul Polka）实行了金融政策的急剧变革。

---

① 〔美〕戴维·奥斯本、特德·盖布勒：《改革政府——企业家精神如何改革着公营部门》，周敦仁等译，上海译文出版社2006年版，第3页。

② David Harvey：『新自由主義——その歴史の展開と現在』，〔日〕渡辺治訳，株式会社作品社2007年，第96頁。

历史上的"罗斯福新政"是以完全就业为主要目的,它在广义上体现了凯恩斯主义的财政金融政策。可是,20 世纪 70 年代的美国,通货膨胀以两位数增长,实质金利出现负增长。保罗采取了一个"让美国走出滞胀危机的方法",即由联邦储备基金设置一个正的利率水准,1981 年 7 月上升幅度接近 20%,这被称为"保罗冲击"。"保罗冲击"把债务国逼进破产深渊,迫使其他国家的中央银行从正统的凯恩斯主义向货币主义转换。

里根时代是批判"大政府"的时代,从航空、电气通信到金融,所有领域都放宽规制。除了规制工人的条款外,所有规制都被视做妨碍经济增长的因素。在里根的指示下,行政管理预算局把过去与当前的所有规制都作成本与收益分析,如果成本高于收益,便废除规制。里根的规制改革为大企业开辟了无规制的市场。由于对投资实施优惠政策,促使资本从组织率较高的东北部和中西部向组织率较低、规制较宽松的南部和西部转移,金融资本也逐渐向高收益率的海外输出。例如,1930 年的金融危机中,美国投资银行衰亡,一度从金融领域消失。可是,随着战后全球化的推进,政府让投资银行复活;而 80 年代的规制缓和,使投资银行重新成为华尔街的金融中枢。另外,法人税下调,个人所得税的最高税率从 70% 下降为 28%。这被称为"史上最大的减税",可是带来的却是社会不平等加剧。

政府向"企业优先"的政治结构转型,那么工人与工会组织如何顺应这一变化趋势?20 世纪 30 年代,为了制约企业劳资关系,美国设立了全国劳动关系委员会。到了 80 年代,有关工人权益的条款中约有 40% 失效。80 年代中期,美国的失业率达到 10%。对企业来说,这是从工会手中夺回既得利益的最好时机。以航空业为例,里根政府首先瓦解了航空管制官的罢工,其次取消了航空业工会参加政府重要会议的权利。也就是说,在 60 年代形成的企业与工会之间的那种规则化的社会协作宣告破产。

(三)克林顿改革

处于经济衰退时期的克林顿政府依赖于巨额的政治捐款,在主要的政策层面实施了一系列有利于企业和金融界的新自由主义政策。克林顿政权的最好业绩是财政赤字的扭亏为盈,而在金融领域的市场主义方面,也许是实施得最彻底的。在1998年11月发表的《金融市场总统令以及作业委员会报告》中，期货交易委员会（CFTC）曾提出过金融衍生产品的规制案。然而，法案遭到了时任财政部长罗宾、联邦储备委员会主席格林斯潘以及证券交易委员会主席莱布特的强烈反对。于是，金融衍生产品规制案被取消，期货交易委员会主席辞职。显然，民主党自由主义派掌控了政治运营的主动权，其唯一的宗旨是提供金融领域各利益集团的资金保障，这就是金融市场的非规制化。在美国，这被称为“利益集团的自由主义”。

（四）布什改革

布什政权下的联邦政府实现了以企业为中心的政治结构，这是一个历史性的变化。“罗斯福新政”以来，社会分配机能与规制是联邦政府的两项基本职能。民主党在20世纪60年代建构了社会再分配制度。美国政治学家洛伊在1979年出版的《自由主义终结》一书中把社会分配机制称为“第二共和制”①。可是，布什政权下的联邦政府在社会分配方面却实施了一种逆向转换政策。

1. 国家规制部门的非规则化

在政治结构层面，向企业分权，构筑一个“以企业为中心”的福利国家；在经济层面，联邦资金的重点向企业利益倾斜，无限制地发挥公司活动的自由。布什政府把新自由主义“私”的理念扩大至公共领域，其真实的含义是把国家的规制部门都引入非规则的“私”的范围中，金融机构的非规则化就是典型一例。

在金融市场，“企业化政府”的政治结构是一种分权模式。新自由主义崇尚自由的市场，并保障企业集团在自由市场框架内的自由活动权利。可是，这一分权模式强化了金融机构的自主性，由此导致金融机构违规操作与非规则化。

新自由主义主张，中央银行等主要机构要抵制来自民主的压力，资本

---

① 〔日〕砂田一郎：「ブッシュの保守主義政治はアメリカに何を残したのか」，『世界』2008年第2期，第61頁。

应该在各个地域、各个国家之间自由地流动,因此必须取消妨碍资本自由流动的所有规制。2004 年 4 月,证券交易委员会(SEC)实施了大幅度的规制改革。在这场规制改革中,取消了五大投资银行的借入金限制,并容忍金融风险的自我管理等。这种自由放任的政策实际上意味着证券交易委员会放弃了监督权。于是,对于华尔街的金融活动,政府已经没有办法控制。

2. 政府构筑次贷运行机制

一般来说,次级按揭贷款人要支付更高的利率,并遵守更严格的还款协定。可是,美国金融当局的金融监管没有真正实施这一规则。由于长期的信贷宽松、金融创新、房地产和证券市场价格上涨等原因,金融当局纵容次贷的过度扩张。

次贷自上而下的运行机制是由政府构筑的。新自由主义认为,财富的增长渠道是自上而下的过程,即由上层向下层扩散。所以,在住房按揭贷款方面,自上而下的制度也是由政府建构的。例如,20 世纪 70 年代颁布的《社区再投资法》规定银行必须向低收入家庭和低收入社区提供住房贷款;70 年代末出台的《平等信贷机会法》又要求贷款机构不能因借款人种族、肤色、年龄、性别、宗教信仰、原国籍和身份差异而有任何信贷歧视。除此以外,政府资助房地产业的还有:联邦全国按揭联会(Federal National Mortgage Association)、联邦家庭贷款按揭公司(Federal Home Loan Mortgage Corporation),两者均为 GSEs(Government-Sponsored Enterprises),即“政府资助企业”。所以说,次级按揭贷款是有法律保障的。对私人金融机构来说,次级按揭贷款的风险很大,但拒绝给穷人贷款风险更大,这一风险来自政府。一旦私人金融机构拒绝给穷人等风险很大的次级用户购房贷款,就可能因触犯法律而遭到投诉,而一旦被投诉,其业务就会遭到政府金融监管部门的限制或终止。正是从这一意义上说,次贷危机爆发,不是市场失败,而是政府失败。

在美国,把哪些问题提上政治日程,是一个复杂和充满争议的过程。更具体地说,这是由政府最上层的掌权者决定的。格林斯潘为了让美国经济走出 IT 泡沫而实施持续的低利率政策。然而,这一低利率政策却引发了房地产泡沫。从2001年的IT泡沫破裂到2008年的次贷危机，正好是共和党布什政权的始末。信奉完全市场经济的标志性人物格林斯潘长期奉行放任的经济自由政策，他的著名论断——“金融市场自我监管比政府监管更有效”实际上纵容了次贷的过度扩张，使得在一定条件下发生的次级按揭违约事件呈不断扩张趋势。

在金融市场，一般的假设是：不应该存在权力干预与信息非对称性，市场的活动主体均处于信息对称的状态。可是，这一假设事实上并不存在。金融机构的投机活动与新自由主义理论基本一致，通过非规制的政治过程扩大金融的影响力。在发行按揭证券产品时，不向投资者披露房主难以支付的高额可调息的按揭付款，也不透露购房者按揭贷款的零首付情况，而评级机构的不透明又使得这些高风险资产顺利进入投资市场。

投机泡沫导致社会危机。当危机来临的时候，国家权力被运用于企业救济和回避金融危机。例如，1987—1988年美国储蓄贷款银行发生危机的时候，联邦政府投入约1500亿美元，危机成本向纳税人转移；1997—1998年发生风险投资基金陷入长期资本管理危机的时候，联邦政府投入约35亿美元。① 由此可见，新自由主义理论指导下的法律和规制都是对公司有利，把良好的企业环境置于全球政治的层面。然而，一种逆向的因果关系表明，金融机构的非规制化致使金融市场充满了不确定性。

五、改革与社会危机

随着新自由主义模式的推进，“企业化政府”改革实践并没有带来预期的成效，美国国内的贫困人群反倒呈膨胀态势。这主要表现在：第一，经济不稳定因素所产生的掠夺性贫困；第二，作为“贫富分化机能”发生作用的结果，中产阶层消失，从而产生社会两极分化现象。

---

① David Harvey：『新自由主義——その歴史の展開と現在』，〔日〕渡辺治訳，株式会社作品社2007年，第104頁。

（一）中流社会的消失

在一个制造业大国，制造业工人是中等收入阶层，形成中流社会的支柱，由此推动制度变迁与环境改善。然而，从20世纪80年代以来，随着美国信息化社会的快速发展，制造业逐渐衰退，收入差距扩大，贫富社会再现。

美国中流社会变质开始于1981年的里根政权。里根政权一系列的改革，如“小政府”、高收入者的减税等，对于刺激美国经济的活力来说，是有一定成功意义的。然而，里根改革之后的近三十年，美国社会的两极分化扩大，由此而来的是中流社会消失、医疗福利后退等一系列问题。根据Tomasu Bikatixi与Emanyueru Saezu的研究，在2005年，美国1%富裕阶层的收入占国民总收入的17%以上；美国0.1%的超富裕阶层的收入占全美国收入的比率是7%。以上数据在里根政权之前分别是8%与3%。①

在这近三十年贫富分化的过程中，美国大企业CEO的年薪金额却逐年走高。20世纪70年代，美国最具代表性的102家大企业，高层经营者年薪是本企业职工平均工资的40倍。到了2000年，这一比例一跃超过367倍。这一时期的所得税率却是大幅度下降的。②

再来看企业职工的工资收入，收入的平均值是在提高的。可是，靠近收入中央值的群体，也就是中流层的收入，在近三十年几乎没有什么变动。中流阶层实际上已经被低收入阶层吸收。那么，贫困线如何设定？在英国，贫困线设定在中位收入的60%；如果有钱人更加富裕，收入的中央值就上升，多数的人就成为贫困者。这一定义的测定促使贫困不断地向好的方面变化。在这里，“贫困”不是指生活手段的消失，而是指经济的浮力、致富的能力。

（二）权利的贫困

众所周知，失业产生贫困。可是，即使充分就业，但如果无法支付最低

① ［日］中谷巌：『資本主義はなぜ自壊したにか』，集英社2008年，第44頁。
② 同上。

生活费用，同样产生贫困。1999年，马萨诸塞州的各个食物仓库的食物服务需求比往年增加72%；威斯康星州的“极贫”阶层（低于美国贫困线的50%）获取食物分配券的比例达到过去10年的3倍。2000年8月，1970万人申请食物分配项目。根据2002年美国市长会议的报告，申请紧急粮食援助的人平均增加19%，而其中的48%是有孩子的家庭。据美国最大的粮食银行网络披露，2001年有2330万人接受食物券，这一数据与1997年比较，增加了200万人以上，其中40%是工人。[①]

贫困来自于社会公正的缺失。一个“实力主义”的社会，不具备获得高薪才能的群体，其结果是悲惨的。美国社会学家Ritydo Senetto曾经说过：“机会与同情的结合，就是一种不平等的结局。”“罗斯福新政”以来，美国政府对有能力的贫困者实施教育培训，这一战略基本上是成功的。福利国家同样产生黑人中产阶层，而政府起了很大作用。然而，“实力者优惠待遇”致使有实力的人与无实力的人之间产生了巨大落差，“机会难以惠顾”的群体的生活水平在过去40年间普遍下降。根据全美老年人协议会（NCOA）的纪实报道，在世界最大的食物生产国美国，老年人饥饿指数增大。全美多个州实施面向低收入者的医疗保险制度，费用由政府与州各出一半。可是，由于这方面的开支逐渐增加，致使政府财政陷入困境。现在65岁以上的老人中，约3/4的人过着独居生活，这些老年人的开支绝大多数用在食物等其他生活必需品方面，而没有能力支付医疗保险费。

据美国最大投资银行Gorudomann Sakkusu 2007年的报告，金融危机爆发前，支付银行职员的年薪达到200亿美元，职员总共3万人，平均每人的收入约66万美元。可是，美国没有加入医疗保险而没有条件去医院看病的人接近5000万。[②]

① 〔日〕中谷厳：『資本主義はなぜ自壊したにか』，集英社2008年，第23頁。
② 同上，第16頁。

六、"企业化政府"没有改善财政状况

"企业化政府"是一场改革运动,以市场为基础,以竞争与规制改革为两翼,对政府、公司与社会关系进行了一次调整。例如,规制改革减少了财政收入,于是通过削减社会性支出、降低国民社会福利水平进行弥补。这是对财富的重新分配,把原来属于社会的一部分福利转让给企业。规制改革几乎全部以削减财政支出为目标,然而并没有改善政府财政状况。以日本为例:小泉纯一郎首相执政时期,新自由主义被强行引入市场主义改革,"小政府"论成为日本行政改革的一个口号。可是,舆论普遍认为,"小政府"改革是与时代背道而驰的一场错误的改革。日本政府打着"小政府"改革旗帜,首先削减的是社会保障与医疗保健等社会性支出。在以下一组日本与经济合作组织(OECD)国家比较中,[①]社会保障等社会性支出占GDP比例是一个重要变量,它可以考量公众是否能从社会资本中获益。

表5-1　社会性支出占GDP比例　(单位:%)

	1980	1990	2001
欧盟国家	20%	23.4%	24.0%
美国	13.3%	13.4%	14.8%
日本			16.9%

注:欧盟是指扩大前的15个国家。

上述比较显示,1980—2001年,欧盟国家的社会性支出占GDP比例呈不断上升趋势;以"企业化政府"为理念的美国,其社会性支出占GDP比例也有小幅增长,但远远落后于欧盟国家;"小政府"国家的日本显然也是落后于欧盟国家。

日本以"小政府"为目标,不仅仅体现在社会性支出与GDP比例偏低,而且政府的一般性支出占GDP比例也比OECD国家低。

① 〔日〕宫本太郎:「小さな政府論と市場主義」,『世界』2006年第5期,第97頁。

表 5-2　政府一般性支出的财政状况(2004 年占 GDP 比例)　(单位:%)

	总支出	总收入	财务收支	总债务
日本	37.5	31.0	-6.5	156.3
美国	36.4	31.7	-4.7	64.0
加拿大	39.9	40.6	0.7	72.2
英国	43.4	40.7	-3.2	44.2
法国	53.5	49.8	-3.6	74.7
德国	47.0	43.3	-3.7	67.9
意大利	48.7	45.4	-3.3	123.0
瑞典	57.3	58.7	1.4	62.5
丹麦	55.1	56.8	1.7	52.2
欧盟 15 国	47.7	45.0	-2.7	78.1
OECD 国家	40.8	37.3	-3.6	76.3

表 5-2 的数字显示,中央政府、地方政府与社会保障基金三个层面的财政赤字加在一起,日本财政赤字占 GDP 比例为 6.5%,居发达国家赤字率榜首。可是,总支出占 GDP 比例方面,日本倒数第二,仅次于美国。总收入包括国税、地方税,再加上社会保障的国民负担部分。在发达国家中,日本是总收入最少的。从财政规模看,在财政收入与财政支出方面,美国与日本都称得上是“小政府”。可是,美国与日本的财政赤字规模都超过了 4%。与此相反,英、法、德、意等国的财政支出都比美国与日本高,但是财政赤字都在 3.2% 到 3.7% 之间。北欧的瑞典与丹麦的财政支出都是在 55% 以上,可是财政收支出现盈余。①

由此可见,“小政府”国家陷于财政赤字困境,“小政府”改革步伐越快,财政赤字居高不下的趋势越严重。然而,“大政府”国家的财政状况却呈现“黑字”状态。在这种情形下,自然产生了对新自由主义理论下的“小政府”论 的质疑:为何财政支出规模大的国家的财政赤字反而少,甚至黑字,而以“小政府”为目标的日本的财政赤字远远高于欧洲国家?

以上所说的财政功能是以宏观介入为理论背景的,“福利国家”作为

① See OECD Economic Outlook 78, December 2005, pp. 187—195.

一种制度,前提是收入分配的效率性。那么,福利国家的效率如何体现?美国哈佛大学教授马斯古莱对财政功能提出以下三点:第一,资源分配功能,即提供公共服务功能;第二,所得再分配功能;第三,景气调节功能,简单地说,就是雇用调整功能。

接下来,我们以上述财政功能看各国税负担率与经济增长之间的关系。20世纪70年代的税负担率与经济增长之间没有多大关系,税负担率的高低不会对经济增长产生直接影响。这就是布雷顿森林体制对收入分配的作用。20世纪80年代是工业化的高潮时期,资本自由地在国际间流动,于是情况发生了变化。像日本这种税负担较低的国家实现了经济增长,而北欧税负担高的国家的经济增长缓慢。显然,对于资本收入课以重税的收入分配很难起到调整作用。这就是新自由主义理论对福利国家批判的依据。然而,进入90年代以后,情况又一次发生了变化。80年代经济高度增长的日本却陷入10年的经济低迷,新自由主义政策的效果不再显现,它带来的是景气停滞、贫富分化以及社会的不稳定。

表5-3　2002年主要国家政府支出占名义GDP比例　(单位%)

	日本	英国	法国	德国	意大利
一般服务、治安	5.5	9.2	10.7	9.1	12.4
经济	7.6	3.6	7.0	5.8	4.9
文化、教育	4.7	5.8	6.8	4.9	5.8
社会保障	20.4	23.2	29.0	29.0	25.0
合计	38.1	41.8	53.4	48.7	48.0

数据来自日本内阁府《平成17年度经济时政报告》,转引自《世界》2006年第5期,第118页。

表5-3说明了这样一个问题:政府支出占名义GDP之比,日本是38.1%,与英、法、德、意等国比较,是最低的;在一般服务、文化与教育、社会保障方面,日本也比欧洲国家低,比欧洲国家高的是经济支出。上述情况表明,生活服务支出减少,支持企业经济活动的支出增多,从而导致企业利润的税收下降,对公众的工资所得与消费课税增加。这就是日本的状况。问题是,日本的财政功能现状无法帮助其走出经济困境,经济低迷还将长期持续。

日本行政改革中,“小政府”是理论核心。可是,东京大学社会学研究室在 2005 年进行的一次全国民意测验表明,“低负担、低福利”的支持者仅占 30%,而对“高负担、高福利”的支持率达到 60%;对于把社会保障委托给民间的政策主张,赞成的仅占 20%。①

以“效率优先”为宗旨的“小政府”论把社会纳入市场,可是市场与社会是不同的构成要素,市场构成市场主义,社会构成民主主义。市场经济要求效率,差别性成为一种原动力;民主主义要求公平,如果公平缺失,社会运行将陷于困境。所以,应该建构一种把市场经济的效率与民主主义的公平融为一体的税收政策、劳动制度与社会保障制度。

“企业化政府”对中国政府改革有着巨大影响。以市场为导向,通过市场力量进行政府改革,“企业化政府”把中国的公共行政改革推入了新公共管理时代。可是,把市场中的企业管理方法运用到公共领域并不合适,因为两者在根本目标上并不相同,公共部门旨在提供公共服务,私营部门以获得利润为最终目的。于是,政府成为赢利的政府,有收益,有事业心。对于社会福利,政府按效果而不是按投入拨款。在政府与公众的关系方面,公众成为享受政府服务的“顾客”,缺乏事前监督的功能。“企业化政府”强调绩效管理,然而政府的许多服务项目,其产出、成本以及绩效都是难以量化的。

今天,我们重新审视美国金融危机的制度原因,“企业化政府”自然成为众矢之的。现代社会发展的三要素:市民、权力、市场,如何达成平衡?民主主义——权力分散;市民参与——市场透明。现实的是:权力与市场结合,“企业化政府”不可能完成其政治体制改革的使命。

---

① 〔日〕岩田正美など:「いまなぜ社会保障建築が必要か」,『世界』2006 年第 7 期,第 206 頁。

第三篇　政府转型与“社会防卫”

19世纪以来的市场与社会，一直沿着“市场无序”与“社会防卫”的轨迹运行。对于无序膨胀的“市场经济化”，社会如何防止市场侵害？美国经济学家、人类学家卡尔·波兰尼把这归结为“二重运动”。

然而，作为以“效率优先”为特征的新公共管理模式的治理，市场激励机制被引入政府治理；作为最小国家的治理，政府削减公共开支，以最少的成本取得最大效益。“效率优先”的治理模式给社会带来了巨大成本。

第三篇把“市场经济化”与“社会防卫”置于政府与企业关系中加以考察。政府如何调整企业赢利动机与公民权利动机之间的均衡关系？这是本篇的使命。

第六章从“发展”的视角——从外发式发展向内发式发展转换，探求“政府转型与‘社会防卫’制度建构”。本章对中国“经济增长型”社会与市场活动规律进行探析，并指出“经济增长型”社会是企业优先的社会，公司通过“合法的妨害”把市场风险向社会扩散。如何走出“经济增长型社会”？本章提出了中国政府转型的“社会防卫”设想：市场合理化规制——可预测的市场——“社会防卫”。

“社会防卫”需要政府通过制度设计保护经济和社会目标。第七章通过美国政府社会性规制，折射出一个国家的民意和利益代表机制，以及政府的政策组合能力。这一章对“罗斯福新政”的“社会防卫”体系作了较多的阐述，因为在“福特主义”时代，对于资本的社会调整来说，是一个比较成功的时代；而与“罗斯福新政”比较，“奥巴马新政”正面临巨大挑战。

第八章“欧洲统一与社会的欧洲”揭示了欧洲统一进程中的“政府—社会—公司”的良性互动，以及“社会防卫”的一体化政策，尤其在公司民主管理方面的经验对于中国现代企业制度的建构有其重要的借鉴意义。

市场、技术与公司是全球性的，而一个国家的规制是地方性的。在全球化时代，跨国公司推进一国的规制改革。然而，一个命题随之而来：为生产者改革，还是为消费者改革？第九章围绕美、日、中三国在改革机制、政府垄断、消费者代表体系等方面的规制改革进行比较。本章认为，在设计一个国家的规制政策与公司体制的时候，没有万灵药方，也没有最终的胜利者。然而，发达国家的经验对中国有深刻的启示。

第六章　发展——从“经济增长型”到“社会防卫型”

“发展”是指市民社会内部涌动的变化过程，它包括经济、政治与社会制度的全面进步。可是，在市民社会理性的自我发展过程中，却向国家理性与权力的依存转换，这就是“发展”的两面性。随着“经济增长型”社会的形成，“发展”开始带有强烈的经济利益和政治企图，而强大的国家主义致使“社会发展”被制约在一个较小的范围内。

“发展”是一个结构体系，它包括内发式发展与外发式发展两个层面。20 世纪 80 年代以来，经对“经济增长型”社会的反思，内发式发展推进了亚洲政治社会转型。在公共治理的视野中，内发式发展是一种“社会防卫”控制模式。公众参与、环境保护和具有地方特色的公共治理是内发式发展与外发式发展的根本区别。

一、发展——市民社会内发的过程

经济学家与政治学家们强调，没有“增长”就不可能有“发展”。可是，“增长”不一定是“发展”，一个“经济增长型”的社会不一定能增进社会福利。文明的进化至今经过了一万多年，人类创造了前所未有的经济繁荣，但是没有创造出适合人类居住的环境与可以信赖的公司制度。

（一）“发展”的最初含义是指社会发展

当代语境中的“发展”，其最初的含义是社会发展。更确切地说，它是指西欧市民社会自我发展的过程。19 世纪，苏格兰社会改良家萨缪尔·

斯迈尔斯(Samuel Smiles)在《自助论》一书中指出,国家富强的源泉来自于个人对勤奋和正直品行的追求,"外部对人的影响是有限的,人的发展,其动力总是从内部产生"①。伟大的哲学家黑格尔把摧毁封建社会身份和等级制,以及在市场经济发展过程中摆脱地缘、血缘束缚的市民社会的自我完善,称为"发展"。②

在18世纪前半期的法国,尽管政治状态还没有发生变化,但经济发展已经使巴黎成为欧洲政治和文化中心,我们看到了人类历史上光辉灿烂的文明,这个时代出现了它的精神代表——启蒙哲学。

经济发展成果向社会扩散,这就是18世纪欧洲经济社会的发展状况。在那里,一个崭新的词汇——"发展",体现了18至19世纪欧洲社会的时代精神。它包括:自由权与私有权为象征的市民社会的兴起、市场开发、资本积累、法治以及废除宗教政治等,在此基础上,形成了相互关联的社会体系。

从市场开发到社会文明进步,这就是"发展"最初的含义。虽然市场开发在不断地创造出能使财富增大的资本积累体系,但是财富创造与资本积累是在市民社会内发的过程中形成的。

亚当·斯密架构下的自由市场经济展现了内发的经济活动秩序。首先,作为内发的经济活动秩序,它是指在没有特定外界的干预下,自主地构筑市场运行过程。斯密用"看不见的手"对市场经济的自我发展作了形象描述。其次,作为内发的经济活动秩序,它"展现文明盛衰的自我组织化过程",揭示了一个真理:"发展"是"人类对于环境认识的变化,以及适应于这种变化的一种文明替代的选择"③。最后,作为内生、自发的经济活动秩序,它把社会进步作为关注点。斯密提出了适合于近代资本主义社会的新的伦理学原理,他把一个和谐世界的思想扩展到了经济学领域,并指出财富增大与道德世界的和谐和良好的秩序密切相关,公共利益基础上的私利

① Samuel Smiles, Salf-Help, London: J. Murray, Lsted, 1956, p. 2.

② 参见〔德〕黑格尔:《历史哲学》,王造时译,三联书店1956年版,第493页。

③ M. M. Worldrode:『複雑系』,〔日〕田中三彦訳,新潮社2001年,第140頁。

是幸福的条件。[1]

在20世纪,把“发展”界定为“内发式发展”的是约瑟夫·熊彼特(Joseph A. Schumpeter),他在《经济发展理论》一书中指出,发展并不是从外部强加于它的,而是从内部自行发生的变化。法国经济学家弗朗索瓦·佩鲁(Francois Perroux)在熊彼特“发展观”的基础上,把经济发展与社会发展紧密相连。他认为:一方面发展形成“增长极”;另一方面,发展的效果向社会扩散,通过社会整合实现其发展效果。[2] 在这里,佩鲁所说的“社会环境”是指能使发展效果向社会扩散的政治与法的制度框架,它包括市民组织的健全、教育和保健等基本需求的充实以及公众参与社会治理的民主制度。

日本社会学家鹤见和子在《内发的发展论》一书中将内发式发展表述为:“……是人类共通的,充实地球上所有人的衣食住行的基本需求,开拓人的发展的充分可能性,并创造出充分的条件,变革国内与国际间这一差别的结构。正是从这一目标出发,不同的社会、地域住民以及集团,应该去适应固有的自然环境,遵循文化传统和历史条件,有选择地学习外来知识、技术和制度。所以,在全球化进程中的内发式发展是一种多元的发展,它不在乎先发或后发,而是一种对等的、公众参与的、具有活力的经济发展。”[3]

今日世界,“发展”已经成为主导时代的关键词,它犹如18—19世纪的“进步”、“进化”概念,闪烁着时代精神。在过去一个多世纪里,我们目睹了发达国家和发展中国家为了发展而付出的前所未有的努力。然而,这种努力的基础主要是经济的发展。19世纪,黑格尔的“发展”,成为当时比较落后的德国的国家指导理论。在历史学派的视野中,黑格尔的“发展”被理解成落后国家赶超发达国家的过程。法国经济学家弗朗索瓦·佩鲁的“增长极”被引向单纯的经济发展,“增长”——作为经济发展的支配效果——呈日益走强的趋势。

---

① Adam Smith:『道徳情操論』,〔日〕水田洋訳,筑摩書房1973年,第58—59頁。
② 〔日〕西川润:『人間のために経済学』,岩波書店2006年,第102頁。
③ 〔日〕鶴見和子:『内発の発展論』,藤原書店1997年,第522頁。

（二）内发式发展的特点

从经济与社会的关系看，“发展”是指经济与社会的同步发展，这是一个维度的两个层面——内发式发展与外发式发展。资本积累是一种外发式发展模式，而它又在推进社会文明进步，所以又是内发式发展。从国家与社会的关系看，外发式发展是一种国家主导的经济增长模式，它在国家层面上运作，并以此维系公共秩序；内发式发展是个人与机构、国家与社会等诸多方式的治理，它促进了国家与社会的互动。从发展与环境的关系看，外发式发展往往总是以破坏环境为代价。以“世界工厂”为主要特征的新兴工业化国家和地区，是通过快速消耗能源和原材料的方式发展起来的。内发式发展强调自然、经济、社会的整体协调，发展经济必须以保护环境为前提。在全球化与地域发展的关系上，发展应该摆脱一种单一模式，各地区应该根据其自身的历史、地理、经济等条件，探究一种具有地方特色的发展模式。与外发式发展比较，内发式发展具有以下特点：

1. 相对独立性

外发式发展是一种自上而下的，依靠外来资本、技术和理论寻求发展的方式，以发达国家的工业化、城市化为模式，忽视本国的产业结构和经济结构。内发式发展并不拒绝外来的资本和技术，但是它不是单纯地依赖世界市场，而是强调一种多元的、多层次的、多角度的发展模式。这种地域发展模式具有自主的、重视传统和文化的相对独立性。

2. 自发性

内发式发展是一种治理方式。“治理”是“自组织”的结构形态，它是指一个系统在内在机制的驱动下，在没有外界特定的干预下，自主、自发地从无序走向有序的过程。“统治”是从外部对系统加以设计、组织和控制的过程，这是一种“他组织”模式。工业经济的行为模式是对自然过程进行人为的、强制性的干预，是一种典型的“他组织”结构。

3. 互动性

“公共治理”的概念最初是用来有效地解决地方问题的。除了政府机构和各种职能部门以外，治理还需要市民社会的参与。治理促进了国家与社会的互动。正是从这一意义上说,内发式发展是个人与机构、国家与社会的互动。

4．生态性

经济发展与保护环境存在着"两难选择"。如前所述,新兴工业化国家和地区是通过快速消耗能源和原材料的方式发展起来的。所以,经济发展往往以破坏环境为代价。内发式发展强调自然、经济、社会的整体协调,环境是第一位的,发展经济必须以保护环境为前提,创造出一个自然与经济、社会融合的生存空间。

二、从内发式发展到外发式发展
——"经济增长型"社会形成

(一) 19 世纪功利主义的发展理念

斯密把自由市场经济看做市民社会自我发展的经济活动过程。自由市场经济以"经济人"为前提,市场经济的理性发展与"利己"的种种情念联系在一起。可是,斯密所指的"私利"是建立在道德世界和谐的基础上的。他在《道德情操论》中指出:"……来自于私利驱动的竞争社会,它保障了资源的有效配置和生产效率的提高……然而,一味地追求私利(财富)会产生危及社会的行为。所以,在公共利益基础上的私利,是幸福的条件。"①显而易见,财富增大与道德世界的和谐、良好的秩序密切相关。在这里,斯密的道德观是利他的。

然而,在《国富论》中,斯密将一个和谐世界的思想扩展到了经济学领域:"……资本积累或开发与财富的形成密切相关,'富'是人的自由和幸福的基础,个人的贫富是指能够享受多少生活必需品、便宜品、娱乐品的一种能力。"②正是为了对私利(财富)的追求,产生了社会最合适的状态,这就是人类行动的基本原理——经济人。在《国富论》中,斯密的道德观是

① Adam Smith:『道德情操論』,〔日〕水田洋訳,筑摩書房 1973 年,第 58—59 頁。

② Adam Smith:『国富論』,〔日〕杉山忠平訳,岩波文庫第一卷 1998 年,第 63 頁。

利己的。

一方面,斯密想用“道德情操”制约人的自利性;另一方面,他想用“看不见的手”引导人的自利性。从伦理学中的利他主义和经济学中的利己主义,到19世纪的功利主义,斯密的“理性经济人”原则被推演到了至高无上的地步。

功利主义认为,人在一切社会活动中所追求的是将自己认定的“效用”自动自然地推演到最大化境界。于是,一个简单到不能再简单的原理出现了:在人类的社会生活中,只要实现的效用大,或是能够产生“净效益”,人的行为就会发生。以自己利益最大化为目标的行动方式将促进社会幸福的最大化,这就是功利主义的基本认识,即“最大多数人的最大幸福”。

功利主义的这一认识作为代议制民主主义的合理化原理,在政治学层面也被看做正统的政策依据。“私利的追求与公益的增大”已经成为政府行为合理化的理由。“发展”——从市民社会的理性发展开始向国家理性转换,市民社会的自我发展向国家权力体系的依存转换,内发式发展向外发式发展转换。

新的世界秩序加快了这一转换的进程。20世纪初,德国政治哲学家弗里德里希·迈内克(Fridrich Meinecke)在《世界市民主义与国民国家》一书中揭示了德国市民社会的转换。大约在相同的时间,波兰政治学家劳萨·卢森布鲁格也指出,以国家理性为背景的帝国主义资本积累体系向西欧以外的地域扩展,并向殖民地渗透,它作为世界范围的资本积累体系在全球推进。①

(二)国际分工体系与“经济增长型”社会的形成

市民社会的发展,同时也是以市场为基础的资本积累体系的发展。在西欧发达地区,资本积累拉动经济发展,周边地区作为原材料与劳动力的供给地也相应地快速增长。发达地区的产品源源不断地流入周边地区,劳

① 〔日〕西川润:『人間のために経済学』,岩波書店2006年,第37頁。

动力与原材料也从落后地区进入发达地区，这是一种国际分工体系，也被称做“世界体系新秩序”。这一秩序成为近现代经济发展的特征：市民的国家，市民社会与市场的开发，城市、农村和海外市场的分工交易，现代化的推进等。

全球化促进了传统国际分工体系向新国际分工体系的迈进。跨国公司对新国际分工体系的形成起到了关键作用。随着全球化进程的加速，全球价值链垂直分工与水平分工体系的形成，进入新国际分工体系的国家正在进行一场全球范围的整合。新兴工业国家和地区、发展中国家和地区在这一分工体系中处于较低层次。

20 世纪 80 年代以来，亚洲国家开始跨入“赶超式”的现代化建设，从而融入新世界经济体系，成为国际分工体系的重要一环。

亚洲工业化实际上为世界体系所支配：其一，外资依存型、出口振兴型的经济增长模式，这种发展方式主要是引进外资企业，并发挥引进企业的技术和经济力量，引导本国、本地区相关产业发展，造成波及效应，增加就业机会；其二，国家主导的资源配置体系；其三，发展以环境为代价。一些后进国家把本国经济发展建立在引进巨额资本和国家公共工程方面，以发达国家的工业化、城市化为模式，忽视了本国经济社会的特点。例如，发达国家将生产制造这一功能转移到中国，而中国以低廉的土地、劳动力资源承接了全球价值链转移中的生产制造环节，成为名符其实的“世界工厂”。

亚洲工业化以国家主导的“增长第一主义”为价值取向，国家对市场过程广泛介入。权力对资源配置的高度干预是亚洲工业化成功的秘诀。可是，这种工业化模式是以牺牲个人和社会利益为代价的。这是“经济增长型社会”的特点，也是国家主导的“增长第一主义”的结果。

例如，20 世纪 60 年代的日本经济增长模式、80 年代泰国“学习日本株式会社模式的发展道路”以及马来西亚前总理马哈蒂尔打出的“Look East”（看东方）口号都从不同侧面揭示了政府在经济发展中的作用。然而，这带来的是“高增长、低福利”的社会发展模式。80 年代“东亚奇迹”验证了这一发展模式：国家主导的发展体制，积极引进外资，依靠跨国公司的出口实现本国经济的高增长，以 15%—16% 的出口增长诱导 7%—8% 的

GDP增长。

“经济增长型社会”带来深刻的社会危机。首先,第一产业比重减小,第二产业比重增加,自然资源过度开发,生态环境恶化;其次,经济发展与社会发展相脱节,社会保障制度没有随着经济增长而相应完善;最后,“重效率,轻公平”,表现为分配与收入的不平等、城乡之间发展差距的加大和贫富差距的扩大等。美国经济学家罗伯特·韦恩·克劳沃(Robert Wayne Clower)曾经对利比亚的经济增长模式作过深刻分析。跨国公司对利比亚的石油开发,确实使利比亚的人均收入有了大幅提高。可是,利比亚的环境在逐渐恶化,技术水平、人力资源也没有相应地提高,尤其是人民的生活水平并没有因石油开发而提高,反而拉大了贫富差距。经济增长没有与社会发展同步,这被称为“经济增长型”社会。

由此可见,在东亚,以“国家主义”和“增长第一主义”为价值取向,选择的是一种依靠外来资本、技术和理论寻求发展的自上而下的方式,这就是新国际分工体系中的“经济增长型”社会模式。

三、转型中的“社会防卫型”治理模式

(一)社会结构转型中的公共空间理论

20世纪80年代以来,在亚洲的一些国家,“经济增长型”社会进入了结构性的转型期。社会转型基于以下原因:第一,政府主导的、“唯经济增长而增长”的外发式发展模式,其各种矛盾逐渐显现,“重增长、轻福利”表现为经济发展与社会发展严重脱节;第二,产业发展有相当一部分依赖于有害于环境的技术,不可持续的增长毁坏了环境和资源;第三,随着全球化的推进,外资依存型的东亚国家面临规制改革的压力。

社会结构转型是在同一公共空间内,政府、公司与市民社会之间的结构转型过程。什么是“公共空间”?公共空间理论来自法国社会学家涂尔干(Emile Durkheim)的“中间团体论”。

1893年,涂尔干在《社会分工论》中指出:“国家与个人相隔太远,二者

之间的关系是表面的、断断续续的……所以，必须在政府与个人之间加上一个从属团体，这些团体与个人较为接近，可以把他们吸收进团体，从而把他们引入社会潮流。”[①]涂尔干的公共空间理论产生于19世纪末期，正值西欧资本主义进入帝国主义时代。这个时代的国家是作为企业的扶植者、市场的设计者以及“市场失败”调定者的面貌出现的。那么，政府政策的制定受谁的影响？从理论上说，政府政策应该反映市民的意向。可是，当时的政府政策实际上被有产阶级左右，政府不一定会按照市民的意愿行动。所以，涂尔干在国家和私人领域之间设置了一个作为“中间团体”的市民公共空间，市民通过“中间团体”影响政府政策走向。

20世纪30年代，意大利政治哲学家安东尼奥·葛兰西(Antonio Gramsci)提出了“公共空间论”：“在国家与私人之间存在一个由国家、公司和市民构成的公共空间，而一个集权式的国家机构不一定要采取强权，它可以通过公共空间对市民实行规制。”[②]

20世纪60年代，德国哲学家尤尔根·哈贝马斯(Juergen Habermas)对公共空间理论进行了更深入的分析。他指出，在传统的发展体制下，国家与企业是开发的代理人。市民社会原来是作为现代世界形成的动因而出现的。然而，市民社会的这种代理作用逐渐让位于国家与企业。可以说，这一让位削弱了自己存在的价值性。从这一意义上说，公共空间有可能被国家和企业操纵。那么，应如何避免？哈贝马斯在公共权力领域和私人领域设置了一个“公共领域”，他认为：“随着国家和社会之间对立关系的形成，出现了这样一个问题，社会究竟以何种程度参与国家决策……正是在这历史背景的语境中，公共领域才具有特殊的重要性。”[③]

综上所述，社会结构转型实际上是在同一公共空间下，政府、企业和市民社会之间关系的转换过程。如果企业依存于政府权力，那么政府和企业就成为发展的主体和代理人，权力与赢利结合，并垄断公共空间。所以，政府主导的发展体制可以通过公共空间实施对市民的规制；如果权力与赢利

① 〔法〕涂尔干：《社会分工论》，王了一译，商务印书馆1935年版，第45页。
② 〔日〕西川潤：「21世紀の市民社会」，『軍縮問題資料』2004年第3期，第34頁。
③ 〔德〕哈贝马斯：《公共领域的结构转型》，曹卫东等译，学林出版社1999年版，第11页。

分离，那么权力空间缩小，公共空间扩大，公共空间对政府决策的影响力会逐渐增大。在这种情况下，社会结构从政府、企业中心型向政府、企业与市民"协同"的"社会防卫型"转换。这一范式的特点是：企业赢利为公共空间服务。

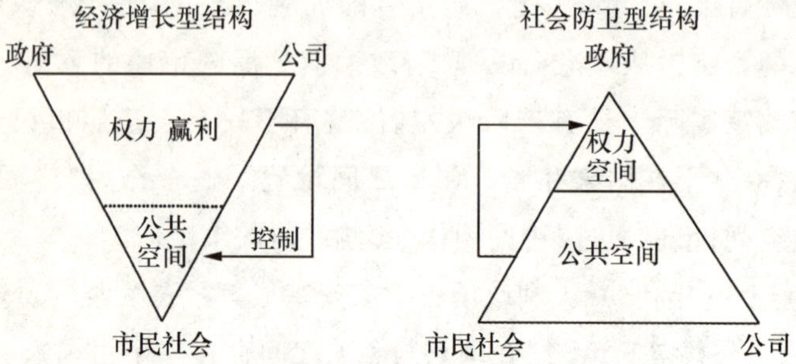

图 6-1　公共空间中的政府、公司与市民社会

从自上而下的、国家主导的经济发展模式向"社会防卫型"模式转型，这是一种社会结构的转换。在西方国家的视野里，这种社会结构就是市民社会。从"经济增长型"向"社会防卫型"转型中的市民社会有以下三个特点：其一，公众参与的主体意识；其二，环境保护；其三，全球化的地域治理。上述三点与 18 世纪西欧市民社会有很大的区别。作为东亚市民社会的特点，它们把全球化融入地域化的层面考虑，拒绝打着"地球村"幌子的外来开发，而是以地域独特的文化、主体意识为基础，并以此为宗旨展开市民运动。

（二）转型中的市民运动

东亚发展模式的结构转型基于对国家主导的"经济增长型"社会的反思，它经历了三个阶段：

第一阶段是 20 世纪 60—80 年代。这一阶段的社会发展是作为经济发展的补充实施的。例如，社会资本与社会基础设施都是作为经济发展的辅助手段被考虑的，经济援助项目的 70%—80% 都是面向经济社会最贫困的部门。可是，这并不能解决贫富加剧与环境恶化。

第二阶段是 80—90 年代中期。这一阶段把实现人的基本需求（Basic

Human Needs,BHN)的制度环境提上了议事日程,如公众参与型的环境保护等。这是一种可持续的发展战略。可是,这一时期的“市场失败”与“政府失败”仍然呈不断走强之势。

第三阶段是90年代中期至今。这一阶段“以人为本”的发展目标逐渐推进,新的社会团体——非营利部门的发展成为社会发展不可缺少的因素,国家、企业与第三部门之间达到一种新的平衡。

在日本,1993年结束了自民党38年的单独执政,“55年体制”崩溃,以“政官财”为主体的开发体制进入了一个变革时代。NPO法、信息公开法、地方分权法、循环型经济法等一系列法律的制定,标志着国家主导的开发体制进入了结构性的转型期。全球化的地域治理是日本政治社会转型中的治理目标,地域住民对“经济增长主义”采取了抵制行动。例如,长野县对修建大坝的反对;熊本县拆除大坝行动;新泻县拒绝兴建原子能发电站;岐阜县御嵩町通过住民投票决定是否建造产业废弃物存放场所等。

在韩国,1987—1988年开始对卢泰愚政权的开发体制进行反思。在政治变动的同时,出现了把开放、合法的活动空间积极活用起来的市民运动。1987年,与在野运动和民众运动区分开来的市民运动成立了经济正义实践联合委员会。在多元化、民主化的条件下,1992年,韩国进入了“文民政权”时代。

在泰国,1997年的新宪法是历史上第一次由市民参加制定的新宪法,在参议院选举制度、自然资源的保护、独立的人权委员会的设置等方面都具有划时代的意义。

四、中国:转型中的“经济增长型政府”

(一) 传统经济体制下的“生产型政府”

中国经济体制转型的实质是政府职能转型。在计划经济体制下,政府几乎支配了国家所有资源,替代了市场和企业家的功能,政府职能基本上是生产性的。从政府收支范围看,一般集中在生产性领域,政府支出结构是生产性的。1952—1978年,政府在基本建设拨款、流动资金以及企业技术改造和产品试制三方面的支出从37.2%上升到52.4%,而在公交商业部门、农业生产的各项费用、文教科卫事业费以及社会救济等八方面的支出从52.9%下降至41.6%。[①] 从上述政府支出结构分析,在市场经济国家,基本建设拨款、流动资金以及企业技术改造和产品试制三项生产性支出是由企业通过积累或银行贷款完成的,而公交商业部门、农业生产的各项费用、文教科卫事业费以及社会救济等八项支出一般属于政府支出范畴。可见,政府做了本来应该由市场和企业做的事。值得关注的是,在政府支出结构中,没有社会保险一项,没有养老、医疗这部分资金。也就是说,从政府支出结构里看不到社会性职能,基本上是一个生产型政府。

(二)从"生产型政府"到"经济增长型政府"

中国经济社会转型开始于1978年,从计划经济向市场经济转换,市场作用在逐步加强,政府的收支结构状况也在发生变化。首先,财政规模快速增长。1978年财政收入是1132.26亿元,到2002年增至18903.64亿元,增加了15.7倍,平均每年增长12.4%。[②] 其次,财政支出规模逐渐上升。财政支出占GDP比例,1978年为31%,1995—1996年下降到规制改革以来的最低点11.7%,2002年逐渐回升至21%。欧美国家政府支出占GDP比例1996年已经达到45%,[③]中国与之存在差异的原因还是在社会性支出这部分。发达国家的社会保险支出占公共支出的1/3—1/2,而这部分支出在中国基本没有被纳入国家财政支出。

财政支出结构中的社会保障支出主要是指社保支出中政府所承担的部分。中国2004年财政社会保障支出为3440.26亿元,仅占GDP的2.15%。从国际上看,在发达市场经济国家的公共财政体系中,社会保障及福利方面的公共消费或者说收入支持方面的支出是政府最主要的支出

① 参见国家统计局主编:《中国统计年鉴1987》,中国统计出版社1987年版,第627—628页。

② 参见王振中主编:《转型经济理论研究》,中国市场出版社2006年版,第20—21页。

③ 同上书,第31页。

项目，占财政支出的比重一般高达30%—50%，占GDP的比重也大都为10%—30%。[①]

另外，中国教育支出与公共卫生支出也远远低于发达国家。教育支出占财政支出的比重，2004年在中国仅为13.5%；在发展中国家也处较低水平，如泰国为22.44%（2000年），墨西哥为25.54%（1999年）。[②] 中国财政对卫生方面投资的绝对额是逐年上升的。但是，从卫生经费构成看，政府预算卫生支出比重呈明显的下降趋势，而个人卫生支出比重明显上升。个人卫生支出占比由1978年的20.4%，上升到2004年的53.6%，社会卫生支出则由47.4%下降到2004年的29.3%。[③] 显然，政府承担的费用在下降，个人承担的费用在上升。

要理解“经济增长型政府”的含义，我们不妨再来看下面一组数据的国际比较：

表6-1 政府财政支出结构中的社会性支出
——2008年中国、美国、法国、德国的比较（%）

	一般公共服务	经济性支出	医疗卫生	教育	社会保障与就业
美国	13.5	10.0	21.1	16.9	18.6
法国	13.3	5.4	13.7	11.2	42.4
德国	12.5	7.2	14.7	8.8	46.5
中国	15.7	21.0	4.4	14.4	10.9

表中数据来源：（1）高培勇：《“十二五”时期的中国财政支出结构改革》，载《经济理论与经济管理》2010年11期；（2）《中国财政统计年鉴·2009》。

上述数据表明，经济增长没有与社会发展同步。例如，中国政府对于经济事务的支出是最高的，而社会性支出如社会保障和医疗卫生等远远低于美、法、德三国。可见，计划经济时代的“生产型政府”模式并没有发生实质的改变。中国经济社会转型中，从一定意义上说，“发展”表达了一种“经济增长至上”理念。首先，它表现为政府主导的、“为增长而增长”的发

① 参见中国经济增长与宏观稳定课题组：《增长失衡与政府责任——基于社会性支出角度的分析》，载《经济研究》2006年第10期，第8—10页。

② 同上。

③ 同上。

展模式,其动力源是谋求自身利益最大化的经济人。其次,发展模式是外发式的、一元的,发展是通过资本积累的,而资本积累是通过国家和企业完成的。“经济增长型”发展模式成为引领政府行为的政绩目标。

1. 突出政绩的“经济人”利益

在中国各地,能否实现经济增长与地方主要官员的政绩评价挂钩。于是,自上而下的、政府主导的经济增长模式致使市场经济“空间”呈不断扩大态势,而这“空间”里的“市场原理”被无限制地深化。这是市场经济的两种倾向,即市场经济扩大与市场原理深化,被称做“市场经济化”或“市场主义”。

“市场主义”模式,加上官员的升职竞争与人气竞争,换来的是一个以地方政府行为为中心的、企业优先的地方经济发展模式,其特点是地方政府与国有企业“勾结”,共同剥夺非国有生产者。有学者把它称为“以地方政府为中心的中国经济转型模式”①。另一方面,地方政府又与某些特定的产业和公司“勾结”,进行产业保护。在外资大量涌入的地区,实施对外资企业有利的税收政策及其他优惠政策。

以招商引资优惠政策为例。20 世纪 90 年代,江、浙、沪用税收优惠政策吸引台商,而所谓的“优惠”有些已经超越中央的政策法规。例如,江苏昆山经济开发区对能源、交通、大规模集成电路等基础设施项目的外商投资,从赢利年度起 5 年免收所得税,后 5 年减半;上海松江工业园区对总投资 1000 万美元以上的生产性外资企业,延长 3 年免征所得税;浙江宁波对外商投资根据具体实际实施免征、减征地方所得税;浙江杭州对外商投资开放旅游景点项目,实际投资额在 150 万美元以上、经营期在 10 年以上的,从企业获利年度起,财政给予扶持资金,头 5 年为该企业缴纳的所得税,后 5 年是所交纳税金的 50%。② 可见,所谓的“优惠”政策实际已经超过了国家规定的“二免三减半”(对外商投资 2 年免税、3 年税收减半)政策,已经变成“五免五减半”。外资企业先按照国家税法交纳所得税,然后

① 参见王振中主编:《转型经济理论研究》,中国市场出版社 2006 年版,第 45 页。

② 参见肖经栋:《江浙沪跳楼价争夺台商》,载《21 世纪经济报道》2001 年 12 月 10 日第 4 版。

地方政府以财政补贴的形式予以返还。这样，就加重了地方财政负担，最终负担还是转移给国内企业和社会。

2008 年 1 月 1 日起施行的《中华人民共和国企业所得税法》（以下简称“新税法”）对外资企业实施了国民待遇，但国务院对该法实施前的优惠政策予以过渡。新税法规定，自 2008 年 1 月 1 日起，原享受企业所得税“两免三减半”、“五免五减半”等定期减免税优惠的企业，在新税法施行后继续按原税收法律、行政法规及相关文件规定的优惠办法及年限享受至期满为止。

新税法虽然对税收优惠政策予以了制约，但是对外资企业放松了监管，这又是另一种意义上的优惠。一份来自环保组织 2011 年的报告指出，苹果公司在华代工企业苏州昆山新城的凯达电子与鼎鑫电子严重排污，污染居民生活环境。日夜轰鸣的噪音、原因蹊跷的黑污河流以及气味刺鼻的粉尘颗粒致使当地青壮年纷纷逃离。凯达电子主要产品为笔记本电脑外壳及内饰件，废气主要是喷涂报工段产生的，噪声主要是风机、冷却塔产生的。鼎鑫电子建有三期工程和镀金生产线，废气主要是酸性废气和粉尘。村民申诉无果，工厂搬迁无期，持续向上级部门申诉不被理睬。代工企业是当地的纳税大户，获利的当地有关部门自然不会主动要求这些电子代工企业搬迁。环保部门声称，两家企业的污水排放已经达标。

“企业优先”的理念下，政府对于国内污染企业始终持保护的态度。新华社在 2011 年 12 月 7 日报道了江西德兴市环保部门把铜矿污染事件描述为一千多年前唐宋废弃矿井所致。如此无耻的谎言，居然出自地方政府部门之口，令人惊讶不已！

2. 企业成本社会化

市场主义者强调“经济外部性的内部化”，然而企业成本却从市场向社会扩散，以牺牲多数人的利益满足少数人的财富扩张，这被称为“风险扩散”，即企业成本社会化。

在江西德兴市，江西铜业集团下属的企业从 20 世纪 70 年代开始，每年向乐安河排入的三废污水共六千多万吨，污染涉及数十万人，造成血铅超标、癌症多发、农田荒芜，估计有 9269 亩耕地荒芜绝收，一万余亩耕地严重减产，而受害者的补助每年不足一元。[①] 对如此昂贵的社会成本，企业却一推了之。乐安河沿岸居民历经四十多年的申诉，至今仍有部分村庄连饮水问题都没有解决。然而，江西铜业集团年利润高达数十亿。

企业赢利是因为社会为此承担了巨大成本。中国经济腾飞，社会却饱受环境恶化之苦。2011 年年底，空气质量引起国内外广泛关注，一个关键词“PM2.5”（大气中直径小于或等于 2.5 微米的颗粒污染物）引起公众热议，人们为健康和生存担忧。然而，这一信息告知却不是来自国内。近来，美国大使馆的一台空气监测机真实地披露了北京的空气污染状况，于是“PM2.5”一词迅速“走红”。北京环保部门的空气质量优良报告与市民感知的效度差异终于有了一个说法，而真正的“地震效应”源于地方政府。以“PM2.5”为标准，以前一年只有 60 天不达标，现在这一情况逆转，全年只有 60 天空气质量达标，而且必须在有冷空气袭击的情况下才能达标。2011 年 8 月，环保部对国家环保模范城市的考核标准进行了第二次修正。在纳入“PM2.5”指数后，全国环保模范城市的数量从修正前的 77 个减少到 11 个。[②] 2012 年冬天，北京出现了极度重污染天气，上海也持续笼罩在中度污染之中。

“PM2.5”的主要来源是化石燃料的燃烧，如机动车尾气、工业废气等。要达到空气质量标准，首先需控制经济规模。可是，地方政府的政绩考核又与经济规模挂钩。在中国，地方官员的罢免有三种情况：一是贪污，二是问责，三是经济恶化。前两种情况毕竟属少数，所以官员晋升的唯一指标就是经济指标，也就是 GDP 指标。以地方政府为中心的经济转型，以经济增长为中心的政府干预，公共投资型的经济增长模式，工业化、城市化，大流量的机动车每月以近万的数量在增加，没有任何数据告知城市汽车数量的最大极限，大量生产，大量消费，最终形成一个环境破坏型的经济结构。然而，这一增长方式的成本是由社会承担的。

“PM2.5”能进入人的肺脏和血液中，严重危害人体健康。据统计，如

---

① 参见蒋昕捷：《污染铜企请学古人炼铜履责》，载《南方周末》2011 年 12 月 15 日第 13 版。

② 参见启越：《PM2.5 不是潘多拉魔盒》，载《经济观察报》2011 年 12 月 12 日第 15 版。

果连续出现灰霾年份达到 7 年，就会出现一个肺癌的高发期，灰霾比抽烟的后果更严重。1952 年的冬天，由于大气污染，伦敦大雾一周不散，结果导致四千七百多人因呼吸道疾病而死亡。浓雾散去以后，又有八千多人先后因病死亡。伦敦浓雾灾难被列入 20 世纪十大自然灾害。

大气污染、水污染以及固体废弃物给社会带来了难以弥补的经济损失，由此耗费巨大社会成本，包括受害者的生活费、医疗费以及财产和身心遭到侵害的费用。然而，这些危害被地方政府视为“合法的妨害”，而“合法的妨害”是免于承担责任的，由此发生的诉讼不可能对行使职能的机构产生不利。企业风险向社会扩散，这就是“企业风险的社会化”过程。

20 世纪 80 年代以来，全球环境持续恶化，因环境污染引发的社会成本呈急剧扩大态势。1972 年，罗马俱乐部发表的《增长的极限》预测：2100 左右，地球环境将使人类难以生存。如果按照现在这种不可持续的发展态势，100 年后的地球资源会面临枯竭，经济将不可控制地走向衰退。

3. 产品质量的二重标准

经济学家把现代社会中的“合法妨害”看做经济的外部性。可是，我们今天所看到的“合法妨害”已经不是作为市场经济的外部性而发生，而是在市场经济内部发生的现象。食品安全的二重标准足以说明这一问题。

2011 年 12 月 7 日，国务院新闻办公室发布的《中国对外贸易白皮书》显示，2010 年中国出口美国的食品，合格率为 99.53%；出口欧盟的食品，合格率为 99.78%；出口日本的食品，抽检合格率为 99.74%。[①] 如此高的食品安全系数与不断曝光的奶制品三聚氰氨、地沟油、金黄色葡萄球菌的冷冻食品、白酒的塑化剂、速成鸡与抗生素以及违法的食品添加剂等形成如此巨大的反差。这只能说明一个问题，即对外、对内的二重标准。管理部门对出口食品标准不断进行上方修正，而对国内食品标准却不断作下方修正。原因很简单，因为出口食品一旦出现质量问题，将面临天价的制裁，由此而来的市场禁入会使外向型企业遭覆灭之灾；而面向国内的食品有政

① 转引自盛超：《出口食品合格率超 99% 笑话了谁》，载《经济观察报》2011 年 12 月 10 日第 15 版。

府支持、地方保护，企业付出的成本远比出口产品小得多。如此的二重标准怎能让公司产生社会良知？

澳大利亚对奶制品的严格管理和有效的监管程序让我们十分羡慕。澳大利亚全国共有将近8000个农场，这些农场每年的产奶量供给超过93亿公升。如此巨大的奶制品产量，其质量在世界上堪称一流。在国家层面，一个名为“澳新食品标准”的机构为澳大利亚制定了奶制品的质量标准，所有农场和奶制品加工厂都必须按照这个标准制作奶制品。该机构还会派出一些专业的兽医师，对各个农场的奶牛进行检查，以保证产奶质量。对奶制品的具体监管则由各个州的州政府执行，每个州都有自己的食品法案或食品安全条例。

五、“社会防卫型政府”建构

纵观20世纪80年代以来的政府经济职能，政府与企业的关系已经不能适应全球公司社会责任的竞争性需求。所以，重新审视政府与企业的关系显得尤其重要。一个国家的公共政策史总是被描述成一部政府应对市场变迁的编年史。

从“经济增长型”到“社会防卫型”，需要重新界定“公”与“私”的问题。什么是“公”？传统的观点认为，“公”是指国家、政府及公共部门，站在“公”立场上的是“官”，而“私”指的是个人。然而，“社会防卫型”视野中的“公”是对公共利益的防卫，代表的是“公意”，即国家全体成员的意志。所以，公民是公共利益的主体，公共利益由公民个体的利益组成，保护公共利益就是保护公民利益。打着“公共利益”旗号的商业行为损害的恰恰是公共利益。人类的发展战略是以商品生产为中心，所有的问题都从这里产生。所以，以商品为中心的发展战略应该向以人为中心的发展战略转换，政府首先要具有这种社会责任。

1. “收缩的增长”——社会公正与“社会防卫”

发展包括财富与资本增长，这是外生机制。然而，财富增长要靠公正的制度路径，这是内生机制。“收缩的增长”是外发式发展向内发式发展转换中的经济增长方式,它寻求公正且有效率的发展模式。所以,"收缩的增长"放弃了"为增长而增长",是"防御性进取",而不是一种"负增长"。

首先,作为"社会防卫","收缩的增长"是指社会成本最小化:一是作为现代贫困的社会损失;二是防止社会成本的发生费用。其次,"收缩的增长"致使公共空间最大化,权力与赢利分离,公司赢利为公共空间服务。最后,"收缩的增长"是指价值理念转换,期待一种真正的"进步指数"与评估体系,社会发展与经济发展同步。

中共十六届六中全会提出了党历史上第一个加强社会建设的纲领性目标,从而使中国特色社会主义的总体布局由经济建设、政治建设和文化建设的三位一体发展向经济建设、政治建设、文化建设和社会建设的四位一体发展转换。然而,构建和谐社会的基本前提是保持自然、经济、社会的整体平衡,构建一个由公民、政府、企业共同完成这个历史转型的社会结构。

2. 四位一体的社会防卫结构

从"经济增长型"到"社会防卫型",旨在构筑一个高度合理化的社会。社会需要一个稳定的市场环境,而稳定的市场环境依赖于政府所制定的制度化规则。一个高度合理化的社会包括:其一,科学技术的合理化;其二,法秩序的合理化;其三,会计制度的合理化;其四,银行、信用制度的合理化。合理化的社会需要合理化的市场规制作支撑,而市场由一系列行为构成,所以政府必须建立一套制度引导人们的行为。

高度合理化的社会构筑了一个可以预测的市场,从而实现"社会防卫"。

其一,科学技术的合理化可以对未来有一个科学的预测。发展方式转型体现了科学技术合理化。具体地说,如汽车工业发展、城市汽车容量的极限以及由此引起的空气质量和水资源等一系列问题,基本上没有这方面的数据;土地资源问题,如工业用地、房地产用地、大学用地、公共事业用地等,旺盛的土地需求严重侵蚀了生态平衡,而环境预测服从于经济增长。

其二,法秩序的合理化可以预测人们的市场行为。规制应该在预测的基础上制定,而不是事后,这是一种社会防范。例如,食品安全严重威胁着生存安全,而我们基本上是事后监督,事前预测基本上做不到,这是法秩序的滞后。

其三,会计制度的合理化可以预测企业的经营状况。所以,制定《上市公司信息公开法》是治理证券市场无序、造假的有效规制。需要注意的是,很多造假都是经过相关部门批准的,上市公司的经营状况都是由相关部门核准、管理。有些公司本来不具备上市条件,但打通了关节便可上市。证券市场的规制化势在必行。

其四,银行、信用制度的合理化可以预测有利的投资环境和合理的贷款。金融危机发生的原因恰恰就是这方面的规制缺失,致使市场不可预测,最终导致社会崩溃。

市场以价格体系为基础,以效率主义为运行机制,是企业与个人追求自我利益的场所;而社会是由社区构成的、以共同价值观为基础的、决定集体意见的场所。企业与社会之间的纽带是信赖。可是,今天,这一信赖在逐渐崩溃。经济学家与政治学家们主要关注的是数量与规模,而在质的层面,即人与人之间、企业与社区之间的道德、价值观变化等原因分析往往被忽视。"社会防卫"制度旨在构筑一条企业与社会之间信赖的防线,以防范市场对社会的侵入。

第七章　美国政府的社会性规制

政府与企业是一个永恒的主题,有关政府与企业的各种观点重复着一系列的假设:贸易体制的重塑、政府管制改革、政府产业政策的修订……然而,一个国家要捍卫社会免遭公司的侵害,必须在政府与公司这一永恒的主题上寻找新的视点。政府在促进经济发展中扮演什么角色?政府如何通过制度设计保护经济和社会目标?本章以"罗斯福新政"时期的社会性规制折射出一个国家的民意和利益代表机制以及政府的政策组合能力。本章的一个亮点是对"罗斯福新政"与"奥巴马新政"的比较,比较的意义在于"社会防卫"。

一、企业社会性规制的起源

20世纪的美国政府以"积极政府"的姿态影响企业的各个方面,企业生产要素要符合公共的环保与能源政策要求,雇佣关系、平等就业等企业活动均被纳入政府规制领域。

(一)"政府规制"概念

"政府规制"指公共机构利用政策、法规对微观经济行为进行规范和制约的行为。它是政府或国家对经济的干预行为,分经济性规制与社会性规制两大层面。经济性规制包括:(1)提供公共物品的相关规制;(2)处理信息不对称的经济性规制与法律规制;(3)对自然垄断行为进行经济性规制;(4)制定宏观经济政策,促进经济稳定的相关规制等。社会性规制是一种纠正经济活动所引发的各种副作用和外部影响的规制,例如在环境污染、产品质量、生产安全、食品安全、公共卫生、疾病防治等方面实行的规制。

政府规制体现了公共政策组合能力。美国的政府能力远远高于其他国家,公共政策组合能力也是其他国家难以比拟的。美国的公共政策史被描述为一部政府应对经济变迁的编年史,[①]政府与公司的关系清晰地贯彻于这部编年史的始终。

(二)公司制企业诞生

美国民主制度和公司体制的关系与其他发达国家不同。民主制度的法律基础创建于美国历史上的第一个时代,大型公司组织创设于第二个时代,政府干预("积极政府")出现于第三个时代。日本和中国的顺序正好相反,在工业化之前已经有了庞大的政府,接着是大型公司组织,然后才是民主制度。所以,两国对公司的社会性规制没有能够得到有效的重视。尤其在中国,公司社会性规制是一种稀缺的资源。

美国是最早出现公司制企业的国家。18 世纪,美国的法律制度在三个方面为企业提供了强大的支持:产权的界定、作为企业实体的公司制出现、政府以强制力保障契约的履行。

首先,产权界定降低了企业家风险。然而,当拥有财产是一项政府不可废除的权利时,公众同样避免了权利被剥夺的风险。其次,公司制企业组织的出现,意味着私人集团开始提供物品和服务。更重要的是,公司制的流行,意味着作为一个法律实体的公司可以有起诉的权利,同时也有被其他公司或者是消费者起诉的风险。可以说,19 世纪中期美国的公司法,其民主含量高于经济含量。最后,当政府以强制力保障契约执行的时候,维护了契约的神圣性。美国《宪法》第 1 条第 10 款对这一神圣性是这样规定的:"任何州都不得通过损害契约义务的法律。"[②]履行契约义务的重要性在于它对公共福利的重视。1837 年的查尔斯河桥诉瓦伦桥一案坚持了这一信条。在这一案例中,联邦法院认为,契约必须被理解为:私人的经济

---

① 参见〔美〕理查德·雷恩:《政府与企业——比较视角下的美国政治经济体制》,何俊志译,复旦大学出版社 2007 年版,第 11 页。

② 同上书,第 16 页。

运营要符合社区的利益标准。

经济成长需要稳定的企业关系。可是，在18世纪80年代，战争导致政治骚乱，美国社会到处弥漫着对财产与社会解体的担忧。所以，上述三项法律对稳定社会产生了实质性影响，其中最具划时代意义的是保护拥有财产的权利。“美国宪法之父”詹姆斯·麦迪逊在《联邦党人文集》中对财产、利益集团以及公共福利之间的关系作了如下阐述：“财产权利产生于人类能力的差异……有产者和无产者在社会上形成不同的利益集团，在文明社会必然会形成土地占有者集团、制造业集团、金融集团、商人集团等等。也就是说，财产占有的不公是不可避免的，但最大的危险在于某种利益集团一旦成为压倒多数，使自己的‘权利’凌驾于一切之上，从而牺牲少数人利益，所以我们探究的重大课题是力求公共福利与私人权利免遭侵害……保护（产生财产权利的）人类能力的差异是政府第一目的。”①

美国宪法把保护公民拥有财产的权利作为政府的“第一目的”，这里不仅仅包括生产者，还包括消费者。它包括任何人不经正当法律程序，不得被剥夺生命、自由和财产。

综上所述，18世纪的公司制企业与财产权利带有很浓的平民主义色彩。政府与企业关系基础的建构既忠实于亚当·斯密的“自由市场经济”理念，也坚持亚历山大·汉密尔顿有关“积极政府”的主张。对政府来说，公司是具有公共服务性质的组织，它的民主品格更高于它的经济意义。

（三）工业化时期的政府规制

美国的工业化比英国晚了50年，但也经历了百余年的沧桑。这一发展过程可分为三个时期：19世纪后期至20世纪初期，是现代大企业公司崛起的时期；两次世界大战之间，是大公司实力膨胀和大萧条时期；战后至今，是跨国公司走向极盛时期。

从建国初期到1900年，美国60%的工人受雇于工业部门。南北战争

---

① 参见〔美〕汉密尔顿、杰伊、麦迪逊：《联邦党人文集》，程逢如译，商务印书馆1980年版，第44—51页。

后，美国出现一批大规模的全国性公司组织，这是大公司支配经济的开始。在这半个多世纪中，生产技术突飞猛进，生产能力空前提高，而且超过了社会的实际需求。于是，公司之间通过协议设定价格、垄断市场。在1880年前后，公司之间的协议、合并逐渐走向垄断。随着垄断企业的产生，肮脏的金钱交易、不公平的竞争引起普通公众对巨型公司的愤怒。在公司内部，劳资双方在工资、工作条件和职业安全方面也存在各种争端，导致劳资仇恨情绪，以至于发展成为暴力冲突。总的来看，工业化初期的大公司以一种负面形象出现在公众的视野中，垄断公司缺乏公共的合法性。

19世纪后期，美国全国铁路网形成，铁路公司成为美国第一批大企业，也是当时世界上最大的经济组织。可是，铁路公司在运费上优待大企业和垄断企业，对农民却百加歧视，这一举动引起广大农民的不满。

面对市场的无序与社会反响，政府也开始设计如何应对“产业巨头”，以保障市场竞争机制正常运转。例如，政府以宪法授权国会管制州际商业的条款为依据，在1887年设立州际商业委员会，对铁路客货运费率实行管制。这是政府规制私营企业的开始。政府管制私营经济受到垄断组织的反对，而最高法院站在垄断组织一边，最终这一诉讼以州际商业委员会的失败而告终。

20世纪30年代经济危机时期，最高法院推翻了它先前关于把立法权委托给行政机构的违宪裁决。

尽管政府管制经济受到一定挫折，但政府规制还是被看做一种平衡公共利益与私人利益的独特方式。规制是一种机制，它要求公司和其他非政府机构在运作的时候尊重社会公德。有些公司之所以被管制，是因为生产污染了环境，而市场价格并没有包括污染所造成的社会成本。

19世纪的美国，自由市场经济的“守夜人”角色与政府规制交织在一起。在国家特定时期，美国从一个由移民构成的农业社会向以制造业为中心的现代化社会转换。在社会环境剧烈变化的背景下，政府的制度性管理能力在经受考验。然而，我们看到了工业化初创阶段的公共政策组合能力。

一方面，政府对垄断市场的巨型公司实施规制。1890年，美国颁布了

第一部反托拉斯法《谢尔曼法》，接着《克莱顿法》和《联邦贸易委员会法》相继出台。《克莱顿法》规定："任何个人，如果其经营或财产受到的损害是由于反托拉斯法所禁止的任何行为而引起的，那么他可以在任何地方的法院提起诉讼。"与此同时，立法机构也通过了一些禁止定价和贸易规制的反托拉斯法规和条例，以应对垄断集团带来的威胁。在敏感的社会问题方面，联邦政府与州政府也通过了一些法律性条款对公司实施规制，如工作条件、食品安全、交通服务以及银行交易活动中的公司行为等。直到19世纪末，州政府在社会性规制方面仍居于核心地位。

另一方面，政府政策对经济发展起到了重要的推进作用。例如，国会通过大量出让土地的相关法案鼓励铁路发展。19世纪末期，国会出让了13.1亿英亩土地以资助私人兴建铁路，各州合计出让了4.9亿英亩土地。[①] 联邦政府还通过无偿划拨土地支持建立学院和农业试验基地。

另外，在低通胀时期，政府制定了促进经济增长和高就业政策，这些政策总是与个人收入和居民生活改善联系在一起。二战后的公共政策的一个显著变化是：公众接受了政府在宏观调控方面的积极干预方式，因为公众知道什么才是对社会有益的政策、政策对公众会产生哪些影响等。

二、20世纪30年代以来的社会政策目标

（一）20世纪30年代以前的社会福利政策

20世纪30年代以前，美国的社会福利政策主要体现为自由主义的多元化模式。最早的社会济贫所出现在纽约殖民地伦斯勒，而后出现在波士顿。1657年，美国已经有了私人慈善团体——苏格兰人慈善协会。在纽约，有法国人和德国人的慈善协会。当时的殖民地政府通过纳税人缴纳的济贫税实施有限的社会救助。各殖民地议会设有专门官员负责救济工作。南方各殖民地由教区委员会负责救济贫民。

① 参见〔美〕理查德·雷恩：《政府与企业——比较视角下的美国政治经济体制》，何俊志译，复旦大学出版社2007年版，第20页。

美国1787年《宪法》把"促进公共福利"写入第1条第8款,规定"国会有权课征直接税、关税、进口税和货物税,以偿还国债,提供合众国共同防务和公共福利"①。1865—1869年,美国自由民局向贫民提供了两千多万份口粮,开设了一百多所医院,开办了四千多所黑人学校。② 美国自由民局成为美国第一个福利机构。

美国属于自由主义市场经济国家,在长达一个半世纪的岁月里,联邦政府奉行自由放任原则,对社会福利也采取自由放任政策。与一些欧洲国家相比,美国的社会福利制度并不发达。然而,在政治社会的历史发展中,与其他发达国家不同的是,美国在19世纪早期已经有了以平民为基础的政党。所以,美国公司有民主的品格,在政府尚未对社会福利实施规制以前,公司已经为员工提供健康保险和养老金,有些社会目标就是通过公司实现的。当然,对于公司为员工提供的社会福利,政府在税收中是予以扣除的。例如,1916年《联邦税法典》的一项修正案规定,可以从公司上缴的税金中扣除支付的退休金。③

总之,在20世纪30年代之前,美国更多地依赖公司而较少地依赖公共机构提供公共福利。一种社会达尔文主义的观点认为,社会领域中也是"自然选择"和"适者生存"的法则在发生作用,贫困是缺乏能力和美德的结果,政府没有责任。虽然美国宪法规定政府提供公共福利,但是政府对社会福利采取了不干涉政策。1883年的德国已经建立了全国性的卫生保健制度,而美国却没有全国统一的社会保障制度。

(二)"罗斯福新政"下的政府与市场

实践证明,美国的经济史受到了自由市场主义和政府干预主义两种经济传统的影响。然而,不同时代的重要程度有所差异。20世纪30年代的经济危机之下,大企业公司已经无法驾驭巨大的社会生产力,也无法依靠

① 转引自黄安年:《当代美国的社会保障政策》,中国社会科学出版社1998年版,第6—7页。

② 参见姜守明、耿亮:《西方社会保障制度概论》,科学出版社2002年版,第146页。

③ 参见〔美〕理查德·雷恩:《政府与企业——比较视角下的美国政治经济体制》,何俊志译,复旦大学出版社2007年版,第413页。

自身或联合的力量恢复和保障正常的经济秩序，而“罗斯福新政”改变了政府与市场的关系。

“罗斯福新政”首先要解决的是银行危机。为此，罗斯福颁布了一系列金融改革法令。首先，1933 年制定了美国《银行法》和《证券法》。《银行法》规定，银行户头与证券分离，银行不准经营股票业务和参与证券业。其次，1934 年制定了《股票交易法》，从而制止了“借股卖空”行为。以上几项法律把“直接金融”体制下的银行与证券分离，从而区分了以投机为主的证券与以安全为第一要旨的银行。最后，提高农户收入，实施农业新政。

“罗斯福新政”标志着美国政府与企业的关系进入了一个新阶段，之前政府信奉的自由放任主义政策无力缓和危机，经济危机扩张到全国范围，工资削减和失业增多带来劳资冲突加剧，饥饿和失业耗尽了州和地方政府的财力。1933 年的《国家工业复兴法》（NIRA）成为各个行业公司的法典。在这部法典的框架下，控制物品供给、限制价格与工资、监督工作条件等公平竞争法规出台。这些法规由政府、工商界、劳工和消费者共同制定，实现了多方合作。1935 年，《国家劳资关系法》颁布实施，联邦政府站在了劳资冲突中的劳方一边。政府直接干预公司中的劳资关系，首次为工人规定了最低工资和最高工时制度，并维护工人组织工会和签订集体合同的权利，这在一定程度上使劳资对立有所缓和。

自由主义对《国家工业复兴法》进行了猛烈抨击，最高法院也认为国会超越各州对企业实施管制是违宪的行为。在斯格切特尔家禽公司诉合众国一案中，家禽批发商公开违背《国家工业复兴法》中的生禽法典，通过折扣价销售鸡肉，而最高法院却站在了斯格切特尔家禽公司一边。1936 年，民主党在大选中获得胜利，促使一些保守的法官回到了“新政”轨道。在 1937 年的国家劳工关系委员会诉琼斯和拉各林钢铁公司一案中，最高法院抛弃了先前的观点，并裁定：企业条款授权国会管制工业关系，政府有权管制工厂工作条件。[①]

---

① 参见〔美〕理查德·雷恩：《政府与企业——比较视角下的美国政治经济体制》，何俊志译，复旦大学出版社 2007 年版，第 24 页。

20世纪30年代对公司的一系列民主规制涉及公司积累、生产决策、环境保护等各个方面。例如,生产决策中的公共环保、雇佣关系、平等就业、职位健康与安全标准等都被纳入政府的政策领域。也就是说,现代城市工业经济所引出的问题只能通过政府加以解决,把公司活动纳入民主化轨道,监督市场竞争,保护社会免受公司伤害。实施这一职能的有司法部的反托拉斯处、环境保护机构、自然资源开发规划机构和公共交通机构等。在美国,教育、保健、社会治安、住房、药品安全等领域都成为重要的政府承担责任之所在。政府将社会利益转换为居民福利,这被称为"政府成长"。

(三)20世纪30年代以来的社会政策

1929年爆发的经济危机使美国1/3人口陷入贫困,虽然在危机前有些州已经有失业赔偿法,但没有一个州有系统的社会福利体系。

人们通常认为,国家良好的公共福利肯定产生于经济繁荣时期。可是,美国的公共福利制度恰恰形成于经济最差的时候,即20世纪30年代的经济危机时期。这是因为,糟糕的公共社会福利制度不可能形成稳定的消费预期。当时美国民众的需求正在从生活必需品向耐用消费品转换,如果没有相应的社会福利制度,那么就无法完成这一转型。

良好的公共福利要通过一系列社会政策体现。在美国,政府的社会性规制把公司纳入社会政策目标。第一,社会福利政策目标,包括税收体系、退休政策、卫生保健和家庭福利政策;第二,保护社会免受公司伤害政策,包括营业许可、消费者保护、食品与药品管理以及环境保护;第三,保护职工政策,包括最低工资与工时、劳资关系、平等就业机会和安全工作条件等。

1. 社会福利政策目标

20世纪30年代的经济危机表明市场机制自我表现调节失灵,传统经济理论及相关政策也无能为力。1933年第一期"罗斯福新政"的头100天,制定了《经济法》、《农业调整法》(提高农产品价格)、《国家工业复兴法》(增加就业)、《联邦证券法》、《银行法》等相关法律。此后制定的法规有:《住宅主贷款法》、《联邦证券交易法》、《铁路劳工法》、《全国住房法》、

《土壤保持法》、《社会保障法》、《岁入法》(严格地对富人征税)、《联邦反价格歧视法》等。在美国,“罗斯福新政”的社会政策目标被认为是一次“关于政府对社会和福利责任的思想革命”。

事实上,罗斯福以后的历届政府,不论是民主党还是共和党,基本上都接受了上述原则。例如,约翰逊政府在1964年制定了《民权法》,并提出了“伟大社会”计划。其中,约翰逊的主要倡议是“向贫困开战”。与此相关的法律有:《经济机会法》、《民权法》、《护士培训法》、《全面住房法》、《国家荒野保持法》、《医疗照顾法》、《美国老年人法》、《住房和城市发展法》、《社区精神保健中心法修正案》等。

令人关注的是对公司的社会性规制。联邦政府对公司的规制开始于1877年的铁路运费管制,以后几经起伏。“罗斯福新政”以来,公司规制的范围逐渐扩大。到了20世纪70年代,政府管制经济的职能呈增强趋势。例如,联邦政府的独立管制机构与各部所属的管制机构约有一百多个。联邦政府行政命令规章条例也不断增多,1970年只有2万页的《联邦命令条例录》,到了1977年增加到7万页。另外,1970—1977年,《联邦规章汇编》的页数几乎增加一倍。①

联邦政府之所以要对企业进行规制,是因为市场机制下的企业存在着垄断、歧视、环境污染、侵害员工权利等弊端,这些弊端不仅引起社会强烈不满,而且也不利于经济发展。联邦政府的社会性规制包括以下几方面:(1)禁止不公正的劳工雇用,规定40小时的工作周和最低工资,禁止童工,规定职业安全和卫生标准,禁止就业方面的性别歧视和年龄歧视等;(2)以立法或行政命令等方式规定企业必须遵守的标准,如产品质量标准、食品安全标准、药品安全标准、禁止欺骗及虚假广告等;(3)用税收鼓励扶持企业或禁止某些企业的发展;(4)以政府低息贷款、补助或津贴的方式鼓励企业遵守政府制定的标准,如维持农产品价格等。

对企业的社会性规制是政府干预经济的一种方式,这是一种微观控制。总的来看,规制是有成效的,尤其在保护工人权利、改善工人的待遇和

① 参见李道揆:《美国政府和美国政治》,中国社会科学出版社1990年版,第447页。

劳动条件、保护消费者权益等方面起到了稳定社会和政治环境的作用。

美国政府是以政策法规执行者的身份调节社会性政策的有效实施的。如社会安全和失业保险,政府要求公司保证工人参与到这些项目中来,由政府给受惠者提供利益。对公司提供给员工的福利,政府也给予补助。对退休金和健康保险的支出,政府提供税收优惠。尤其在公益捐赠方面,政府在所得税制方面是给予优惠的。

美国政府从1913年开始征收个人所得税。1917年,美国的相关法规就规定,捐款或实物捐赠可以用来抵税,抵税部分最高可达15%,借此鼓励公众通过捐款和行善增进社会福利。1935年,美国政府允许公司用公益捐赠的款项抵税,但不得超过应交税收的10%;个人向公益性社会团体捐款,其税前扣除额不得超过应纳税额的50%。如果捐款超出比例,可以转到下一个年度扣除。由于政府的政策引领,公司成为购买社会福利的重要主体。

2. 消费者保护政策

公司是一个利润最大化机构。但是,没有足够的证据证明,一个公司的社会责任行动会明显降低其经济绩效。如果政治和社会的压力迫使公司在生产决策、市场战略以及人力资源选择等方面不得不考虑社会目标,那么公司在一定程度上承担了社会公平的责任。20世纪30年代以来,美国政府一直在试图通过消费者保护政策达到这一目的,以保护社会免受公司伤害。

20世纪初期的消费者保护运动促成1906年《纯净食品与药品法》和《肉类检查法》(1906)的出台。30年代是消费者保护的第二个时期,主要是反对虚假广告和误导性标签,与此相关的法律有《联邦香烟标签和广告法》等。第三个时期在60—70年代,以产品安全为主要目标,与此相关的法律有《玩具安全法》、《全国交通和机动车辆安全法》、《儿童保护法》以及《消费产品安全法》等。上述产品安全立法把消费者保护运动推向高潮。

保护消费者权益的责任由两家独立管制机构承担,它们分别是联邦贸易委员会(FTC)和消费品安全委员会(CPSC)。联邦贸易委员会成立于1914年,由五名委员构成。该机构实行《反托拉斯法》,防止贸易垄断、不公平竞争以及不实广告等等。1938 年的《惠勒—李法》的出台,标志着联邦委员会事实上成为消费者的保护机构。消费品安全委员会成立于 1972 年。据当时资料披露,每年有 2000 万消费者受到不安全产品的伤害,大约导致 30000 人死亡。[①] 所以,消费品安全委员会的成立,旨在保护消费者不受不安全消费品侵害,规定消费品安全标准,并监管由企业带来的“非理性伤害风险”。

到了 20 世纪 60 年代,美国消费者保护运动的规模进一步扩大。1962 年 3 月 15 日,时任总统肯尼迪在《关于保护消费者利益的总统特别国情咨文》中,率先提出消费者享有的四项基本权利,即安全的权利、了解的权利、选择的权利和意见被听取的权利。1969 年,时任总统尼克松进而提出消费者的第五项权利:索赔的权利。消费者权利的提出,使消费者保护运动进入了新阶段。同时,美国联邦政府和州政府都设立了消费者保护机构。联邦食品和药品管理局(FDA)是美国最大的消费者保护机构,通过其认证的食品、药品、化妆品以及医疗器械才是对人体最安全的。

3. 保护职工政策

20 世纪 30 年代的经济危机改变了政府与企业的关系,公共政策如何建构一个为雇主和雇员提供共同收益的平台,这就是“罗斯福新政”的创新之处。从劳资关系看,政府首次正式为工人规定了最低工资和最高工时的制度,并规定职工有组织工会和签订集体合同的权利,这些条款分别写入 1935 年的《全国劳工关系法》和 1938 年的《公平劳动标准法》。

集体议价是美国工会解决劳工与管理层争端的一种行之有效的方法,主要围绕劳动合同的内容来进行。劳动合同包括雇佣的期限和条件,具体条款有工资、工时、福利、休假等。有的合同还包括具体的工作规则。工会就是依赖于这些条件的集体议价改善其成员的利益的。1935 年《全国劳动关系法》的实施,标志着现代劳资关系体系的出现,保障了雇员集体与雇主谈判的权利,尤其对公司实施的不公平的劳动规则进行了限制。另一方

① 参见〔美〕理查德·雷恩:《政府与企业——比较视角下的美国政治经济体制》,何俊志译,复旦大学出版社 2007 年版,第 418 页。

面,1947 年的《劳资关系法》对工会民主作了相关规定,例如每年提交年度报告,进行公正的选举,以符合基本的民主化规则等。然而,工会的集体议价是以政府制定的一系列保护职工的政策为依据的。

在平等就业方面,例如,1938 年的《公平劳动标准法》就有关童工、最低工资、最低工时作了严格规定。1964 年的《民权法》禁止公司在用人制度及福利、性别、宗教等方面采用歧视政策,这就是平等雇佣机会。另外,1963 年的《平等报酬法》禁止因性别而实施的工资歧视;1967 年的《年龄歧视雇用法》将年龄歧视视为非法;1973 年的《职业复原法》维护了残障人士的平等权利;1978 年的《孕期歧视法》保证孕妇因怀孕离职后能够恢复原职;1991 年的《美国残疾人法》保证残疾人有被雇用和进入公共设施的权利。为了保证上述法律的有效实施,《民权法》设立了一个"平等雇用机会委员会(EEOC)",五名成员由总统任命。这是公司民主化规制的政府铁腕,目的是把公司纳入到民主化的程序中来。政府对平等雇佣机会的重视远不止于此,随着 1972 年《平等雇佣机会法》的出台,平等雇用机会委员会的司法权力也随之扩张。凡是有 15 名员工以上的私营公司,平等雇用机会委员会都有权进行调查。

在职业安全保障方面,为尽可能确保每一位员工有一个安全与健康工作的条件,1970 年,国会以压倒性多数通过了《职业安全与健康法》,从而建立了强制性的安全与健康标准,如苯和棉尘建议标准等。执行这一法律的是职业安全与健康局(OSHA)。

美国公司在提供社会福利、消费者保护以及营造安全工作场所方面起着建设性的作用,在参与社会活动时反映出其基本的价值和公众的标准。可是,在公司为雇员提供社会福利的同时,雇员获得收益的成本也在不断提高,真正受惠的员工是有限的。

以上政府的社会性规制对中国有很大启示。美国政府对公司的规制是以法律形式长期固定下来的。在中国,究竟依靠企业自律还是政府法律规制?这是政府规制设计的关键点。如食品安全问题,强制性的公共规制难以有效介入食品供应链的质量管理过程,这是一种规制失灵的表现。乳制品行业现行的供应链基本是"公司 + 农户"模式。可是,如何在生产源头上保证为消费者提供合格的食品？目前还没有相关的法规制约农户。所以，乳制品生产供应链的质量规制基本缺失，那么只能依赖于生产经营者的诚信运作。这可能吗？显然是不可能！

质量免检制度是中国特色。实际上，监管部门主动放弃了监管职责，"三鹿牌婴幼儿奶粉事件"就是免检制度的产物。在诚信缺失状态下，国家免检制度成为个别企业掺杂使假的"挡箭牌"。国家免检制度缺乏法律依据，而且相关条文也没有量化标准，无法操作。例如，免检产品必须达到"质量长期稳定、市场占有率高、质量保障体系健全"等条件，可是却没有明确具体的判定量化标准。

三、"奥巴马新政"与"罗斯福新政"的比较

20 世纪 30 年代的金融危机下，失业者队伍日趋膨大，"罗斯福新政"应运而生。"罗斯福新政"与当前的"奥巴马新政"有很大的区别：首先，是否具有社会责任的政策智囊；其次，应对危机的农业推进政策。

（一）是否具有社会责任的政策智囊

1."罗斯福新政"的政策小组

罗斯福有一个以学者为主的政策小组，第一期"罗斯福新政"就是在这些政策智囊的推动下起步的。其中有曾经当过纽约州州长的哥伦比亚大学政治学教授雷蒙德·莫里(Raymond Moley)，在他的推荐下，经济学教授雷克斯福德·G. 特格韦尔(Rexford G. Tugwell)和同在哥伦比亚大学的商法学教授阿道夫·A. 伯利(Adolf A. Berle)等三人进入罗斯福政策小组。其中，莫里任副国务卿，特格韦尔任农业部长。

特格韦尔是制度学派的一位学者，对自由放任的古典经济学持批判态度。他在《产业秩序与政府手腕》(The Industrial Discipline and the Govermental Arts, 1933)一书中对经济的计划化、利润的限制以及公司的规制等进行了全面的阐述。同时，他对贫困阶层尤其是农民的疾苦有着深切的关注。对第一期"罗斯福新政"的实施，特格韦尔起了至关重要的作用。例

如,50亿美元的公共事业投资、“复兴金融公库”(公共贷款机构)以及贫民救济等一揽子计划等,而最令世人注目的是“农户政策”的实施。

2.“奥巴马新政”的政策小组

奥巴马政权与小布什政权的政策小组都以华尔街为中心,“华尔街=财政部复合体”。民主党政权下的罗宾财政部长、共和党政权下的保尔森财政部长,政治家与企业家结合,投资银行复活,全球化、自由化,最终导致投资银行雷曼兄弟覆没。除了华尔街大亨以外,政策小组大都由专业从事选举运动的总统顾问或者是具有丰富经验的议会对策首席顾问组成,这些人很难有现实的政策理念。

与“罗斯福新政”的政策小组不同,奥巴马政权的政策担当者中,居于中心地位的是财政部长蒂莫西·F.盖特纳(Timothy F. Geithner)。盖特纳从联邦储备银行主席到财政部长,应该说是金融专家。他在研究生时代从事东南亚研究,然后进入财政部。克林顿政权时期,他在财政部长罗宾手下做事。萨默斯当财政部长时,他任副部长。小布什执政时期,联邦储备银行曾对美国五大投资银行之一的贝尔斯登伸出过援助之手,也救济过雷曼兄弟和最大的保险公司AIG。这一时期,盖特纳协助伯南克和保尔森做了大量工作。盖特纳的经历只能证明,他关心的是金融稳定及其相关政策内容,但他并不是一个新政策的创建者。

更重要的是,盖特纳和鲁宾与华尔街尤其是高盛(投资银行)关系密切。鲁宾曾于1995年至1999年出任美国财长,克林顿将其誉为自开国元勋汉弥尔顿(Alexander Hamilton)以来最出色的财长。鲁宾有着26年在高盛的工作背景,他的履历表中几乎出现了高盛所有的职级头衔。直到1993年初应克林顿邀请担任全国经济委员会主席,他才离开高盛。为了拯救华尔街,盖特纳曾与鲁宾并肩战斗。然而,一个与华尔街有着深厚交情的财政部长监管金融机构,是否会心慈手软?《华尔街日报》刊发的杰拉尔德·塞布的一篇文章认为,奥巴马的政策小组实际上继承了克林顿的政策路线,在国内经济政策上很可能延续鲁宾的所作所为。

奥巴马政策小组的第二位人物是联邦储备委员会主席、中央银行行长伯南克(Bnjamin S. Bernanke)。作为美国经济学家、货币主义代表人物、诺贝尔经济学奖获得者弗里德曼的崇拜者,伯南克也是一个市场主义者。他认为,20 世纪 30 年代的经济危机从货币产生,所以联邦储备委员会只要执行正确的金融政策,美国就能避免经济危机;即使发生经济危机,也可以通过金融政策予以恢复。显然,伯南克的观点与事实不符,如果他的主张是对的,又怎么会发生雷曼兄弟的倒闭?

奥巴马政策小组的最后一位人物是证券交易委员会主席玛丽 · L. 夏皮罗(Mary L. Schapiro)。为了防范 20 世纪 30 年代金融危机的再次发生,金融市场引入了各种规制。但是,里根政权以来,规制缓和并逐渐被废除,证券交易委员会也就失去了监督力量。更令人担忧的是,在证券交易委员会里,除了夏皮罗以外,几乎没有精通金融衍生产品的专家,这也是一位女性能够就任证券交易委员会主席的原因。可是,这更增加了金融市场的不稳定性。

(二)应对危机的农业推进政策

1. 被忽略的“新政”——农业政策

第一期“罗斯福新政”的核心是农业新政,或称“农户政策”。农业政策的成功,奠定了“罗斯福新政”的基础,从而获得了广泛的支持率。

把农户政策作为危机紧急对策,这是特格韦尔的智慧。20 世纪 30 年代以前的美国农业处于低迷状态,通过海外市场解决农业的低迷问题,而特格韦尔把解决农业的良策从国外转向国内。1932 年民主党大会召开前夕,特格韦尔来到芝加哥,那里正在举行一场农业经济年会,他想要寻找一个能够解决农业问题的人才。在那里,他发现了一位出身农业世家的专家——亨利 · A. 华莱兹(Henry A. Wallace)。

华莱兹的父亲曾任第 29 届总统哈代政权的农业部长;其祖父创办《农业新闻》,并担任总编辑。所以,华莱兹家族与农业有着深厚的渊源。特格韦尔把华莱兹介绍给罗斯福总统。于是,华莱兹任农业部长,而特格韦尔甘愿做他的部下,任副部长。

华莱兹和特格韦尔都属制度主义学派,主张通过一种制度安排提高农产品价格,从而改变农业落后的现状。小阿瑟 · 施莱辛格(Arthur Schlesinger, Jr.)在所著《罗斯福时代》第二卷《罗斯福上台》的第一章"为了稳定农业的斗争"中描述了农业政策的成果:从 1932 年到 1936 年期间,农家的总收入增加了 50%;农产品的销售收入,包括政府补贴在内大约增加一倍。更重要的是,农产品交易条件显著改善,农家接受价格与包括利息税金在内的农家支付价格的比例,从 1935 的 55% 上升到 1934 年的 70%,1936 年又快速升至 90%。[①] 在这期间,农产品价格提高了 2/3。当时的经济整体收入及就业还处在低迷状态,而农业却得到了显著的增长。

华莱兹在第一期"罗斯福新政"中起的作用得到民主党党内的认可,他很快成为民主党自由派的核心人物。罗斯福连任,华莱兹成为副总统人选。

2. "奥巴马新政"——难以奏效的对策

"奥巴马新政"中没有农业政策,他从小布什政权那里继承的是金融政策。小布什政权为了防止因金融危机引发的金融机构连锁破产,给银行系统注入大量资金,这是与应对 1929 年金融危机完全不同的政策。

作为奥巴马政权的新经济政策,首先,推出 7870 亿美元的景气刺激政策。如何使用这些预算?第一,公共投资;第二,作为次贷对策,政府投入 750 亿美元作为低利住宅贷款,为此解决了三百多万人的房贷困境。但是,这一政策并不能阻止房地产泡沫的破灭。

其次,汽车产业的 GM 对策。奥巴马政府以美国《破产法》第 11 条为依据,诱导 GM 破产。为了重建 GM,奥巴马政府投入 301 亿美元的巨额资金,从而取得新 GM60% 的股份。另一方面,新 GM 大量削减退休年金和健康保险金,废止了多个经济效益差的部门,削减生产规模,结果导致失业者成倍增长。然而,对奥巴马政权来说,除此以外没有其他的选择。

罗斯福与奥巴马,不同的政策班子,不同的政策效果。奥巴马上任以来,为抵御金融危机,出台了一揽子金融救助计划,但这些政策并没有得到很好的落实。虽然美国经济复苏已持续了一段时间,但最能体现复苏程度的就业领域仍进展缓慢。2010 年 12 月,失业率降至 19 个月来的最低点

---

① 〔日〕伊東光晴:「オバマはルースベルトたりうるか」,『世界』2009 年第 9 期,第 36 頁。

9.4,但当月全美新增就业岗位仅10.3万个,不足市场普遍预期的一半。美联储主席伯南克在国会作证时也说:“虽然美国经济仍在复苏,但复苏步伐不足以显著降低失业率……按当前的速度,就业市场恢复正常需要四至五年时间。”一种“无就业型复苏”致使民主党在中期选举中惨败,奥巴马当时的支持率也降到五成以下。

同样是赤字财政政策,罗斯福政府对其的推移及功效明显不同。1933年度收入约20亿美元,支出约40亿美元;1934年度收入约30亿美元,支出约60亿美元;1936年度收入约40亿美元,支出约90亿美元。从这一趋势看,“罗斯福新政”第一期的财政刺激政策确实缓和了危机,降低了失业率。经济走低的1933年,国民生产总值约560亿美元;而1936年的国民生产总值约827亿美元,增加47%。失业率从1933年的24.9%下降到1936年的16.9%。[1]

(三)危机根源依旧

美国20世纪30年代的经济危机,或者是东亚20世纪90年代的金融危机,以及2008年的全球金融危机,其发生都是泡沫破灭所致。也就是说,房地产和金融证券的大规模投机,导致资产价值大幅度缩水。如果房地产和金融证券都是用自己资金购买的,即使价值暴跌,其损失也在可以评估的范围内。然而,所谓泡沫,是指借款人借入高于自己资金10倍、20倍的资金进行投机。用10倍的借入资金购买股票,如果股票上升20%,那么自己就获得2倍的利益;如果股票下跌10%,那么自己的资金便化为乌有。这就是投资银行存在的理由。如果这种投资行为一般化,企业也参与其中,那么一旦泡沫破灭,企业必然陷于资金困境,从而带来一系列的社会问题,如失业增加、企业倒闭,企业投资、发展也就无从谈起。

泡沫引发投机,投机加重泡沫,中国如何引以为鉴?浙江温州民营企业不从事实体经济,专做炒房、炒地、炒资源等投机生意,实体经济收益率往下,融资成本持续往上,最终陷于资金绝境,多个老板负债出走。一个国

---

① 〔日〕伊東光晴:オバマはルーズベルトたりうるか,『世界』2009年第9期,第45頁。

家的经济发展靠的是民间投资，政府投资仅仅是一种诱因而已，它的作用是拉动民间投资，这就是经济发展的道路。凯恩斯在《雇用、利息以及货币的一般理论》中深刻地分析了企业从事投机活动的后果。他指出，企业活动一旦陷入投机的旋涡，那么企业必将成为在投机旋涡中被翻弄的泡沫，而最终的结局是：一国的发展犹如赌场式运作，所有的活动都是赌场赌徒的副产品。

（四）“占领华尔街”——“奥巴马新政”的反思

2011年12月6日，奥巴马在堪萨斯州小城奥萨沃托米发表了一篇引人关注的演讲，这被视为其拉开竞选连任序幕的经济纲领。在演讲中，他严厉抨击共和党的自由市场理念，重提国家干预经济。问题是：奥巴马能成为罗斯福吗？

101年前，罗斯福也在奥萨沃托米发表演讲，提出了著名的“新国家主义”。新国家主义经济政策主张联邦政府干预自由市场，保护劳工权利。今天，面对各地爆发的示威和其他形式的政治运动，奥巴马提出，“稳固的中产阶级是美国的未来”。

奥巴马演讲的背景是“占领华尔街”运动。从2011年9月17日起，纽约爆发了一场名为“占领华尔街”的民众抗议活动，抗议浪潮从纽约向洛杉矶、波士顿、芝加哥、华盛顿等美国五十多个大城市蔓延。抗议活动的矛头主要指向华尔街的贪婪、金融系统弊病、政府监管不力以及高失业率等社会问题。

华尔街的贪婪和腐败是金融危机爆发的直接原因，而小布什政府通过了7000亿美元的救市方案，用纳税人的钱去救济华尔街，为投机商的巨额坏账埋单。奥巴马在竞选时曾表示要惩罚华尔街，要立法加强对金融市场的监管。可是，奥巴马所重用的财政部长盖特纳却是与华尔街有着密切关系的人。另外，由于共和党对金融监管法案的阻挠，民主党政府也一再妥协。所以，金融监管法案对华尔街的金融衍生品问题基本没有触动。奥巴马政府没有解决危机的根源问题。华尔街的金融大亨仍然领着高薪，拿着高额奖金。在全国范围内失业率达到了9%以上和家庭收入停滞不前的背景下，纽约证券业分得的红利总额达到了 208 亿美元。

失业率居高不下也是触发示威的最主要导火索之一。根据美国劳工部公布的就业数据，2011 年 8 月份全美 30 州的就业人数下降，其中纽约州下降最多。显而易见，“占领华尔街运动”是美国社会中的弱势群体表达自己的意见或者抗议的一种方式。示威人群在华尔街金融机构外举标语、喊口号，抗议华尔街的贪婪，指责政府救助少数金融机构而使多数人陷入经济困境。

正是鉴于这一状况，奥巴马在竞选演讲中说，美国各地爆发示威和其他形式的政治运动，显示中产阶级处境艰难。他强调，中产阶级对美国经济至关重要，但如今中产阶级的规模却在缩减。美国需要稳固的中产阶级，因此为中产阶级减税不仅关乎阶级福利，更关系到整个国家福祉。

美联社分析，奥巴马在演讲中试图把两种形象结合在一起。一方面，他是一名呼唤美国价值观的竞选者；另一方面，他是一名在国会争取为民众减税、保护消费者的现任总统。然而，与 20 世纪 30 年代不同的是，奥巴马政权的危机对策迎来了大规模的示威抗议，政府与华尔街的关系在一定程度上违背了国家的民意和利益代表机制，公众以示威的方式怀疑这个国家的公司体制，反抗由金融控制社会。奥巴马政权应该以何种方式、在多大程度上影响华尔街金融集团的民主化进程？奥巴马政权将面临一系列挑战。

第八章　欧洲统一与社会的欧洲

因《欧盟宪法条约》在法国与荷兰遭到否决，在欧盟掀起了一场关于欧盟发展模式的论战。德国前首相施罗德认为："我们需要什么样的欧洲？……一个真正意义上的政治联盟？还是仅仅只是一个自由贸易市场？"英国前首相布莱尔在 2005 年欧洲议会的一次发言中指出："……我信仰的是作为一个政治实体的欧洲，一个有着浓厚社会关怀的欧洲。"[①]如果换一个视角考察欧洲国家与欧洲社会的变迁，那么我们看到的是一种与盎格鲁—撒克逊资本主义完全不同的区域治理模式——"社会市场经济"。

"社会市场经济"是指"有责任的市场经济、以社会公正为宗旨的市场经济。[②] 1958 年生效的《罗马条约》揭示了这样的社会目标：不断改善人民的生活条件和工作条件，以此为基础，调整国家与社会的关系。

欧盟"社会市场经济"模式揭示了"经济统合与社会的欧洲"这样一个命题。如果欧洲统合仅仅停留在"经济统一"上，那么这仅仅是全球化的"地域统合"。实际上，欧洲共同治理模式已经深入到就业与失业、工作条件、劳资谈判、公司民主管理、环境保护、社会福利分配等相关领域，它重视人的生存环境的改善以及一体化政策的公平、公正及其人道，它呼吁"政府—社会—公司"的良性互动与社会责任，以求社会稳定、和谐、繁荣。

---

① 转引自〔德〕韦尔夫·维尔纳：《德国视角下的欧洲社会模式》，载吴志成、薛晓源主编：《欧洲研究前沿报告》，华东师范大学出版社 2007 年版，第 85 页。

② トマス・リハ：『ドイツ政治経済学』，〔日〕原田哲史等訳，ミネルウ書房 1992 年，第 386 頁。

一、"社会的欧洲"历史进程

欧洲统一是三位一体的结构,即外交与安全保障统一、货币统一、社会统一,它表现为财富资本增长与社会资本增长的一致。人们一般把欧洲共同体——欧盟的建立过程归类为经济—政治的统一过程。人们所看到的也是欧洲经济货币联盟和欧洲政治联盟。然而,从欧盟 6 国到今天的 27 国,各国对于欧盟扩大的认同,实际上是对于社会认同的过程。

发展的目的是什么?是财富的增大,还是人的基本权利在物质与精神方面的充实?这是两种不同的经济思想。欧洲统一就是在这两种经济思想相互补充的基础上展开的。一种是"市场统合优先"思想,这是消极统一路线。另一种统一是探索"政府—社会—公司"良性互动的"共同政策",这是追求"政策统合"的积极统一路线。在欧洲统一的进程中,社会统一是作为积极统合路线的重要环节展开的。

(一)欧盟社会政策的提出

在欧洲统一的过程中,政府间讨论的中心议题是社会模式问题:是继续维持高福利水平的财政支出,还是从根本上放弃福利国家模式?放在欧盟国家面前的参照模式是美国新自由主义发展模式。

现实的问题是,当时欧盟 27 个成员国中最发达国家的人均 GDP 比最不发达国家的人均 GDP 高出 3—8 倍。例如,如果欧盟平均为 100,最富裕的卢森堡可以达到 280,而最穷的保加利亚仅为 37,两国之间相差近 8 倍。[①] 此外,扩大后的欧盟在社会保障开支方面也存在巨大差异。一些国家如丹麦、荷兰、德国与法国在社会保障上的花费比匈牙利、斯洛伐克高出 3—4 倍;瑞典、德国、法国的福利支出占国民生产总值的 30%,而爱尔兰只有 14%。[②] 对于欧盟各国在社会福利方面的差异,欧盟经济政策能在多大

---

① 〔日〕庄司克宏:「リスボン条約とEUの課題」,『世界』2008 年第 3 期,第 207 頁。

② See Organisation for European Co-operation and Development(2005),OECD Factbook 2005: Economic,Environmental and Social Statistics,Paris,p. 167.

程度上发挥作用？这是欧洲统一的制约性因素。

实际上，1958 年创设的欧洲经济共同体（EEC），其目标是“物、服务、资金与劳动力”在区域内的自由流动，即创建“共同市场”。这是一种“市场统合优先”的欧洲统一路线。也就是说，欧洲一体化的中心议题始终在经济层面。

1958 年 1 月 1 日实施的《罗马条约》使用了“社会政策”这一概念，强调“确保其国家的经济与社会进步，确认以不断改善人民的生活与工作条件为其努力的根本目标”。为此，《罗马条约》提出了“促进劳动力流通”等四大基本自由。可以说，这是属于社会政策的基本条款。但是，劳动力流动的最大障碍是社会保障体系，而各国社会保障制度的差别致使劳动力在欧盟国家之间很难自由流通。

《罗马条约》签署以来，欧盟进程中最重要的环节是 20 世纪 60 年代后期取消关税壁垒。欧洲煤钢共同体（ECSC）、欧洲原子能共同体（EURATOM）与欧洲共同体 1967 年合并，1968 年实现关税同盟。从 50 年代到 60 年代的欧洲统合以市场统合优先为特征，1973 年实现了第一次扩大，英国、爱尔兰、丹麦等国加入了欧盟，欧盟扩大为九个国家，从而推动了市场的统合与扩大。70 年代初，欧洲统合进入了市场统合与社会统合共同推进时期。

（二）市场统一与社会统一并进

在 1972 年的布鲁塞尔峰会上，欧盟首脑把社会政策确定为欧盟发展的新目标。1974 年，“欧共体社会行动方案”获通过。该方案主要关注与工作环境有关的三个方面，即充分和更好地就业、生活和工作条件的提高以及劳动者在企业活动方面的更多参与。然而，当时的社会政策更多地被结合在经济活动中加以考虑。同时，由于 70 年代的经济停滞与通货膨胀，欧盟放慢了推进社会政策的步伐。

70 年代中后期，欧盟在工资、就业、职业培训与社会保障领域出台了一系列促进男女平等、保障工人健康与安全的指令，这一时期被称做劳动法的“黄金时代”。可是，英国撒切尔政府反对与劳动法相关的一系列指令,使得这些法律很难在理事会获通过。

在80年代经济一体化步伐加快的情形下,社会政策被重新提起。1985年,欧共体委员会第一次对社会政策进行讨论。在这次讨论中,就业问题成为社会政策各项提案的核心,并通过立法建立了共同体的社会政策法规。这一思想首先反映在1986年签订的《单一欧洲法案》(SEA)中。通过该法案,一些社会政策被列入共同体的法律框架中。例如,该法案中提出了多数表决制,规定了工人健康与安全标准,建立了劳资对话制度。这些条约对当时欧盟12个国家的社会经济发展作出了巨大贡献。

《罗马条约》把社会发展看做经济整合的产物,而《单一欧洲法案》提出市场统合与社会统合的并进。一方面,以《单一欧洲法案》为基准,推进市场统合;另一方面,强化共同的社会政策,建设"社会的欧洲"。可以说,《单一欧洲法案》是欧盟社会政策发展中第一个里程碑。

在《单一欧洲法案》的基础上,1989年,12个成员国的首脑汇聚于法国的斯特拉斯堡,通过讨论,最后除了英国以外,11国一致签字通过了《欧共体劳动者基本社会权利宪章》,即《欧盟社会宪章》。宪章的前言明确宣告:"社会层面具有与经济层面同样的重要性,因此两者必须得到完全平衡的发展。"

(三)90年代欧盟社会政策核心——就业

20世纪90年代以后,欧洲一体化是多层次、多角度展开的,如深化经济统合、强化政治统合等。冷战结束以后,欧洲旨在强化共同外交安全保障政策,在实现欧盟东扩的同时,推进经济统合,提升欧洲经济在世界的地位,即实现"强大的欧洲"与"竞争的欧洲"。另一方面,面对经济一体化带来的失业、贫困与社会排除等一系列问题,欧盟国家之间更加注重社会政策的调整。

1991年末,《马斯特里赫特条约》中产生的欧洲理事会确立了"欧洲市民权"与共同外交安全保障政策。也就是说,欧盟国家之间就政治统合也达成了一致意见。根据这一意见,《马斯特里赫特条约》在1993年11月生效。于是,三位一体,即"欧洲共同体","共同外交安全保障政策"与"司法、内务合作”的欧洲联合开始起步。问题是:90 年代以后的欧盟统合之下,社会政策是如何推进的?

《马斯特里赫特条约》的附件中有“社会政策协议”,它也可被看做一个独立的社会政策草约。《马斯特里赫特条约》把多数表决制扩展到工人的平等机会,更关注所有公民的社会权利。首先,协议将社会政策的范围扩大到教育、职业培训、年轻人就业、公共健康等,同时修改了《罗马条约》中有关经济和社会整合的部分;其次,协议为公司与劳工建立了对话机制,有关工作健康和安全、工作条件、工人获取信息和咨询、男女平等问题必须遵守有效多数投票原则;再次,工人的社会保障、工人失业的社会保护等涉及雇主和被雇用者之间需要谈判的时候,应由所有签约国一起讨论;最后,协议还授权部长理事会在社会政策领域内采用“欧盟指示”、“贯彻实施的最起码要求”等手段进行行政干预。

进入 90 年代后,随着全球化的全面推进与经济结构的调整,欧盟的失业问题越来越严重,失业率长年保持在 10% 以上。于是,欧盟逐渐将失业问题和与失业有关的社会政策列为头等大事。

1993 年 12 月,欧盟层次上第一个解决失业问题的《德勒斯白皮书》奠定了欧盟国家就业政策的基础。第一,为了从经济增长中获得就业增长,各成员国政府必须采取系统的政策行动,包括税收、职业培训、教育、社会保护与社会合作等内容。该白皮书明确指出,劳动力市场在提高就业增长方面并不完善;同样,经济增长在拉动就业方面也不很成功。所以,必须建构制度性的社会政策,对教育、职业培训和劳动力市场体系加大投资。第二,该白皮书强调欧盟在帮助各成员国解决共同就业问题方面应扮演中心角色,促使欧盟有关机构注意各成员国应当怎样通过共同协作解决有关的就业和社会问题。

继《德勒斯白皮书》之后,欧盟又发表了《论欧盟社会政策》绿皮书。绿皮书第一部分指出了欧盟社会政策所涵盖的领域,包括健康医疗、社会安全、就业与劳动力市场、社会保护与社会保障、贫困与社会排斥等;第二部分指出了欧盟面临的社会挑战,这些挑战主要来自高失业率,强调要“保证经济与社会肩并肩地发展”;第三部分讨论了欧盟对这些挑战采取的应对措施,强调就业机会平等、社会福利与社会稳定的重要性,“就业应当作为政府政绩的验证,而不是将来行动的处方”。

1994年7月,欧盟又发表了题为《欧洲社会政策——欧盟发展之路》的白皮书。该白皮书提出了一个重新设计就业制度的行动计划——“1995—1997年社会行动计划”。该计划的关注点是就业、男女就业机会和待遇的平等权利,并希望通过提出一个社会政策方向和目标的综合性纲领,在20世纪结束时完成欧盟社会政策的设计。《欧洲社会政策——欧盟发展之路》被认为是21世纪欧盟社会政策的发展战略。

1997年10月,在阿姆斯特丹举行的欧洲理事会上制定了《共同体法》,第一次将社会政策与经济政策、货币与财政政策并列为同一级大标题。在以往的欧盟法案、条约或协议中,社会政策一般是列在经济政策的大标题之下的。显然,社会政策已不再是附属于经济的条款。

在1997年末的卢森堡欧洲理事会上,有关“欧洲就业战略”问题,各方在就业能力、企业家精神、适应能力、男女机会均等方面达成了一致意见。

其一,就业能力:主要是弥补欧盟就业者的技术和技能差距,特别为青年人、长期失业者和其他在劳动力市场缺少竞争力的群体创造条件;其二,企业家精神:鼓励自我雇用,改革税收制度,建立公司文化和企业家精神;其三,适应能力:增强就业者面临经济变迁的挑战能力,这意味着生涯学习的投资和新工作方式的出现;其四,公平机会:正确应对女性越来越多地进入劳动力市场这一现实,创造条件,使男性和女性在家庭生活和工作场所都能享有公平的机会和待遇。欧盟特别指出,四大支柱是一个统一的整体,孤立地重视某一个支柱是不会产生良好结果的;各成员国行动计划的基础就是根据当地具体情况和条件运用这四大支柱。

综观90年代以后的欧洲统一,从经济理论与社会理论的关系看,可以归纳为以下两个方面:

第一,政策重点从“经济的欧洲”逐渐向“社会的欧洲”转型。

从政策层面看,随着欧盟统合的深化与扩大,社会政策得到了一定程度的发展。1991年的欧洲理事会在《欧洲联合条约》中特别强调共同的社会政策。当时,除了英国之外,其他国家都以条约附属文书的形式采纳了

《有关社会政策的议定书》。该议定书除了原有的《工人健康与安全》条约之外,将社会政策延伸到劳动条件、男女机会均等、残疾者工作等社会关联法规。与此同时,有关"社会对话"也在欧洲层面达成了一致意见。欧洲理事会推行的"劳资对话"促进了90年代之后的欧洲社会政策,为今后在劳资合意基础上的一系列社会政策的关联指令作好了准备。另外,1994年制定的、适用于欧盟区域内多国籍企业劳资之间的《情报提供与协议》也是欧盟社会政策的重大创设,并在此基础上建立了欧洲劳资协议会。

第二,90年代欧盟社会政策的重点是就业政策。

欧盟社会政策的标志性进展是90年代末提出的"公开协调方法"(OMC)。OMC作为欧洲劳动力市场的重要组成部分被扩展到社会政策领域,号召成员国在劳动力市场学习其他国家的成功经验,从而解决欧洲长期存在的结构性失业、低就业率以及服务行业发展滞后等一系列问题。2000年的《里斯本理事会宣言》进一步提出要"创造更多就业的经济发展,构建世界上最富有竞争力的知识经济",设定了2010年达到的提高就业率的数值目标。

二、欧洲制宪危机的社会原因

从2000年的欧盟机构改革,成立制宪大会,到2003年提出《欧洲宪法条约》,再到2007年的《里斯本条约》,欧盟一直不停地在为制定一部宪法而努力。然而,我们看到了"精英欧洲"与"公民欧洲"在制宪问题上存在的难以跨越的分歧。对欧盟国家的公民来说,如何保持本国政治、经济的稳定是首要的,他们不愿意看到超国家主义所带来的政治、经济、金融的风险。从这一意义上说,制宪危机是不可避免的。

(一)重塑欧洲社会模式的《里斯本条约》

围绕《欧洲宪法条约》的国民投票,法国、荷兰国民的反对票超过了60%。拒绝条约的理由在于社会层面,即如何平衡"社会政策的赤字"是实际的政策焦点。欧盟进程中的"民主主义赤字"至少意味着现实的欧盟制度并没有充分地反映民意。

《欧洲宪法条约》为什么会受挫？围绕1992年的《马斯特里赫特条约》、1997年的《阿姆斯特丹条约》、2004年的《欧洲宪法条约》以及2007年的《里斯本条约》的政府间会议，作为法律顾问的欧盟理事会法务局长皮利(Piris)指出，《欧洲宪法条约》里使用了一连串的国家用语，如“欧盟外交部长”、“欧盟旗”、“欧盟歌”等，其逐渐增强的政治影响力动摇了各国民众的心理。①

《里斯本条约》吸取了以上教训。欧盟首脑尽量回避类似“国家”这种词汇，在该条约中并没有给国民一种“超级国家”的印象，在以往《欧洲宪法条约》中使用的类似语言全部被放弃。为什么欧洲民众对国家如此反感，而对社会政策的充实寄予期望？对此，欧盟的回应是：提出建设“具有高度竞争力的社会市场经济”，以消除“社会政策的赤字”。《里斯本条约》在社会层面尽量满足民众的这种期待，以社会市场经济消解“社会政策赤字”。

构筑欧洲社会模式是《里斯本条约》的行动目标。条约签署后，欧盟各国下一步的机构改革重点是什么？欧洲理事会委员长巴罗佐在一次记者招待会上作了如下阐述：应对全球化对欧洲的影响，这是欧盟的工作。对欧盟来说，全球化带来的最大的问题是竞争与弱者保护。所以，经济与社会同时发展，并以此为目标，构筑“欧洲社会模式”。在《里斯本条约》中，修改了原来的“伴随着自由竞争的、开放的市场经济”等等提法，新的表述是：“具有高度竞争力的社会市场经济”②。

2007年12月欧盟签订的《里斯本条约》使欧洲政治一体化和欧盟改革重新获得了希望。但是，就在欧盟各国对一体化前景充满憧憬时，2008年6月12日，爱尔兰举行的全民公投却率先否决了这一条约，欧洲一体化再次成为讨论的焦点。

爱尔兰否决《里斯本条约》的直接原因是民众对政府和一体化发展方

① 〔日〕庄司克宏：「リスボン条約とEUの課題」，『世界』2008年第3期，第205頁。

② 同上。

向表示不满。首先，民众担心欧盟的进一步扩大会导致更多东欧移民涌入，与其争夺就业机会。据统计，爱尔兰的失业率已经达到5.4%，为近几年的最高。[①] 其次，民众对条约的部分条款不满。许多爱尔兰人认为，如果《里斯本条约》生效，爱尔兰的中立外交政策可能受到影响，从共同农业政策中获得的补贴会减少，现行的禁止堕胎政策也可能不得不被废除，并且爱尔兰还会丧失在欧盟委员会中的常任委员资格。最后，国内政治问题影响了公投结果。2008年5月，爱尔兰前总理埃亨因丑闻下台，降低了政府威望，提升了反对党的影响力。公投前，反对党呼吁政府就《里斯本条约》与欧盟重新进行谈判，以获得类似英国的"豁免权"，这在一定程度上影响了公投结果。

(二) 走出社会危机的政策修正

在一个相当长的时期内，欧洲社会统一模式所面临的政府支出问题仍然会受到两个结构性因素的影响：其一，人口的快速老化致使政府的福利支出面临困境；其二，全球化不可能让欧盟国家都处于有利的位置。受上述因素影响，20世纪90年代以后的欧盟统合中，"社会的欧洲"与"经济的欧洲"相比还是有很多不充分的地方。

1. 增强欧盟层面具有约束力的政策权能

在欧盟，实际上存在有关社会政策的权限，欧洲理事会具备共同决定的立法手续。例如，在劳动环境、劳动条件、男女机会均等以及平等待遇等方面，欧盟都设置了共同的下限标准。但是，对于工人社会保障与社会保护等事项，理事会必须取得一致的意见。另外，欧盟的社会政策立法有一条基本原则，即不允许干预欧盟成员国决定自己国家的社会保障制度，也不能对财政均衡产生重大影响。

上述欧盟立法与相关条约对社会政策的相关规定，是为了确保欧盟区域内市场公平竞争的条件。可是，具有更高社会福利标准的欧盟国家为了

---

① 参见刘明礼：《爱尔兰否决〈里斯本条约〉与欧洲一体化前景》，载《国际信息资料》2008年第7期，第30页。

使自己在区域市场内处于更有利的竞争地位而改变了相关制度。如《欧洲宪法条约》所规定的男女平等工资，法国在欧洲经济共同体成立的时候已经达到了这一原则规定。可是，法国却提出与其他欧盟国家应该具有相同的竞争条件。所以，法国改变了已经达到的男女平等工资这一状况。在这种情况下，欧盟水平的社会政策自身的价值与目标在欧洲统合的过程中为各种利害关系所左右，最后成为妥协的产物。

可见，在就业、劳资关系、工资、社会保障等方面，作为共同体的欧盟对如何约束各加盟国还缺乏完备的法律。欧盟在欧洲最低工资等方面制定了具有约束力的法律，但是缺乏在欧盟层面上具有约束力的权能。[①] 显然，增强欧盟层面具有约束力的政策权能是克服制宪危机的有效路径。

2. 在社会统一的基础上推进欧盟扩大

在欧盟东扩的过程中，从“社会的欧洲”视角看，对中东欧国家的社会政策方面的统合是弱化的。有关工资、结社、罢工的权利等，从欧盟层面看尚未完备。在欧洲层面，真正意义的劳动法、社会法还没有形成。[②]

3. 制造业经济向服务性经济转型中的失业问题

20 世纪 70 年代末，欧盟雇用的工龄人口比例超过了美国的 62%，达到 64%。到 1997 年，欧盟的就业率下降到 60.5%，而美国增加到 74%。这个数字意味着欧盟有 3400 万工人失去了工作。[③] 是什么原因导致了这一情况的发生？是制造业经济向服务性经济转型中的结构性问题。欧洲的服务性经济远远落后于美国。可见，欧盟用于结构转型支出的社会政策是不充分的。2002 年，欧盟的总预算达 1000 亿欧元，但仅有 340 亿欧元用于“结构运行”，而且这些基金主要用于支援欠发达地区。由此可见，欧盟劳动力市场的政策预期在很大程度上脱离了欧洲民众。据统计，欧盟 25 个国家约有 47% 的人认为欧盟目前最优先考虑的政策应该是处理社会失

---

① ブランパン.ロジェ:『ヨーロッパ労働法』,〔日〕小宫文人訳,信山社 2003 年,第 665 頁。

② コリア.バンジャマン:「社会的ヨーロッパ:基盤、展望」,『ヨーロッパ統合の社会史』,〔日〕廣田功訳,日本経済評論社 2004 年,第 163 頁。

③ 参见〔德〕韦尔夫·维尔纳:《德国视角下的欧洲社会模式》,载吴志成、薛晓源主编:《欧洲研究前沿报告》,华东师范大学出版社 2007 年版,第 88 页。

业问题。[1]

4. 国家、企业与社会的协调发展问题

“社会市场经济”起源于二战后的德国，其内涵在于国家、企业与社会的协调发展。国家建构竞争的制度框架，在此制度框架下，企业在自由地从事经营活动的同时，充分提供社会保护制度。“社会市场经济”的侧重点不仅仅是竞争，社会保护同样是政策重点。也就是说，以“社会市场经济”实现“欧洲社会模式”。

欧盟显然不是“国家”，单一市场运营、单一货币管理就是欧盟的主要工作。在选举的时候，一般市民关心的事情主要集中在医疗、养老金、社会保障、就业、教育以及治安等方面，而这些都是欧盟各国管辖的事宜。在《里斯本条约》里，国家除提供具有经济利益的公益事业服务以外，还必须具有提供非经济服务的权限，如义务教育、社会保护、安全保障、治安等一系列服务。显然，欧盟这方面的承诺是不够的。

5. 避免“社会政策赤字”发生的问题

区域内统一的市场的基本原则是相互承认。例如，在 A 国依据一定规则生产并进入流通的产品 X 进入 B 国的时候，不必接受 B 国的新规则，可以自由地买卖。问题是，如果大多数企业向劳动成本低的国家移动，那么其他国家也会采用致使劳动力成本下降的政策，结果导致各国规则之间产生“趋于底边的竞争”。这将影响到欧盟各国的就业与税收，从而产生不利于社会保障制度的结果，“社会政策赤字”随即产生。如何避免“社会政策赤字“的发生？制度安排与协调是艰难的过程。

三、《欧盟社会宪章》的意义

欧盟社会统合的动力是《欧盟社会宪章》。制定《欧盟社会宪章》的驱动力在于强化劳动权利。在欧盟范围内，工人的经营参与权与团体交涉权

---

① 参见〔德〕韦尔夫 · 维尔纳：《德国视角下的欧洲社会模式》，载吴志成、薛晓源主编：《欧洲研究前沿报告》，华东师范大学出版社 2007 年版，第 97 页。

是《欧盟社会宪章》的核心内容。

（一）自主管理与参与经营的权利

在欧洲，强调自主管理是在1968年法国“五月革命”时提出的，法国社会党把自主管理作为党的基本宪章。可是，法国社会党取得政权后马上转向凯恩斯理论，最终因通货膨胀而失去支持力，自主管理思想自然就失去了存在的条件。但是，在80年代社会党执政时期，司法部长奥罗在1982—1983年相继制定了四部法律，对劳动权、工人团体交涉权、工人权利保障、团体协议保障等都有明确规定，其中包括了工人代表与经营者的对话。

实际上，德国在1970年就已经制定了《共同决定法》。该法的实施，最早是在1972年，首先针对中小企业，1976年开始在2000人以上的企业实施。在中小企业，监查委员会的2/3是出资者，1/3是职工代表；如果是大企业，监查委员会的一半是出资者，另一半是职工代表。德国以这种形式让职工参与经营，从而构建了职工参与的经营制度。

欧盟以上述法律为基础，1994年公布了职工参与的指导手册。指导手册规定，在欧盟的企业中，职工有信息获得权与协议权。原来意义上的欧洲人权，是基于1950年制定的、以自由权为主的人权条约界定的。可是，到了60年代，从自由权向社会权延伸，推进欧洲三位一体进程，即经济统一、政治统一与社会统一。正是在此基础上，1989年，有关职工社会权的《欧盟社会宪章》出台。其主要内容包括：(1) 职工在欧盟区域内自由流动的权利；(2) 就业与工资的保证；(3) 改善劳动条件，尤其是缩短劳动时间；(4) 促进社会保障，由于各国社会保障水平的差异，所以欧盟需要寻求某种程度的一致；(5) 职工团结的权利，或者是保障团体交涉的权利；(6) 职业培训；(7) 男女平等的权利，或者是女性劳动力的社会参与；(8) 职工获得信息与教育的权利；(9) 保障工作场所的安全与卫生；(10) 保护弱者与儿童；(11) 老年人的生活保障；(12) 援助残疾人。

（二）社会宪章与社会对话

为了实施社会宪章，必须确立社会对话协议体制。欧盟的社会对话在不同的层面推进:(1) 欧洲产业经营者联盟(UNICE),它是在1958年成立的,是由欧洲22个国家的33个经营者团体联合组成的团体;(2) 欧洲公共企业中心(CEEP),它是在1961年成立的,是由欧盟国家的公共企业或者是国家出资的企业联合组成的团体。与此对应的是:(1) 1973年成立的欧洲劳动联合(CES),它由西欧21个国家的35个劳动组织与120个欧洲不同产业的工会联络会议加盟;(2) 1958年成立的欧盟农业团体委员会(COPA),它由全欧30个农业关系团体联合而成。

社会对话在以上框架内进行,可是经营者团体对于团体交涉有点担忧,尽量躲避社会对话的约束。所以,推进《欧盟社会宪章》的阻力较大。然而,社会宪章的意义在于,在欧盟发达国家的水准下,将社会宪章所规定的原则在欧洲范围内推广。显然,社会宪章的内容要成为各国的规范。今天,欧洲的头等大事是失业问题,而且这一问题是很难被排除的。当前,经济衰退,年青人失业现象严重,女性的社会参与滞后,外国人社区的增多等。实际上,“社会的欧洲”在世界经济衰退的困境中,面临巨大压力。在欧洲议会,社会宪章作为重点项目备受重视。可是,近年来,欧洲不同地域的发言权在不断扩大,欧盟也设置了地域评议会,各地域的对话也在努力推进中。“社会的欧洲”与“地域的欧洲”如何推进?这是欧盟不可避免的重大问题。

(三)欧盟社会统一促进非营利组织的发展

非营利组织的发达,意味着市民社会的发达。对资本主义社会来说,这是选择的两个方面。作为经济体制问题,非营利经济的重要性日益显现。近年来出现的协同组合论作为经济社会的具体对策进入了决策体系。国家与地方自治体为第一部门,第二部门包括民间企业部门与民间企业工会组织。在欧洲,协同非营利部门被列入第三部门。从传统政治经济学的视野看,国家与民间企业作为第一部门与第二部门推进了资本积累。近代经济学就是在这一基础上建立起来的。可是,今天,被主流经济学派轻视的社会部门,按照经济人类学家普兰妮(Poranni)所说:“原来意义上的人类社会,不管在哪里,经济始终是社会形成的一个要因,它扎根于社会。然而，在近代资本主义社会，或者说是近代市场经济社会，经济作为突出的形态被人们所掌握。从历史的视角看，这是异常的社会。”①也就是说，“经济被扎根于社会”的说法在经济社会的结构中重新受到重视。

四、民主、社会与地域的欧洲

欧盟统合源于二战后的东西对立。为了确立欧洲的自主性，欧洲沿着欧洲共同体方向，不断拓展市场，培育出欧洲共同体规模的企业。欧盟的共同市场从欧洲经济共同体向欧盟统合市场不断推进。《马斯特里赫特条约》使欧洲产业向着更强的方向演进。可是，在《马斯特里赫特条约》获得批准的过程中，凸现的一大问题是欧盟统合过程中的民主主义“赤字”。这实质上是一种疑问，即欧盟事物局指导下的统合形式是否能够获得欧盟国家公民的认同。这一疑问在丹麦与法国的公民投票中得到了回应——国民以多数票否定了欧盟宪法草案。这一结果促使欧盟机构对轻视民间舆论的反思。也就是从那时候起，欧盟已经明确地意识到加强民主主义的重要性。如何实现从成长的欧洲向民主的欧洲转换？这是一个崭新的课题。

与建设“民主的欧洲”关联的是“社会的欧洲”，具体体现在《马斯特里赫特条约》所强调的人权上。欧洲在世界人权概念形成的过程中起到了积极的作用。欧洲最早的人权条约产生于1950年。在国家人权规约确立的过程中，自由权、社会权首先产生于欧洲。正是在这一基础上，欧洲在2000年确立了欧洲市民权，即《欧洲基本权宪章》。这一宪章规定，欧盟国家的公民可以在欧盟区域内自由流动，或者在某一个国家居住一定时间后，可以在那个国家参加欧洲议会选举或者地方议会选举，当然也有被选举的权利。这就是公民权。另外，欧盟国家的公民在第三国都享有外交保护的权利。对欧洲国家议会来说，个人拥有请愿权、信息公开以及个人信息受保护的权利等。以上内容都被纳入了“社会的欧洲”的框架中，在强化人权的基础上，建构欧洲共同的人权概念。无可置疑，人权是民主社会

① 〔日〕西川润：『人間のために経済学』，岩波書店2006年，第278頁。

的基础。

与这一理念密切相关的是欧洲统合或者围绕一体化的相关组织。在欧盟广阔的共同市场培育出能与日美企业抗衡的企业，这是欧洲经济共同体原来的想法。这几年，经济集中、合并以及集团化已经有了相当程度的进展。可是，在经济全球化的反面，一直很难改善的是就业问题。随着经济一体化的推进，欧洲区域内产业之间、地域之间的差别却在扩大。问题是，地域差别在扩大，劳动条件却趋于均等化，一些劳动条件好、工资高的国家逐渐采用劳动条件差、工资低的国家标准。如何确立欧洲共同的社会标准，成为欧盟首先要考虑的问题。

关于如何纠正地域的、社会的差异，欧盟的制度建设是值得借鉴的，如“欧盟结构关系基金”。为了缩小上述差别，结构关系基金占了欧盟预算的 1/4 左右。欧盟预算的 50% 是农业补助金，30% 是社会、地域关系的预算，其中重要的一项是欧洲社会基金，它来自《罗马条约》第 123 条——“欧洲内部，促进工人雇用机会的平等、以及地域间、职业之间的流动”。也就是说，它是为了履行《罗马条约》第 123 条而设立的基金。它主要用于对失业者的救济，尤其是年轻人的失业。因结构性原因导致的地域间的差异，对于落后地区的援助也是基金的主要目标之一。此外，它还被用于失业人群的职业培训。

为了纠正经济的、社会的差别，首先要改善农业结构。1962 年，“农业指导欧洲基金”设立，主要在农业价格与农业政策方面给予补助。其次，1975 年，“地域开发基金”设立，主要用于欧洲地域结构调整方面，对于一些能够改善结构的事业给予补贴。至少可以说，对于后进地区，或者是因结构转换带来的滞后，基金可以给予一定程度的帮助。该条约的收益国主要靠近地中海沿岸，如意大利、希腊、西班牙、葡萄牙等国家。最后，根据《马斯特里赫特条约》，设立“欧洲一体化基金”，主要是对欧洲后进地区予以援助。

改善经济社会落差的又一措施是掌握先进技术的大学与企业之间的合作计划。通过大学与企业的合作，开发人力资源，从而促进人才交流、学生交流以及生涯教育。值得一提的是 1995 年发起的“苏格拉底计划”。该计划旨在欧洲大学之间构筑交流网络，包括单位的交换、大学之间开放的教学等。除此以外，提供经费帮助的“伊拉斯模计划”也是改善经济社会落差的一项措施。该计划自 1987 年发起以来，参加的大学、教师和学生持续增长，学生数约占全欧洲大学生的 7%。“苏格拉底计划”还包括“青年职业训练行动计划”，针对义务教育结束之后的青年职业训练，时间为 1—2 年，在欧盟各国均能报名受理。职业训练与技术的日新月异密切关联。为了支持中小企业的技术创新，与中小企业关联的职业训练，尤其是高科技领域的职业训练不断地被开发。在职业开发的欧盟行动中，女性职业开发的网络建构颇具特色，它包括人才交流、职业训练、信息把握等。此外，还有利用计算机网络的“中小学教师联合培训计划”等。以上是社会层面统合的各项措施。在教育层面，欧盟倾注了巨大的财力与政策支持。

综上所述，从欧盟 6 国到今天的 27 国，各国对于欧盟统一的认同，实际上是对于社会认同的过程。欧盟的社会政策告诉我们，作为欧盟的民主政体运作机制，首要任务就是让公众从经济发展的成果中获益。这体现为一系列社会责任制度，它需要政府编织制度网络，必要的时候还要依赖政府改变现状。

欧盟经验在检验一个真理——经济增长以人的发展为中心，这一发展动向必将对 21 世纪公共治理产生巨大影响。

第九章　规制改革:为生产者还是消费者?

我们经常会听到各级领导这样的表述:"如果不进行规制改革,就会削弱企业的国际竞争力。"这是一种"生产者优先"的思路。为了强化企业的国际竞争力,必须进行规制改革。

2010 年 7 月,陪同德国总理默克尔访华的西门子公司(Siemens AG)、巴斯夫公司(BASF AG)高层管理人士曾向中国政府呼吁改善投资环境。为此,中国政府回应:要改善国内被普遍认为持续恶化的外商投资环境,支持符合条件的外商投资企业在国内市场公开发行股票和债券等。

在全球化时代,跨国公司对一国的规制改革起着很大作用。一般来说,外资依存度高的国家,其改革的压力也大。然而,一个问题随之而来,即规制改革:为生产者还是为消费者?

一、重新审视规制改革理论

规制理论主要研究在市场失灵情况下的政府干预,它涉及以下几个问题:为什么需要政府规制?规制是否有效?在规制无效或规制失灵的情况下,是否取消规制?

(一)规制改革相关理论

现代规制理论或规制经济学是一门研究规制问题的经济学分支,代表人物是美国芝加哥大学教授、诺贝尔经济学奖获得者乔治·J. 施蒂格勒(George J. Stigler)。

1. 政府规制的公共利益理论

公共利益理论在规制经济学中居于正统理论地位。政府规制是对市场失灵的回应。反托拉斯政策最能体现政府规制的公共利益原则。一般来说,垄断有自然垄断和人为垄断两种,后者会导致市场失灵。然而,即使是自然垄断,在它从工业化向后工业化转换的过程中,也在不断引起市场失灵。所以,以规制的方式制约垄断行为的反托拉斯政策对效率和资源配置有良好的改进作用。

2. 政府规制的部门利益理论

施蒂格勒提出了政府规制的部门利益理论。他认为,确立政府规制的立法机关或政府机构仅代表某一特殊利益集团的利益,而非一般公众。政府规制在许多场合代表了生产者利益,因为产业总是试图谋求政府的强制力。其一,政府对特定产业的税收优惠和直接的货币补贴;其二,政府控制产业进入;其三,政府控制替代品或互补品的生产;其四,政府管制价格。可见,越是企业容易进入的领域,对政府的规制需求越强烈。

3. 政府规制获益理论

政府规制获益理论认为,政府规制与其说是为了社会公共利益,不如说是为了特殊利益集团。英美国家在20世纪70年代后期出现的放宽规制正是与这一利益驱动有关,政府在规制过程中存在寻租和创租的现象。公共选择理论是用于研究政府规制获益理论的一种方法。经济学家布坎南(Buchanan)指出,政府政策制定的公共选择过程,其背景是多数决定原则和代议制民主主义。可是,再进一步分析就会发现,动摇民主主义制度体系的恰恰是官员及相关利益集团(公司)。在那里,解决"市场失败"的政府在起"正"的作用,还是在起"负"的作用?这是问题的关键。正是基于这一视角,公共选择理论把政府规制政策的形成看做一个类似于市场交易的过程。在这一过程中,选民、立法机关、行政机关、公司等利益集团都可以参与交易。

综上所述,政府规制是指政府为了达到或维持所希望的社会状态而对国民行动予以一定的制约,它是对市场失灵的一种干预,必要时可以强制国民遵守。规制的制定部门是立法机构与行政机关。20世纪70年代以来,规制改革成为发达国家行政改革的核心内容。例如,因规制改革而改变政府介入市场的方式或介入程度;通过改革,规制政策向民间委托政策转换;废止规制政策等。

(二)政府规制维度

规制分竞争性规制和保护性规制两种。当政府希望通过竞争弥补市场失灵时,通常采用的是竞争性规制;当政府强调公司应对消费者和社会履行社会责任的时候,一般采用保护性规制。保护性规制强调的是非经济问题。

1. 竞争性规制

政府规制一般被称做"平衡公共利益与私人利益的独特方式",它要求企业或其他非政府机构必须重视公共利益。例如,价格机制失灵。当价格不能精确测量公司活动的真实成本的时候,需要政府规制;或者在企业活动污染了环境,而市场价格并没有包含污染的社会成本的情形下,需要政府干预等。

在美国,对产业实施经济性规制的机构有:州际商业委员会、联邦住房贷款银行委员会、联邦通信委员会、联邦存款保险法人、联邦能源管制委员会等。例如,州际商业委员会成立于1887年,成立的初衷主要是管制铁路产业,后来逐渐涉及相关产业,包括公路运输和水路运输。州际商业委员会掌握准入权限,在价格政策、服务条件以及产品提供方面也有制定规制的权力。另外,联邦存款保险法人的权限在于保护消费者存款安全;联邦通信委员会的权限范围为州际、国外电话、电视、广播、有线电视。

20世纪30年代,美国面临银行危机,1930—1933年大约有1/3的商业银行倒闭,银行贷款下降了44%,银行存款下降了30%。[①] 一方面,为了重塑银行安全体系,国会强制规定银行的最低资本数额,并建构了居民存款保险体制,一旦银行倒闭,居民的存款可获归还。另一方面,为了整顿金融秩序,政府禁止银行与证券公司合作。政府对银行、金融业界的规制引起很大争议。政府坚持认为,金融领域的规制有利于国家金融体系的稳

① 参见〔美〕理查德·雷恩:《政府与企业——比较视角下的美国政治经济体制》,何俊志译,复旦大学出版社2007年版,第323页。

定。相反的观点则认为，金融规制不会刺激竞争，而是限制竞争，普通居民的选择空间会减少等。

2. 保护性规制

美国联邦政府的保护性规制起源于20世纪初农业部对肉类产品的规制。在“罗斯福新政”中，也可以看到在劳资关系等方面的保护性规制。60—70年代，保护性规制进一步体现在“平等雇用机会”、环境保护、职业安全与健康等方面。保护性规制体现了政府的政策能力，因为社会期待安全的食品、有效的药品、公平的劳动关系以及干净的空气，而政府规制实现了国民的价值和期望。环境保护署是典型的保护性规制机构，承担治理环境问题的一系列责任，如酸雨、温室效应、臭氧层空洞、有毒废弃物等，其规制依赖于系列化法令。例如，环境保护署制定了全国性空气质量标准，同时对工厂排放标准、汽车排放标准等也作了一系列规定。为此，环境保护署限定公司经营方式，或者批准产品生产方式。例如，排放标准规定了汽车可以排放多少克碳氢化合物和一氧化碳。

可见，美国政府的保护性规制是体系性的、互动的。反观中国政府的保护性规制，例如城市空气质量，在PM2.5受到广泛关注的情况下，北京、上海等地官方承诺将公布空气污染状况。问题是，如果对工厂排放没有相关规制，即使公布数据，污染照样存在。有些官员担心一旦公布PM2.5数据，全年的空气质量指标将会下降，空气质量优良的天数会减少。官员的担忧使公众更加不安，因为公众看到了以往所谓“空气质量优良”的虚假。当然，保护性规制会涉及企业的遵守成本，由此而来的是企业对抗，或者是政府税收减少。所以，在保护性规制方面，政府通常力不从心。

（三）政府介入市场的合理性探讨

亚当·斯密的经济学认为，如果把所有一切都交给市场，市场机制可以使其运转良好。可是，这一完美现象并不存在，“市场失败”屡屡发生。所以，政府以避免“市场失败”为由介入市场。

所以，对于“市场失败”，我们必须认真思考以下问题：“市场失败”果真存在吗？如果“市场失败”确实存在，那么其失败程度能否随着政府介入而减轻？为此需要多少成本？如果上述假设被否定，那么政府介入市场的依据能否成立？所以，必须探讨政府介入市场的合理性。

1. 自然垄断的“费用递减”是否始终存在

以自然垄断与“费用递减”为例。市场竞争达到有效的资源配置，公司生产与其规模相适应，如果规模增大，单位产品成本就会上升，这叫“费用递增”。如果规模不变，生产数量大幅度增加，那么单位成本就会下降，这叫“费用递减”。在“费用递减”的情况下，如果众多的企业竞相生产同一产品，单位产品的成本就会上升，最终导致共同亏损。所以，在“费用递减”的情况下，由一家公司生产的效率最高。于是，政府予以规制，不允许其他企业进入，这称为“自然垄断”。这说明，供应市场的某种产品只需要一个公司去生产就够了。可是，“自然垄断”会带来垄断利润，而产品质量达不到社会期望。为此，政府需要介入。首先，制定准入规制，在该领域抑制竞争，允许垄断；其次，通过价格规制，防止垄断利润。这种政府规制在电力、煤气、电信等大规模供给领域相当普遍。可是，这种以“费用递减”为前提的政府介入，随着经济环境的变化，很难确定其合理性。例如，从工业化到后工业化，随着以网络信息为中心的技术进步，生产成本显著下降，“费用递减”状况减轻，通过市场竞争可以达到有效的资源配置。也就是说，技术进步可以削减成本。在这种情况下，如果政府仍然坚持产业管制政策，那么必将扼杀产业的竞争与发展。所以，对以“费用递减”为前提的政府准入规制的合理性，要重新鉴定。

2. 资本市场的不完备

政府介入市场的理由是“市场失败”，然而有些所谓的“市场失败”恰恰是政府不适当的干预造成的。所以，不能滥用“市场失败”这一概念。

日本中小企业融资难就是一例。在日本经济高速增长时期，民间资金不足，中小企业融资受到种种限制，所以通过政府金融机构融资。然而，资本市场的不完备实际上是由于政府融资政策向大企业倾斜造成的。在资本市场，大企业优先，而中小企业难以获得民间资金的援助。同样的问题也在中国发生。2011 年下半年，在浙江温州四十多万家企业中，有九十多个老板负债出走，信泰集团董事长胡福林因高利贷导致资金链断裂而出逃美国,债务总额达二十多亿元。所有的问题都集中到一点:资金链断裂。为何会如此?因为中小企业融资难。从宏观上分析,2009年四万亿投资的刺激政策及与此相配套的项目贷款挤压了民营中小企业资金。融资难引发民间高利贷市场颇具规模,甚至连银行都把资金投入民间高利贷。融资难致使企业放弃实体经济,专门从事炒房、炒地、炒资源、炒矿产品。由此可见,资本市场的不完备导致的中小企业融资难,其根子还是政府的金融政策。可以说,资本市场的不完备是由政府相关政策引起的。

3. 公共部门民营化的公共性问题

传统理论认为,公共部门的作用就是能够提供民间不能提供或者不能充分提供的公共物品。公共物品有两个特点:其一,非竞争性;其二,非排他性。所以,公共物品供应,靠市场不行,只能靠政府。可是,现实意义上的公共物品并不具有以上特点,纯粹的公共物品很难看到。例如,公共交通、教育、水、电、煤等,都是排除可能的公共物品提供,即如果不支付费用,将无法享受服务。既然公共物品失去了以上两个特点,那么民间部门也可进入公共领域,生产公共物品。正是基于这一考虑,西方行政改革理论认为,政府对于公共物品生产的准入规制已经没有必要。西方国家公共部门民营化的实施正是在这一理论背景下发生。

问题是,西方行政改革的动因在于财政问题,膨胀的财政赤字导致公共财政预算紧张;当政府自身难以解决这一问题的时候,公共物品供给的一部分业务才转让给民间做。英国和日本的公共部门改革都是在这一情况下发生。如果所有的政绩点都集中在财政层面,那么公共部门民营化以后的公共性能否得到保障?这一问题将在第十四章具体阐述。

4. 收入再分配的合理性问题

对经济政策的评价有两个标准,一是效率性,二是公平性。效率性由市场机制体现,公平性则需要政府确立。

第一,政府介入不能影响效率性。例如,中国的经济适用房问题。最早申请经济适用房的人一般都不是收入偏低的人群。现在,这一错误在逐渐得以纠正。慈善事业的效率在于使真正困难的群体得到帮助,可是,由于政府的介入,使效率难以体现。

第二,保护"弱者"原则。在这里,"弱者"的特定化是最重要的。以中国的贫困标准为例。新世纪 10 年,中国贫困人口数量从 2000 年底的 9422 万人,减少到 2010 年底的 2688 万人,平均每年减少 670 万人。与此同时,贫困的定义也在不断调整之中。2010 年,全国农村扶贫标准为 1274 元,以此衡量的农村贫困人口为 2688 万人。2011 年 12 月,扶贫标准提高到 2300 元,对应的扶贫对象规模是 1.28 亿人。即使是 2300 元,平均每天的费用是 6.3 元,按照现在的物价,该如何生活?对于贫困的定义,从表面上看是收入再分配的合理性问题,而深层次的问题是公平与效率。

(四)外力推动下的规制改革

各个国家都在创设自己的政治和经济体制。政府规制改革:为生产者还是消费者?这一选择实际上体现了政治和经济的制度安排。

中国现代化采用国家主导型、外资依存型、出口振兴型的经济增长模式,通过跨国公司的出口取得本国经济的高增长率。所以,改革的动力主要来自外部。在政府的视野中,投资环境是一种竞争力,改善投资环境成为政府规制改革的主要动力。2011 年 11 月 28 日在北京召开的中国外商投资企业协会第五次会员代表大会上,一个核心的问题是努力为外企营造更公平、公正、透明的投资环境。改革确有成效,在北京,外国投资者非常不适应的行政审批制度,近几年减少了数千件。网上审批、一站式办公、电子政府……北京市政府的办事效率在一件件实事中提速。"优化发展环境",调动起一切社会的财富及各种生产力的要素,吸引各种投资者的投资——不仅是来自外国、外地的投资,还包括非公经济的资源等。

上海规制改革的成效有目共睹,无可非议。然而,改革动力主要来自外部。上海在世博会前后实施的一系列重大举措集中体现了未来的总体发展思路,即致力于构筑"万商云集"的氛围。在 21 世纪前十年,上海对现行的涉外经济法规作了清理和调整。这是为了建立适应入世要求的外商投资法律体系。上海专门成立了由质监、行政、司法、工商、财政等 18 个相关部门组成的"上海市打假工作领导小组",旨在保护外商投资企业的知识产权不受侵犯。

经济改革的成果如何向社会扩散?这始终是一个难题。2012 年 1 月 1 日,上海被雾霾笼罩。新年的第一天,市民躲在家中,不敢外出。世博会和奥运会期间,政府履行了环境承诺。现在都过去了,城市依然笼罩在污染的空气中,PM2.5 在侵蚀着人们的健康乃至生命。如何唤起规制改革的内部动力?这是政府面临的挑战。

二、规制改革机制:受生产者驱动还是消费者驱动?

规制改革带来的是资本与公司实力强化,还是市场的开放、消费者主权的转让?这是制度的差异,是生产者优先与消费者主权两者对立的根本原因。在此,以电信改革为例,对美、日、中三国作一个比较分析。

在电信领域,美国重视和推进的是重视消费者的税收政策,废除联邦通信税可以说是一个经典案例。在美国,最早的联邦通信税是在 1898 年的美西战争中作为战争费用的来源而创设的,当时被称做“奢侈税”。这一税收政策经过两次世界大战,一直延续到 20 世纪末,持续了百年以上。当 IT 时代到来时,为了推进互联网的普及,废除联邦通信税势在必行。2000 年 5 月 25 日,美国国会众议院以压倒性多数的赞成票通过了废除联邦通信税议案,规定在议案实施后的 30 天内,由现行的 3% 税额降至 2%;从 2001 年的 10 月开始,降至 1%;2002 年 10 月全部废除。联邦通信税废除以后,政府每年的税收要减少 50—60 亿美元。另外,与联邦通信税相关的“互联网上网费”的税收也从 1998 年开始被冻结。

再看日本的通信费。在日本,通信费与商品一样要被收 5% 的消费税,对互联网上网也要收消费税。国民的负担不仅制约了日本互联网的发展,也制约了日美之间的国际商务。日美规制改革协议的最大障碍就是日本电话电信(NTT)通信连接费下调的问题。美国要求日本在两年内把通信连接费下调 22.5%,两年后下调 40%。迫于美国的压力,日本政府采取部分让步政策,NTT 东西两公司从 2000 年开始的两年内将通信费下调 22.5%,但是对于 40% 的降价却没有下文。对此,日本政府没有具体方案。1997 年 2 月,62 个国家就有关电信领域的放松规制达成协议,并决定从1998年1月开始实施。其中,美国的ISR(International Simple Resale)与日本的国际通信服务也达成协议。可是,日本政府在实施这一协议的时候,却最大限度地发挥了自由裁量权,保既存产业,对外来企业采取种种限制。为此,欧美国家对日本提出抗议。美国通商代表与日本政府又进行了六个月的谈判。

中国电信领域从1999年到2001年进行了二次拆分。1999年,中国电信拆分为中国电信、中国移动和中国卫星通信三大公司。此后,政府又给网通公司、吉通公司和联通公司颁发了运营许可证。2011年12月,国务院颁布了电信体制改革方案,把中国电信分为南北两部分,北方部分与吉通、网通重组为中国网络通信集团公司,南方还是中国电信集团公司。重组后的中国电信产业形成了网通、中国电信、中国移动、联通、铁通以及中国卫星通信集团的市场格局,这被称为“二次拆分”。以上这些企业集团都是国有企业,没有民营企业的份额。可是,改革的目的是什么?是为生产者还是消费者?

中国加入WTO以后,冲击来自跨国公司,电信的“二次拆分”是“为了在外资进入之前先抢占资源,以便在拆分后等待外资参股,或者去海外上市,而不是为了打破垄断”①。显然,改革是为了防止外资的渗透。

中国电信改革的成效如何?以往的评价主要是从电信运营商,即生产者的角度衡量市场效率的,而把消费者利益放在了次要的位置。所以,改革并没有带来有效的竞争。以电话费为例,从北京打到纽约的电话费是从纽约打到北京的电话费的10倍。2002年3月15日“消费者权益日”这一天,消费者把电信划入“最不满意”的一栏里。美国《财富》杂志3月4日有一篇关于全球最佳和最差企业的调查,中国电信被纳入“全球最差企业”中。

在中国互联网接入市场上,中国电信和中国联通共占有2/3以上的市场份额,具有市场支配地位。掌握了市场支配权,就等于拥有了定价权。现在国内网速普遍偏慢,资费却很高,与发达国家存在很大差距。据有关

① 王宏亮:《二次拆分》,载《经济观察报》2001年12月31日第2版。

部门的初步估算,如果能够形成市场的有效竞争,未来5年可以促使上网价格下降27%至38%,至少为消费者节约上网费用100亿元至150亿元。

2011年11月9日,国家发改委对外宣布,对中国电信和中国联通涉嫌价格歧视进行反垄断调查。若事实成立,两家运营商或将受到数十亿元的处罚。这是《反垄断法》施行三年以来首次对央企实施的调查。

三、反托拉斯与政府垄断

市场经济必须有严格的规则和竞争政策,不公平竞争违反市场原则。美国始终遵循平等竞争原则,每一个公民都有权创办企业或进入某一行业,而其他企业无权阻止其进入,除非使用竞争方法将其挤出。

美国是一个托拉斯十分发达的国家,托拉斯凭借其雄厚的实力,会对某一行业或某一产品实施垄断。然而,美国的反托拉斯法保障了平等竞争的自由主义经济原则。当某一垄断公司的垄断程度足以损害消费者权益时,政府会通过法律手段将其分解为若干公司,以削弱其垄断实力。2000年微软公司被分解就是一例。可见,美国反托拉斯法是通过对托拉斯的限制和制裁,维护市场公平竞争。自1890年美国第一部反托拉斯法《谢尔曼法》颁布以来,反对托拉斯的经济垄断已经成为美国的国家政策。

在美国,几个大公司之间,或者是若干个大公司和众多小公司,在同一行业展开竞争。这种有序竞争有利于保护消费者权益。也就是说,通过"消费者主权"驱动价格机制,调整供求均衡。

日本的反垄断政策是在二战以后,在美国占领当局的督促下制定的,主要包括:解散财阀、制定禁止垄断的相关法规等,还设立了反垄断的官方执行机构——公正交易委员会。可是,20世纪50年代之后,随着占领时期结束,日本政府开始调整反垄断政策,促使垄断体制向法人化方面发展,从而形成了法人化的垄断经济体制。60年代以来,为了强化企业的国际竞争力,日本政府进一步放宽对企业合并的限制,并鼓励相关企业通过合并壮大实力。例如,公正交易委员会受理的企业合并案件,1960年仅440件,

1970 年增至 1147 件。① 同时，日本政府通过所谓“行政指导”直接参与产业界的垄断。所以，反垄断法从运用层面看，实际上是政府垄断。私人通过反垄断法对政府提起诉讼，一般是败诉的。日本公正交易委员会在处理违反禁止垄断法一类案件的时候，首先考虑的是对经济的影响，如果影响较大，一般不予受理。也就是说，尽管有法律依据，可是执行或不执行，行政有裁量权。在美国，反托拉斯法的诉讼 90% 以上都是私人向法院提起的，联邦交易委员会和司法部插手的仅占 10% 以下。

在中国，政府控制企业，有很大的配置资源的权力。国有企业是政府投资的企业。经过经济转型的国有企业是归属各级政府控制的企业，政府充当了企业家的角色。各种重要行业的垄断实际上是政府垄断机制在运转。垄断是全方位的，如银行、金融、能源、电信、交通、医疗、教育、土地等。2008 年《财富》杂志世界 500 强中 35 家中国企业上榜，其中中国石化以 15926 亿美元收入位居 16 位，国家电网公司以 13282.5 亿美元收入位居 24 位，其他如中国石油天然气集团公司、中国工商银行、中国移动、中国人寿、中国建设银行、中国农业银行、宝山钢铁公司也在其中，而这些企业的一个共同特征就是明显带有行政垄断的色彩。

中国的《反垄断法》于 2007 年 8 月 30 日颁布，2008 年 8 月 1 日起实施。然而，与欧美国家不同的是，该法不是来自内部原因的驱使，而是由外部力量的促使而产生。中国考虑到加入 WTO 的需要，所以加快了制定《反垄断法》的步伐。正是由于外力的驱动，在《反垄断法》的制定过程中，相关行政部门和垄断性公司表达了严重忧虑，要求豁免适用《反垄断法》。为此，《反垄断法》数易其稿，最终对管辖权限采取了折中的态度，对管制产业和垄断企业的法律适用问题也未作出明确规定。现实是，政府对管制行业和依法垄断行业采取回避和保护的态度。

中石化等石油巨头作为老牌国企，垄断着国内几乎所有原油资源。以柴油短缺与中石化的垄断为例。目前全国有四万多家民营加油站，其中将近一万个加油站面临柴油短缺问题，集中在四川、内蒙古、浙江等地。这些

① 〔日〕安籐良雄:『近代日本経済史』,東京大学出版社 1999 年,第 179 頁。

加油站在批发市场上难以以国家规定的批发限价买到柴油,只能买到按最高零售限价甚至更高价格销售的柴油。国家发改委经济体制与管理研究所的一位官员称:“数据表明,国内并不缺油,而是中石化在以垄断排挤民营成品油分销商。”在国际油价大幅走低、其他油企纷纷降价的情况下,中石化坚持不降价策略。2008 年,中石化净利润为 297.69 亿元,同时却获得了 503 亿元的财政补贴。

四、消费者主权与消费者代表体系

(一) 美国:政策过程中的消费者制度框架

美国有一种能够代表消费者团体利益的制度,这一制度起源于 20 世纪 60 年代消费者团体对汽车业界的集团诉讼。所谓集团诉讼,是指受害者代表全体消费者提起诉讼,判决也对全体适用。《克莱顿法》规定,如果胜诉,可以拿到三倍的赔偿金。60—70 年代以来,消费者团体以公司和政府为诉讼对象,利用美国法律维护自身权益。一些不合理的规制最终被废止,而消费者团体的影响力逐渐扩大,各种形式的消费者团体不断涌现。例如,1996 年,AT&T 电信公司与美国地区电信公司(SBC)合并,反响最强烈的是消费者团体。消费者团体认为,美国最大的电信公司与地方电信公司合并必然产生垄断。美国联邦通信委员会最终承诺,这一合并对消费者不利,取消合并计划。

美国政府重视消费者利益,关键是在政策制定过程中有代表消费者立场的制度框架。美国是一个多元化的社会,政策制定也是呈多元化模式,具体表现为特殊利益集团之间的利益协调。在特殊利益集团中间,消费者团体是一支重要力量。消费者团体可以通过各种手段影响政策方案。在美日贸易的一系列谈判中,美国国内也以各种形式的研讨会商讨对策。在政策形成的过程中,经济咨询委员会、行政管理预算局、司法部的反垄断局等部门委派代表消费者立场的经济学家参加会议。例如,日本的铁出口美国,致使美国公司蒙受巨大损失。可是,有关当局却认为,用便宜的价格买到质量上乘的产品,对美国消费者来说是一件好事。

(二)日本:生产者优先的制度框架

在日本政府的决策过程中,影响力最大的是工商业团体,如“经团联”、“日经联”等。社会性利益集团的作用则很微弱,如消费者团体联合会,1986年拥有2181万会员,可是组织的活动经费每年只有500万日元,专职人员仅有3名。[①] 所以,消费者团体联合会很难发挥其政治影响力。在官方机构中,能代表消费者利益的部门是公正交易委员会和经济计划厅。然而,在制定重大经济政策的时候,这些部门是不参与的。尤其是关于消费者权益的诉讼案件,公正交易委员会几乎没有说话的机会。例如,20世纪60年代成立的家电市场协会由日立、三菱、东芝、三洋以及夏普五家公司联手组建,目标是占领美国市场,垄断国内市场。显然,这是一种非法的企业联合。为此,公正交易委员会告发了五家企业的违法行为。可是,违法的企业联合还是得到了政府支持。

20世纪90年代以来,日本政府在讨论金融、通信及流通领域实施规制改革的时候,经常会提到这样一句话:“如果规制不放宽,公司的国际竞争力就会丧失。”也就是说,为了强化公司的国际竞争力而改革规制,这是重视生产者的一种立场。当然,规制改革会给经济带来活力,而经济发展的成果是向社会扩散的,最终得益的是消费者。可是,对于规制改革,日本政府首先考虑政治影响,其次考虑对生产者的影响,最后才考虑对消费者的影响。总之,日本政府是从资本与公司利益的角度考虑规制改革。这是日美两国在制度上的差异。

在市场经济体系下,维护消费者权益需要一支庞大的律师队伍。美国是一个诉讼社会,从事法律事务工作的人约在80万以上,而日本只有1.6万人左右。在日本,司法考试实行定员制度,每年的合格人数是有计划的。考试合格者一般都在政府部门或者保护生产者的部门工作。所以,消费者很难用法律保护自己。例如,日本《制造物责任法》是以保护消费者为宗

---

① 参见王新生:《现代日本政治》,经济日报出版社1997年版,第61页。

旨的重要法律,1994 年制定,1995 年实施。可是,法律应用的报告并不多见,因为准司法部门的公务员人数太少,工作难以开展。公正交易委员会也是如此。美国仅执行反托拉斯法的司法人员就超过 2000 人,而日本公正交易委员会只有 500 人左右。

(三)中国:消费者主权缺失

在中国,消费者权益保护的法律依据是 1993 年 10 月 31 日颁布、1994 年 1 月 1 日起施行的《消费者权益保护法》。该法的颁布实施,是中国第一次以立法的形式全面确认消费者的权利。可是,按照《消费者权益保护法》的规定,消费者组织没有代表消费者进行诉讼的职能,只能提供咨询服务和法律支持。所以,消费者合法权益的制度性保障还未真正到位。

消费者通过其消费行为表现其本身的意愿和偏好,这种意愿和偏好通过市场机制反馈给生产者,生产者根据消费者所反馈回来的信息安排生产,提供给消费者所需的商品和服务,这被称为"消费者主权"(Consumer Sovereignty)。

"消费者主权"是表达消费者与生产者关系的一个概念。也就是说,消费者与生产者都是市场的参与者与共有者,为此需要公开产品的品质和价格信息,这叫"信息的对称性"。问题是,消费者在信息获得方面始终处于不利的地位,这被称做"信息的非对称性"。于是,劣质产品充斥市场,人们不再相信优质产品的存在,这又被称做"逆选择"。今天,对中国消费者来说,首先需要维护的是食品安全。

食品安全成为重大社会问题,凸现于 2005 年的"两会"之际。会外,亨氏美味源(广州)食品有限公司生产的含有"苏丹红 1 号"的辣椒酱被紧急召回。不仅仅在广州,"苏丹红"用于食品的情况不断被广东、云南、上海、浙江、福建、四川等地的工商、质检部门检出。会内,十届人大三次会议议案组收到代表联名提交的 95 件议案中,食品安全议案数排在首位。据统计,2004 年全国共查处有关食品违法行为 39 万多起,立案查处 12 万多起。例如,2004 年 4 月前,大量营养素含量低下的劣质婴儿奶粉从郑州、合肥、蚌埠和阜阳批发市场流入阜阳农村销售点。这导致安徽阜阳市 189 例婴儿患轻中度营养不良、12例婴儿死亡。近些年来,食品安全风险并没有得到有效遏制,反而呈不断加剧态势。

2005年6月30日,《河南商报》发表了一篇题为《食品安全再拉警报:孔雀石绿毒浸鲜鱼》的报道,一种可致癌、致畸、致突变的化学制剂——孔雀石绿被用于水产品养殖。

2005年10月13日,《第一财经日报》一篇题为《全球禁用日韩致癌保鲜膜转道中国》的报道披露,中国一些超市的生鲜产品,如蔬菜、水果及熟食包装大量采用聚氯乙烯(PVC)保鲜膜,而这种保鲜膜含有致癌物质。

2008年9月11日,经卫生部证实,三鹿集团旗下的"三鹿"牌婴幼儿配方奶粉受到三聚氰胺污染,陕甘宁等地出现多个婴儿患肾结石病例。

2011年4月,合肥、南京等地的一些熟食店、面馆用牛肉膏将猪肉变成牛肉的事件被揭露;6月底,京津冀地区地沟油机械化规模生产、加工窝点被曝光;8月,浙江工商局在流通领域食品质量例行抽检中发现,血燕中亚硝酸盐的含量严重超标350倍之多……2012年,高档白酒的塑化剂事件、速成鸡的抗生素事件等。面对千奇百怪的食品安全问题,消费者却知之甚少。生产者与消费者之间的信息严重不对称,把消费者推入深层的恐惧之中。用消费者的健康和生命换取公司的巨额利润,这就是公司的逻辑。

对于中国突出的食品安全问题,一般认为是监管体系和检测体系的不完善造成的。食品行业多头监管,致使这一体系容易出现监管空白。然而,维护消费者主权,根本的问题在于国家相关法律制度缺失,而深层次的原因是以"经济增长为中心"的政府政策立场。例如,《消费者权益保护法》并没有赋予消费者公益诉讼的权利。所以,面对一些垄断行业的"霸王条款",消费维权时常常陷入困难境地。

对消费者主权来说,更重要的是参与权。对于食品安全标准的制定,消费者是否有话语权?例如,在奶制品安全成为重大公共话题之际,由卫生部牵头制定,2011年4月下旬公布、6月陆续开始实施的生乳(GB19301—2010)等66项新乳品安全国家标准受到行业内外争议和责问,引起强烈社会反响。

新标准取消了1986年“国标”中生鲜乳收购标准的四个等级，只设最低限度，尤其是生乳收购标准中的蛋白质最低值与微生物限量这两项核心指标，其中生乳蛋白质含量由1986年旧版生乳国标中的2.95%降到了2.8%。

标准降低来自政府的政策支持。蒙牛、伊利两公司共占据中国乳业市场31%的份额。据资料披露，在标准讨论过程中，两公司给政府施加压力，表示按照现行2.95%的标准，内蒙古、黑龙江分别有10%和6%的原奶无法达标，河北亦有相当比例的原奶无法合格，全国数量更为惊人，因此希望降低标准。显然，如此大的市场占有量致使监管部门不得不参考其意见。

遗憾的是，政策扶持并没有促使乳业公司良心发现。国家质检总局2011年12月24日公布，经抽查，发现蒙牛产品黄曲霉毒素M1项目不符合标准的规定。其中，蒙牛乳业（眉山）有限公司生产的一批次产品被检出黄曲霉毒素M1超标140%。众所周知，黄曲霉毒素有强力的致癌作用。然而，更令人费解的是，如此低质标准的乳制品居然迎来了集体涨价潮，三元、伊利部分乳制品从2012年1月1日起开始涨价。

群体性消费事件频频发生，消费者势单力薄，举证困难，即使进行诉讼，胜诉概率也极低。在2011年城市维权论坛召开之际，西安、北京等21个城市消协及中国消费者报社联合向全国人大常委会法制工作委员会提交《关于在〈消法〉中增加消费者组织代表不特定多数消费者进行公益诉讼的建议》，呼吁明确消费者组织在消费侵权公益诉讼中代表不特定多数消费者进行公益诉讼的权利和主体资格。

第四篇 公司民主化规制与“社会经济人”转型

建立公司是因为有利可图，所以经济学家首先考虑的是“财富”。“理性经济人”的市场行为在引导个人财富最大限度地增长。可是，20世纪中期的英国经济学家、化学家、诺贝尔化学奖获得者索迪却对“财富”作出了不同解释。他认为，所谓“财富”，不过是对自然的负债而已，一种负债的“财富”是不存在的。[①] 那么，什么是“财富”？索迪认为，“财富”的获得应该保持与自然和谐，对自然不能负债，向自然的索取应该归还。这是“社会经济人”对“财富”的解释。

从“经济人”到“社会经济人”，这是一个革命性转变。公司民主化规制旨在公司利润与社会福利之间建立一套民主程序，促使企业向“社会经济人”转变。

第四篇由三章组成：

第十章以“社会经济人”为前提，把企业经济活动放在一个复杂的地球环境中加以分析。本章指出，从风力到石油转换，在人类生产活动与能源的关联中表现出一种让人类难以接受的姿态——“废热 · 废物”、水、土之间的平衡逐渐被打破，水土流失、土地沙漠化、水资源匮乏……而这一系列状况又与不断反复的干旱、洪涝形成恶性循环。现代工业文明造就了一个环境破坏型的经济结构。

第十一章对“社会经济人”的公司治理模式进行了探索。20世纪80年代以来，随着公司治理模式的转换、经营管理阶层的兴起，围绕公司治理

---

① 〔日〕室田武：『君はエントロピーをみたか』，朝日文庫1991年，第168頁。

的论战悄然而至:经营管理阶层应该忠诚于公司的价值利益还是相互信赖的利益相关者?本章以德国公司治理为经验,以公司与社区的关系为框架,在一个全球化的趋势中探讨利益相关者在中国公司治理中的地位。

第十二章从公司民主化规制入手,探求公司治理结构创新。今天,公司持有无限制的权力,并且永远以“法”的姿态强化其权力。所以,确立对大企业的民主化规制,不仅仅涉及商品、价格、服务以及品质等一系列市场评价标准,而是追究其生产过程,探讨公司在怎样的经营体制下生产,以及其生产过程是否符合具有社会责任的公司标准。

“社会经济人”是一种全球公司治理模式。一个具有社会责任感的公司应该从事有助于改善社会的事情,它超越了法律要求,建构的是一个与自然和谐的,符合市场伦理的,具有承诺、约束、责任感的企业。

第十章　复杂系统中的地球环境与经济活动

人类的生产活动是一个不断发展的过程,它既是财富的增长过程,也是“废热·废物”的增长过程。

人类的经济发展史是一部人和自然的关系史,以煤和石油为中心的近现代工业社会构成了近现代经济学体系。经济学家把人类从事经济活动的目的概括为发展生产力,又把生产力定义为“征服自然、改造自然”的能力。为此,发展生产力,向自然索取更多的资源,似乎是一件天经地义的事。从企业的生产过程看,资源—产品—废弃物是一种单向的、不可持续的生产模式,导致资源枯竭、废弃物泛滥、环境污染、生态恶化。

1865年,德国科学家鲁道夫·克劳修斯(Ruddph Clausius)第一次提出了“废热·废物(Entropy)增大法则”。它告诉我们,“能量是有边界的”、“全球的废热·废物在向最大值方向演进”。一百多年过去了,正如科学家预料的那样,经济繁荣的反面是地球环境濒临绝境,随着石油、煤炭、天然气等物质的燃烧,热污染随之扩散,废热通过水循环向大气层排放,废热量已经超过一定限度。今天,PM2.5——一种由大量的、肉眼所无法觉察的悬浮颗粒形成的“霾”飘浮在城市上空,人们开始咳嗽,严重的被送入医院……

一、动力源的历史演进:从风力到石油

20世纪文明仿佛是在石油的海洋上筑起的楼阁,这一比喻有两层含义:其一,动力源转换——从风力到石油的过程;其二,世界的能量是有限度的,全球的“废热·废物”向最大值方向演进。

从15世纪到20世纪,动力源经历了风、煤和石油的转换……它凝聚

了历史学、物理学、经济学等多重视角。

（一）由风力引起的生态危机

动力源改变着人类的生存与生产方式，从而改变了人类的文明方式与文明程度。从 15 世纪开始，风力对人类的生存空间产生巨大影响。随着西班牙和葡萄牙的帆船驶向世界，哥伦布发现美洲新大陆，人类历史进入了一个世界航海时代。凡海水所及之处，都有殖民者留下的踪迹。从 15 世纪到 16 世纪，支撑着这一时代的动力源是风力。

哥伦布的船只驶抵美洲大陆以后，1519—1521 年，西班牙武将科尔特斯征服了中南美地域的阿兹特克帝国。1533 年，西班牙殖民者皮萨罗率领的远征队占领了印加帝国首都库斯科。1620 年，英国的清教徒乘坐"五月花号"帆船离开英国普利茅斯港，在马萨诸塞登陆，全体清教徒在那里定居，并将其定名为"普利茅斯"。这一系列的征服，其动力源是风力。

17 世纪，荷兰、英国和法国在印度展开激烈争夺。1600 年，英国创立东印度公司。1602 年，荷兰东印度公司成立，随即开始荷兰在印度殖民地的贸易。1610 年，第一箱亚洲茶叶运抵荷兰阿姆斯特丹。1644 年，法国东印度公司成立……历史承认在世界贸易体系形成的初期充满了血腥和暴力，如达·加马、哥伦布及其后来的继承者们在建立全球概念的同时，也大肆进行掠夺。但是，人们是否想到，推动这一全球化进程的动力源是风力。

英国清教徒乘坐"五月花号"帆船到达美洲大陆以后，他们的生活，包括做饭、取暖等，都离不开木材。17 世纪，手工业逐渐发展起来，而手工业制作使用的也是木材。尤其是用铁矿石炼铁，需要大量木炭。当时的英国与西班牙、葡萄牙争夺海上霸权，建造帆船需要更多的木材。木材来自对森林的砍伐，森林资源不堪重负。

除了木材和木炭，煤炭也开始被运用，如建筑材料制造、金属冶炼等。可是，当时的煤炭质量很差，生产高质量的铁仍然需要木炭。问题是，木材的供给越来越困难。作为动力源的转换，煤炭开始受到重视。

随着煤炭需求量的增大，挖掘由浅表地层向深层逐渐推进。但是，煤炭如何运到地面？这还是一个动力源的问题。浅层的煤炭可以利用人力、畜力,可是深层的煤炭怎么办?一方面,提供木材、木炭的森林资源逐渐匮乏;另一方面,煤炭开采过程中矿井的排水无疑又是一个难题。这一切正是17世纪英国面临的现实状况。

(二)动力源转换——从风力到煤、石油

煤矿排水问题的解决来自英国工程师托马斯·塞弗利(Thomas Savory)的设想。他最初的设想是利用煤炭燃烧产生的动力进行排水。也就是说,在井下挖掘的煤炭通过燃烧,把水加热成为水蒸气,再利用水耘这一动力把水引向高处,从而把矿井中的水排出井外。塞弗利经过多次试验,但一直无法进入实用阶段。

在当时的欧洲,法国贵族在自己庭园浇花时已经运用了水蒸气动力这一原理。为了满足贵族们的喷水游戏,法国工程师发挥了独特的智慧,其中享有盛名的是索罗门·德·考克斯(Salomon de Caus)。他把水加热形成水蒸气,通过水蒸气的动力,把水推向高处。这一技术在17世纪传到了英国。法国贵族的游戏技术能否被运用到产业?这一实践的运用是在18世纪,由英国发明家托马斯·纽科门(Thomas Newcomen)实现了这一奇想。他通过蒸汽机,用少量的煤炭推动大量的煤炭开采。纽科门的奇想是划时代的。

纽科门发明的蒸气排水于1712年获得成功,并被运用于矿山开采。然而,蒸汽机体积庞大,水蒸气进入后容易还原成水,致使热效率低下。从18世纪到19世纪,进入了蒸汽机改良时代。18世纪后期,瓦特(Watt)发明气水分离器。1760年,蒸汽机诞生。瓦特的蒸汽机克服了蒸气排水的缺陷,而重要的意义在于,热效率大幅度上升,使用1吨煤炭可以开采50吨甚至更多的煤炭。煤炭的扩大再生产从此成为可能。

蒸汽机作为近代机械工业的原动力,在各个领域发挥着它的巨大功能。19世纪初,英国技术专家特莱比西科(Trevithick)开发高压蒸汽机成功,并把它装在车上,通过煤燃烧和水加热发动车辆和船只。也就是说,通过蒸汽机开采煤炭,并利用水蒸气的动力运输煤炭,以少量煤炭产生的动力运输大量煤炭,这是煤炭采掘史上的又一创举。如果把纽科门发明的蒸

气排水当做蒸汽机发明的第一阶段,那么用少量煤炭致使大量煤炭在地理位置上产生移动就是蒸汽机发明的第二阶段。

蒸汽机的发明使动力源由煤炭代替木材成为可能。燃料、动力的转换使英国面临的森林枯竭问题得以解决。

高压蒸汽机发明后,火车应运而生。以煤炭代替木材,火车的发明是生产力飞跃的标志。几乎与此同时,美国工程师富尔顿(Fulton)发明了蒸汽船,这一发明使跨海的煤炭运输成为可能。

两代蒸汽机的发明和运用,终于使煤炭开采变得简单,运输更为便捷。伴随着蒸汽机的运用,金属冶炼方法的革命性变革是促使动力源转换的又一推动力。17 世纪以前是用木炭冶炼,因为煤炭含有许多不纯物。当木材匮乏、森林资源被过量砍伐的时候,英国技术专家一直在考虑如何用煤炭冶炼。17 世纪后期,英国工程师杜德利(Dudley)用煤炭加热干燥的方法炼出了焦炭,这是最初的焦炭冶炼。18 世纪以后,这一技术逐渐得到推广。19 世纪,英国企业家贝塞麦(Bessemer)发明了转炉炼钢法,使煤炭冶炼最终成为可能。

动力源的转换使煤与铁成功地结合,在英国经济史上有着无可比拟的地位。人们都知道产业革命,然而也许并不知道这一动力源的循环结构:通过蒸汽机,以少量的煤炭作为动力源,开采大量的煤炭,再用开采的煤炭冶炼铁,然后用铁制造蒸汽机。这一循环结构演绎了地球生命循环中的资源循环,以及人们对地球生命的呵护。其现实的意义在于,英国日益枯竭的森林资源得以有效遏制。

煤炭炼成焦炭,在这过程中发明了煤气。煤气的发现,进一步推动了蒸汽机的研究,从而迎来了内燃机车的新时代。19 世纪中期,德国工程师奥德制成第一台内燃机。20 世纪初,戴姆勒汽车公司(即后来的戴姆勒奔驰公司)完成了石油内燃机装置。石油燃烧时,气体是向大气排放的,正是这一“优点”,又使飞机的发明成为现实。莱特(Wright)兄弟设想在汽车的两翼插上翅膀,通过螺旋桨旋转飞上天空。这就是最早的飞机。

然而,20 世纪文明似乎是在石油的海洋上筑起的楼阁。第一,以煤炭、石油为动力源的扩大再生产,致使煤炭和石油的储藏量逐年减少,地球的生命资源逐渐被耗尽。第二,石油需求量剧增,而石油燃烧产生的大量的二氧化碳使地球逐渐变暖。地球变暖引起全球气候异常变动、热带森林面积缩小、沙漠化加剧、海平面上升、洪水泛滥等。

地球变暖与人类活动所排放的"废热·废物"有关。一百多年以前,德国科学家克劳修斯已经预料到这一发展趋势。今天,石油的扩大生产已经成为可能。原油大量地被精制,如汽油、轻油、重油、柏油等。另外,粗汽油(石油化学工业的原料,城市煤气、合成煤气等原料)可以制成各种树脂产品,于是塑料制品被广泛运用。可是,石油燃烧,致使石油中的一些添加物如贵金属等的不纯物污染了大气,最终引发酸雨。塑料制品是耐久性很强的物质,具有难以分解的特性。当一般的有机物还原于土壤之中时马上会分解,而塑料制品却不能。如果燃烧了,它会挥发出恶臭,引起更严重的污染。一种氧化的维尼龙在燃烧时随着温度升高,会转化成一种剧毒的二噁英。汽油中的铅和硫造成大气严重污染,尤其是硫。现在,随着铅从大多数国家使用的汽油中消失,一场防止硫对空气污染的行动正在全球拉开序幕。

二、"废热·废物"增大法则

"废热·废物"这一概念产生于燃料、动力的历史演进过程中,是德国科学家克劳修斯在总结法国政治家、数学家卡诺(Carnot)对蒸汽机热效率研究的基础上于1865年提出的。

"废热·废物"的原意来自希腊语中的"方向的逆转"。"废热·废物"是什么?一言以蔽之,"废热·废物"作为热力学的第二定律,是热能所具有的基本性质,随着热能的移动而移动。

"废热·废物"增大法则是什么?一个基本点是:能量与物质的扩散与劣化,一旦所有的材料资源成为废物,那么所有的热量资源便成为废热。所以,"废热·废物"的增大就是"热与物质扩散程度的指标"。克劳修斯指出:"世界的能量是有限度的","世界的废热·废物向最大值方向演进"①。

热能单位用卡路里(Kalore)表示,"废热·废物"如何计算?我们用温度计上的一种绝对温度的刻度加以说明(日常生活中,几乎不使用绝对温度)。一般家庭用温度计的摄氏刻度是℃,如果加上273摄氏度,就成为绝对温度。绝对温度用省略符号"K"表示。水开始结冰的温度是0摄氏度,用绝对温度表示,就是273 K。如果你的体温是37摄氏度,那么绝对温度上的刻度是310 K。当我们计算"废热·废物"的时候,是以人体向周围寒冷空气释放1000 Kalorie热量为前提的。

知道了这一点,"废热·废物"的表示就简单了。用热量(卡路里)除以热的绝对温度(K)得出的商就是"废热·废物"的大小。在中国,"废热,废物"被称做"熵"。

"废热·废物"的单位值用"Kalore ÷ K"的形式表示。如果你的体温是37摄氏度,那么绝对温度是310K。如果你运动出汗,1000 Kalore的热量向空气释放,那么你身体中大约有3.2 Kalorie/K的废物排出。在冬季,气温是0摄氏度,绝对温度是273摄氏度。如果你运动而向空气释放1000 Kalore,那么同时排出的废热是1000 ÷ 273 = 3.7 Kalorie/K。

在这里,我们以一个人与周围大气所构成的体系研究"废热·废物"。体系是指内部诸要素之间所具有的相互关系的一种结果的程度,有时也可以把它称做"系"。一个人释放3.2 Kalore/K的废热,大气吸收的废热是3.7 Kalore/K。我们知道,失去的用"负"表示,得到的用"正"表示,于是就有负的3.2 Kalorie/K和正的3.7 Kalorie/K,从一个体系看,纯增0.5 Kalorie/K。

克劳修斯及同时代的科学家明确提出,热能的"热"是从温度高的物体向温度低的物体流动,而且它是单向流动的。也就是说,热不会从温度低的物体向温度高的物体流动。我们把这一法则运用于人与大气的体系中。以上列举纯增0.5 Kalorie/K的"废热·废物",其计算方法是以人体向周围寒冷空气释放1000 Kalorie热量为前提的。然而,当寒冷的空气向

① 〔日〕室田武:『君はエントロピーをみたか』,朝日文庫1991年,第40頁。

你温暖的躯体传递其寒温时，体系中的“废热·废物”不会增加，而是减少0.5 Kalorie/K。这就是“热力学第二法则”。

可以想象，作为体系的“废热·废物”是不可能减少的，如果说有变化，那么这一变化是朝着“废热·废物”增大的方向变化的。正是在这一意义上，“热力学第二法则”可以称为“废热·废物”增大法则。这一法则不仅适用于人与大气的体系，整个宇宙空间都在其下运动。

“废热·废物”增大法则认为，全球系统内大规模的生态和气候变化都与“废热·废物”的增大方向是一致的。如果没有一个处理废物与废热的场所，那么地球将被“废热·废物”覆盖，变成一个死亡的世界。

我们阐述“废热·废物”的重要意义，是因为生命（人类和生物）在其生存、生长的过程中，同样也是“废热·废物”增大的过程。如果没有“废热·废物”的增大，人类和生物也就无法生存。然而，我们必须考虑的是，地球上所能容纳急剧增大的“废热·废物”的场所是有限的。也就是说，现在社会已经不是一个物和服务不足的社会，而是一个“废热·废物”丢弃场所不足的社会。从这个意义上说，人类的生产活动是有边界的。当作为社会基础的自然条件发生变化的时候，我们应该构筑怎样的制度去适应这一变化？这是今天人类社会面临的最大问题。

三、水与土——“废热·废物”的出口

从地球的生态系统来说，“废热·废物”是一个进口，而水与土是地球排斥“废热·废物”的出口。

（一）水与地球生存的复杂系统

水是地球上生命活动的象征，它是地球具有更新性的关键所在。雪融化后，汇集成河流。地球以光和热的形式接受来自太阳的巨大热量，根据“废热·废物”增大法则，太阳热量逐渐劣化，从而成为废热。可是，地球是水的行星，劣化的废热可以从地球排向广阔的宇宙空间。这靠的是水循环。

例如，太阳光照射到地球表面，由此引起海水、河水、湖水的蒸发，从而变成水蒸气。水蒸气比周围空气的比重轻，当它上升到一定高度的时候，与低温的大气融合，产生急剧膨胀，这被称做“断热膨胀”。此时，水蒸气体积也随之膨胀，但它发生的是“断热冷却”现象。正是由于这一“断热冷却”，致使在地球表面吸收的废热以长波长辐射的形式向地球外面释放。向大气层外释放废热的水蒸气变成细的冰粒，集聚而成为云，接着又变成雨和雪降落到地球上的海洋、河流、湖泊，以及我们生存的大地和家园。46亿年的地球史，一个开放、稳定的地球系统，发挥了巨大的功能的水循环，这就是地球生存的奥秘。

日本物理学家槌田认为，水具有排除“废热·废物”的能力。所以，生物可以把体内增大的“废热·废物”向体外排放，这是生物体生存的唯一条件。例如，人体有一半以上是水，而水具有排除“废热·废物”的能力，人自然能够生存下来。地球通过水的循环和对流，才可能具有排除“废热·废物”的能力。地球的生存也遵循了生物体的这一规律。如果把这种生物系统称做“生存系统”，那么从广义上可以说，地球也是“生存的复杂系统”。这就是地球与其他星球的根本区别。更重要的意义在于，以水为中心的循环与人类生活的联结靠的是土。

（二）土——地球与人类的联结

通过植物、动物、土壤之间的作用产生的物质，以及光和热的代谢关系，一般被称为“生态系统”(Ecosystem)。食用植物的动物、食用动物的动物以及食用所有动植物的人类，其生存的原理是相同的。所有动物的排泄物、动物死后的遗骸以及枯萎的植物等都回归于土。土是各种微生物细菌集合体的总称。微生物分解动植物排泄的有机废物，通过一种非常原始、简单、自然的方法分解无机物和废热。正是依靠这一分解作用而获得的无机物，作为培育植物的养分又一次被利用。如茶树等植物，在它的叶子被分解成无机物以前，茶叶中所含有的一种氨基酸是作为有机物被吸收的。另一方面，废热可以被周围的水吸收，吸收了废热的水在某种场合下变成水蒸气，水蒸气上升变成雨。土壤有极强的渗透性，降水经过土地的蓄存，在其吸纳的过程中，经过沉淀、去污、净化渗入地下蓄水层以补充水源。也就是说，经过土壤渗入蓄水层的水可以成为浅层地下水系统的一部分，进入水循环的过程之中。如果没有土，那么不过是水的蒸发、降雨的循环而已，而作为微生物集合体的土与作为有机物分解者的土壤的存在，才是生物生存的条件。可以说，人类生存的条件是由土保障的。水和土是打开地球封闭的渠道，雨水是“废热 · 废物”的搬运者。

例如，云南的元阳梯田被称做“最壮美的湿地”，稻、鱼、鸭共成一体，稻田的生态与粮食安全构成了地球生态的生物链。一块梯田犹如一个池塘，千千万万个小池塘组合成了一个巨大的水域，使原本光秃秃的山地成为绿色的生态环境，有效地防止了水土流失。元阳的地貌特征是山高谷深，河坝峡谷因水分蒸发量大而干热，高山因云雾多而阴湿，当河谷中大量的水蒸气随着热气团层层上升，到达高山后，因受到冷空气而形成浓雾和雨水，雨水降落，归于河流，河流蒸发，再形成雨水，就这样周而复始，循环往复。湿地的水和土打开了地球封闭的渠道。

地球是一个开放、稳定的系统，水和土的生态系统也是一个开放、稳定的系统，而人类、动物和植物也有各成体系的开放、稳定的系统。社会整体作为一个有机体，实际上是一个生态的构成体。从自然生态的角度看，一种物质回归水、土，通过分解作用和循环作用，在短时期内是可以分解、处理的。可是，今天，这一处理能力越来越低下。现代工业化社会在其形成和发展过程中，难以回归水、土的东西越来越多。塑料制品中的二噁英、联苯等成分在土中是难以分解的。另外，原子能发电所产生的放射性物质等，即使把它埋入土中，也仍然在释放射线。水、土的一个巨大正数已经难以抵冲工业生态功能的负数。可以说，水、土难以处理的东西，是人类社会根据自己的意志制造出来的。从这个意义上可以说，地球排放“废热 · 废物”的出口被人类自己封死了。

四、农业与工业：“废热 · 废物”的出口与进口

“废热 · 废物”增大法则是人类经济活动无法避免的规律，有的经济

学家已经开始注意这一基本事实。在经济学界,尼古拉斯·乔治斯库(Nicholas Georgescu)是第一个直面"废热·废物"问题的经济学家。他生于罗马尼亚,在巴黎和伦敦学习统计学,然后去了美国。在美国,他是一个相当活跃的数理经济学家,是近代经济学的巨匠之一。

乔治斯库是从农业问题的视角关注"废热·废物"问题的。移居美国的他曾经在1950年回到罗马尼亚。当时的罗马尼亚基本上是一个农业国,而乔治斯库研究的是以工业为中心的经济学。然而,他考虑的是:以工业为中心构筑的经济学是否适合于农业问题?结论是:贯穿于农业的理论与支配工业的理论是不一样的。乔治斯库有关农业经济的论文发表于1960年,以"废热·废物"论为框架,构筑了新的经济理论结构。

乔治斯库理论的要点之一是分析了农业经济理论与工业经济理论的区别。农业也好,工业也好,从表面上看,都是人类的经济活动。然而,工业生产与农业生产却有着本质的区别。农业活动自身具有一定的周期,并且是一种非连续的更新;而工业活动是一种连续的、不休息的生产活动,它没有解决"废热·废物"问题的结构体系。乔治斯库的研究是以罗马尼亚为样本的,但揭示的问题却具有普遍意义。

在农业生产过程中,"废热·废物"增大法则不可避免。然而,农业活动是一种更新的活动,水稻春天插秧,夏天除草,秋天收获。收获的稻米大部分用于食用,留下一部分作为种子,来年春天育为秧苗再次耕种。可是,工业活动基本上是大量消耗、吞噬地下资源的过程。例如,煤炭自身的埋藏量是一定的,随着人们的开采而逐年减少。煤炭开采是一个"坐吃山空"的过程。尤其是在煤炭燃烧的时候,它变成了"废热·废物"。所以,在地下埋藏的煤炭资源一经开采,便既是一个"废热·废物"的转换过程,又是一个不断耗尽资源的过程。工业活动就是建立在这一基础之上的。由此可见,农业与工业,一种非连续的更新与连续的消耗,从"废热·废物"的观点看,完全是两种性质不同的活动。

人类的生产活动既是财富的增长过程,也是"废热·废物"的增长过程。地球上的人类之所以能够生存,是因为地球并不是一个完全封闭的系统,它有一个排放"废热·废物"的系统。但是,这一功能的实现必须具备两个条件,那就是水和土。

五、文明社会的"废热·废物"

动力源由风、木向煤炭、石油转换,增大的废热在地球扩散,最终导致气候变化,而这一变化在以风作为动力源的时代是难以想象的。煤炭、石油在人类社会的发展过程中,在人类生产活动与能源的关联中表现出一种独特的姿态,但却是一种让人类难以接受的姿态。

今天各国的发展战略是以增强工业部门、服务部门,即第二产业、第三产业为目的的。从世界范围看,不管是资本主义国家还是社会主义国家,似乎都在实施这一政策。然而,石油、二氧化硫、"废热·废物"增大、生态环境恶化,"大量生产、大量消费"型的发展模式是否会给人们带来真正的幸福?这一重大的社会问题被经济学家忽略了。各国企业污染呈不断上升趋势,而且污染范围不断在扩张,趋势不断在加剧。

(一)放射能污染

20 世纪 50 年代,英国改变了自 15 世纪以来一自以煤炭为能源的局面。在此后的四十多年,英国的环境问题主要伴随着石油消费量的增加而增加。应对大气污染,最先考虑的是改换燃料,而替代燃料总是优先考虑原子能。但是,这些替代燃料不断发生事故,从而造成新的危害。其中,以英国塞拉菲尔德核燃料再处理厂的污染问题最为典型。英国于 60 年代解决了大气污染问题,70 年代解决了水污染问题,80 年代却发生了核燃料废弃物问题。虽然是按照国际公约,而且是在特定的区域范围内进行处理,但仍然有大量的带有放射性物质的废水流入爱尔兰河。

日本是全球拥有核电站最多的 5 个国家之一。由于资源自给率低,发展核能成了日本的"基本国策"。2011 年 3 月 11 日,日本本州岛海域发生里氏 9.0 级地震并引发海啸。3 月 12 日下午,福岛核电站 1 号机组发生爆炸。3 月 14 日上午,3 号机组再次发生爆炸。25 年前切尔诺贝利的烟云尚未消散,而日本福岛核电站爆炸又一次袭击了世界。

原子能所产生的放射性公害不仅仅产生于爆炸事故,在运输、储藏、废弃的过程中照样产生危害。原子能产业与军事有关,为了保持军事企业的高度机密,企业不会公开生产过程中使用有害物质的状况。即使发生事故,外部人员也不能干预。所以,官方始终以安全告知,公众一片茫然。

核电站或核燃料所产生的放射性污染问题有可能发展成世界性的环境问题。即使是没有核设施的国家,因核国家在处理方法上的不当,随大气和海洋流动,也会受到放射性污染。日本东京电力的核污染已经波及太平洋沿岸国家。如果遭受核污染,人的平均寿命会缩短一半。

近三十多年来,一个非常严重的问题是原子能发电站在正常运转的情况下所释放的一定程度的放射性污染。原子能发电站的排气塔一直在排放一种气体状的放射性物质——氪。另外,原子能发电站的冷却水,也就是废热的黏合剂,通过温排水的方式向大海排放,将使海水温度上升 7 度左右。问题还不仅仅在此,因为在洗涤排水的过程中,依附在配管中的放射物质和合成洗涤剂等有毒物质将会转换成一种使生物丧命的氯。氯的积聚是相当危险的,它将给海洋和大气造成难以弥补的危害。

(二)热污染

热污染造成气候异常,原子能发电是其中一种。石油、煤炭、天然气等物质燃烧过程中,热污染随之扩散。以前,由于使用量较少,热污染问题并不严重。近年来,石化燃料使用剧增,伴随而来的是,废热通过水循环向大气层排放的废热量已经超过一定限度,因石油燃烧产生的大量的二氧化碳使地球逐渐变暖。地球变暖引起全球气候异常变动、热带森林面积缩小、沙漠化加剧、海平面上升、洪水泛滥等。

美国大气研究中心(NCAR)和日本电力中央研究所合作,对大气中的二氧化碳浓度进行了共同研究。研究表明,1990 年以后,大气中的二氧化碳浓度每年以 1% 的速度增加。研究人员把地表、植物分布和土壤含有的水分输入一种电脑气候变动模型装置。结果显示,大气中的二氧化碳浓度比以前增加 2 倍。科学家指出,如果大气中的二氧化碳浓度持续以这样的速度递增,在东亚北纬 45 度以北,海上的气温将显著上升。尤其是靠近北极堪察加半岛的白令海峡，在 1 月至 2 月，气温将上升 10 摄氏度。如果大气中的二氧化碳浓度每年以 1% 的速度增加，预计到 2060 年，全球平均温度将上升 1.5 摄氏度，堪察加半岛一带估计上升 6 摄氏度以上。气温上升，引起冰层融化，从而使全球海平面上升约 30 厘米。

地球温暖化给北极周围的生态造成极大的破坏。一旦温度上升 10 摄氏度，北极周围的海面冰层将融化，而海面冰层的融化将会阻断海与大气之间的热量交换。另一方面，因地球变暖引起的海平面上升将导致洪水泛滥，而水灾又会导致粮食价格上涨。如果这一灾害是全球性的，则将会发生世界性经济恐慌。

地球温暖化是由人类的经济活动造成的。它并不是现在特有的现象。20 世纪 80 年代以前的气候变动，可以用自然变动加以说明。可是，不得不承认的是，80 年代以后，全球性的气温上升是温室气体增加所致。就连电脑气候变动模型的研究结果也无法得出地球变暖是出于自然变动的原因。从物理现象分析，地球温度在 100 年上升了 3 摄氏度。这种温度上升现象在人类尚未来到地球以前是不可能出现的。可以说，人类活动导致地球温暖化的可能性极高。现在，因人类活动排出的二氧化碳，每年约为 7P，其中约 2P 被海吸收，2P 被陆地的植物吸收，而约 3P 的二氧化碳残留在大气中，从而引起大气中的二氧化碳浓度增加。

2001 年，有关气候变动的政府间组织（IPCC）的第三次报告书断定："人类活动排放的温室气体是地球变暖的主要原因。"[①]产业革命以来约 200 年，二战以来约 60 年，大气中的二氧化碳浓度从 280 ppm 增加到 370 ppm。也就是说，人类的开发活动致使二氧化碳浓度增加了近 100 ppm。从自然的角度看，这一增加是一种"急激"的变化。

可以说，IPCC 的统计多少有点极端，它实际上关注的是中国和印度的动向。一个国家是不可能以牺牲本国的经济发展为代价的。可是，如何步入一个良性循环的发展道路？这是经济学家、政治学家和社会科学工作者共同面对的课题。可是，中国的发展模式并没有多少改变。2004 年 6 月

① 住明正：《气候大变动：地球温暖化之原因》，载《世界》2004 年第 10 期。

30日,国务院常务委员会讨论并原则通过了《能源中长期发展规划纲要(2004—2020)》草案,确定了"以煤炭为主体、电力为中心、油气和新能源全面发展的战略"。问题是:动力源增长的环境容量是否能为子孙后代开辟和保留生存以及可供持续发展的自由空间?从1990年到2001年,中国的石油消费量增长100%,天然气增长92%,铜增长189%。但是,中国的石油储藏总量仅占世界总储量的1.8%,天然气占0.7%,铜矿不足5%。中国的单位产值耗能比世界平均水平高2.4倍,而生产总值氮氧化物排放量却是美国的61倍、日本的68.7倍。[①] 中国人多、资源少、消耗多、产出少,拿到手的每一笔收入都要消耗比别人更多的自然资源,同时造成更大的环境污染。例如,中国发电厂一般使用煤炭做燃料。可是,大量的煤尘和硫化物排入了大气,能源消耗引发生态恶化。有充分的证据说明,沙尘暴、北方缺水是由工业污染所引起的,而导致北方生态退化的第一大"隐形杀手"正是燃煤火力发电。一家电厂一天就污染上千立方公里的大气,污染的范围达到数万平方公里!长年累月排放的二氧化硫直接通过植物的叶面被吸收,很短的时间内就可以引起植被大面积的枯死。

(三)海洋污染

造成海洋污染的主要是石油污染,而今天又增加了核污染。日本的核污染已经影响到太平洋沿海国家,而离核事故最近的国家是韩国与中国。

两伊战争时期,伊拉克军队攻击伊朗的海底输油管道,海湾的1/3水面被原油覆盖。除了战争,海洋污染事件频频发生主要是来自石油运输船的污染。例如,石油从中东国家运抵日本,原油卸船后,石油桶清洗的水就流入大海。此外,还有不法投弃。一旦事故发生,重油原油漂浮在海面上,会导致海岸污染,鱼类和水生物死亡。近几年,海底油田开发相当红火,事故发生的频度也随之增高。海底油田一旦发生事故,石油管道中的石油全部流出,事故解决的难度之大、成本之高超出想象。如日本东海油田事故、墨西哥海湾油田事故等,解决时间长达半年到一年,同时还要聘请全世界

① 转引自谭露:《企业都该算算环保账》,载《环球时报》2004年7月28日第23版。

最优秀的潜水员。总的来说,海底喷油给海洋生态系统带来灭顶之灾,作为连锁反应,水循环减慢,由此而来的是世界范围的地域气候的异常。

2011 年 6 月初,美国康菲公司与中海油合作开发的中国近海最大油气作业项目蓬莱 19-3 油田发生了严重漏油事故。石油泄漏不仅给海域的水质与生态造成了极大的破坏,而且直接侵害了沿岸渔民与养殖户的经济利益。乐亭县扇贝水产养殖协会和其他几名养殖户代表向天津海事法院起诉康菲石油中国有限公司,索赔 3.3 亿元。然而,法院认为,起诉方提供的证据不足以证明康菲公司与乐亭养殖户存在损害与被损害关系,因此驳回了他们的上诉。当前中国的法规体系对于蓬莱 19-3 石油泄漏这样大规模的生态事故几乎是束手无策。在《海洋环境保护法》中,大部分条款所规定的处罚金额都不会超过 20 万元,这样的数字摆在如今的事故面前显得严重滞后。更重要的问题是,政府相关部门对那些身为纳税大户的大型企业几乎很少监管。可以说,监管基本不到位。在中国,政府基本没有真正支持过任何一项针对大型公司的民事诉讼。

(四) 臭氧层的破坏

氟利昂(Freon)破坏臭氧层,致使臭氧层出现空洞,这已经是众所周知的事实了。臭氧层阻挡了太阳的紫外线,致使到达地球表面的太阳光中的紫外线强度大为减轻。如果地球周围大气层上部接受的太阳紫外线全部倾注到地球上,那么所有陆地上的生物将无法生存。

早在 20 世纪 70 年代,少数研究者已经预测到氟利昂对大气臭氧层的破坏,但当时没有确切的数据可以证明。对这一预测的现实研究是从 80 年代开始的。1982 年秋,日本的南极观测队员、气象厅研究人员忠沐繁在昭和基地上观测到了臭氧层的异常变化。当时,他还不明白南极上空这一变化产生的原因。1985 年春,在希腊召开的国际臭氧层学会上,他对这一现象作了报告。英国哈雷湾基地也观测到了同样的现象。英国科学家们认为,这可能来自氟利昂对大气臭氧层的破坏。这一推论在忠沐繁作报告后五个月发表。英国科学家的论文让美国宇航局(NASA)大吃一惊。于是,美国根据人造卫星观测到的数据,开始了实质性的研究。美国学者对各种研究原因进行了比较,例如"火山喷发说"、"化学说"等。最终的研究结果在1987年形成,基本一致的意见认为,氟利昂是臭氧层遭破坏的主要原因。科学家们采纳了化学说这一观点。可以说,对于大气臭氧层遭破坏,全世界的科学家们达成了共识。

对于大气臭氧层遭破坏的原因,科学家们有多种见解。但是,大多数人认为,人类过多地使用氯氟烃(CFCs)类化学物质是破坏臭氧层的主要原因。CFCs是一种人造化学物质,1930年由美国的杜邦公司投入生产。二战后,尤其是进入60年代以后,CFCs开始被大量使用,主要用做气溶胶、制冷剂、发泡剂、化工溶剂等。人为消耗臭氧层的物质主要是广泛用于冰箱和空调制冷、泡沫塑料发泡、电子器件清洗的CFCs与用于特殊场合灭火的溴氟烷烃(Halons,哈龙)等化学物质。在中国,与高速增长的房地产业一并发展的是家电产业,冰箱和空调大量生产,CFCs也按同一比率增长。

《蒙特利尔议定书》是全球第一个明确定量淘汰CFCs的国际环境条约。按照议定书的规定,发达国家应比发展中国家提前10年淘汰消耗臭氧层物质,并为发展中国家提供资金和技术转让,帮助发展中国家淘汰消耗臭氧层物质。

中国是目前世界上含氢氯氟烃类物质最大的生产国、消费国和出口国,近几年更呈现快速增长的趋势。2007年,中国生产含氢氯氟烃类物质41万吨,约占全球产量的66%,占发展中国家产量的88%。中国消费含氢氯氟烃类物质26万吨,约占全球消费量的42%,占发展中国家消费量的56%。[①]

从2010年开始,中国开始履行《蒙特利尔议定书》。从当年6月1日起,中国自己的《消耗臭氧层物质管理条例》正式施行。该条例的颁布实施,将加速淘汰含氢氯氟烃类物质,主要影响到化工生产企业、空调企业、泡沫企业、溶剂使用企业、制冷设备制造企业、建筑行业等,计划于2013年

---

① 参见潘晓娟:《保护臭氧层,中国一步一个脚印》,载《中国经济导报》2010年5月29日B06版。

将含氢氯氟烃类物质生产和消费冻结在基准线水平。

（五）产业废弃物公害

今天的经济发展模式似乎在构筑一个大量废弃与环境破坏型的经济结构。近代经济学家所考虑的是如何创造出有效需求，这种经济方式以大量生产、大量消费为目标。毋庸置疑，凯思斯主义扩张的财政政策起了巨大的推动作用。问题是：经济活动本来的目的是什么？扩张的经济发展模式是否能给人类的生活带来无限光明的前景？回答是否定的。我们以横轴、纵轴的坐标体系加以分析，以横轴表示原料到产品的制作过程，以纵轴表示生产活动中产生"废热·废物"的过程，从而构成一个完整的经济活动体系。（见图 10-2）

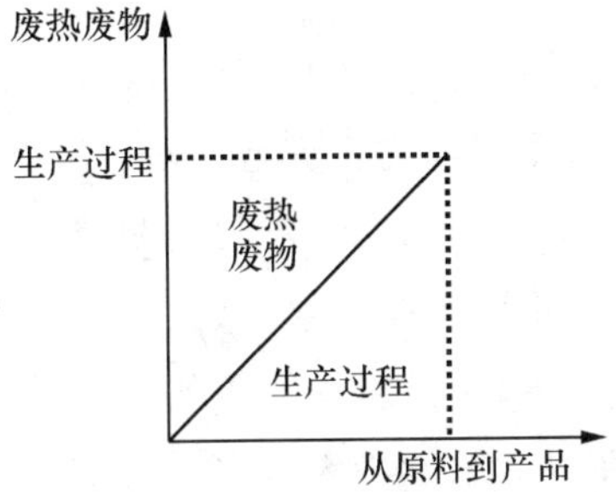

图 10-2　经济活动体系中的"废热·废物"

20 世纪 60 年代是重化工业发展的鼎盛时期，原材料供应型产业支持了重化工业的发展。问题是，原材料供应型产业大量使用能源、土地和水，同时大量产生"废热·废物"。尤其是不同产业之间在同一地域相互供给原料和燃料，从而形成了联合企业。结果，在同一区域内建立了大型工厂和工业区。工业区排放的大量废弃物改变了地域本来的自然环境。尤其是一些被填埋在地下的废弃物，给地域环境造成了长期性危害。

20 世纪 70 年代以来，世界各国对产业废弃物公害采取了具体对策。美国于 1965 年制定了《固体废弃物处理法》，1969 年制定了《国家环境政策法》，1976 年把《固体废弃物处理法》更名为《资源保护与恢复法》，1990 年制定并通过了《污染预防法》。通过一系列环境保护法规的制定，美国逐渐完善了固体废弃物的各种管理规定。

20世纪80年代以来,美国联邦政府和各州政府还制定、实施了废物管理、资源再生的一系列政策法规。例如,美国加州政府在1989年制定并实施了《综合废弃物管理法令》,规定玻璃容器必须使用15%—65%的再生材料,塑料垃圾袋必须使用30%的再生材料。美国七个以上的州政府规定新闻纸的40%—50%必须使用废纸制成的再生材料。在威斯康新州,塑料容器必须使用10%—25%的再生材料。

可是,当时的卡特政府为了降低高失业率和财政危机,开始放宽联邦环境厅的行政措施。里根政府也于1981年设立了"缓和规制总统特别委员会"。从那以后,所有的管制政策都必须依据行政管理局所作的费用利益分析。这一政策使企业获得最大利益。1984年,美国修订了《资源保护再生法》,限制400多种毒性物质的排放。可是,截至2004年,美国仍有27万个有害废弃物发生源,每年排放3500万吨的有害废弃物。[①] 据联邦环境厅调查,美国有3.2万多个废弃物投弃地。对于这么多投弃地所带来的环境污染及对人造成的伤害,美国在80年代初期就支付了16亿美元。这些费用的88%来自排放废弃物的产业界,其余由中央政府和地方政府财政负担。[②]

废物管理的科技研发和前期投入很多。对企业来说,经营往往是不赢利或者是微利的。所以,政府在废物管理的科技研发方面起了相当大的作用。例如,美国的《固体废弃物处理法》对联邦财政资助、贷款以及支持资源再生利用有具体要求和规定。在污染防治方面,2002年,《美国国内产业自律型的能源消耗说明书》出台,以此限制国内的污染问题。需要引起重视的是,美国从能耗、环保、税收等方面对高耗能项目进行限制,迫使跨国公司将此类产品向发展中国家转移,这些项目大量消耗当地资源,其产品市场在国外,而污染却留在了当地。

在中国,1/3以上的城市深陷"垃圾围城"困境。据国家环保总局的数字,中国固体废物的环境污染中,最大的还是工业废物。目前,生活垃圾年

---

① 参见〔日〕宫本宪一:《环境经济学》,朴玉译,三联书店2004年版,第25—26页。
② 同上。

产量约为1.2亿吨,而工业固体废物为8亿吨,其中化学品等危险废物近1000万吨。由于缺乏有效处理,历年的垃圾存量已超过60亿吨。在608个城市中(县城除外),有2/3的城市处在垃圾包围中,1/4的城市已经没有垃圾填埋场所。

“垃圾围城”的出路在哪儿?垃圾焚烧发电似乎是一种“有效”方法。深圳、上海浦东、宁波枫林、温州东庄等多座垃圾电厂已经在中国建成运营;北京、广州、杭州、天津等十余座大城市的垃圾电厂建设也相继开工,几十个中小城市的垃圾电厂处于拟建或项目前期运作阶段,另有越来越多的城市将垃圾电厂纳入议事日程,垃圾发电的相关产业成为新的投资热点。

然而,在发达国家,垃圾发电已经是“夕阳产业”。美国在1985年取消了约137座垃圾焚烧炉的兴建计划;加拿大安大略省在1992年通过了焚烧炉使用的禁令;德国、荷兰、比利时等欧洲国家也相继颁布了“焚烧炉禁建令”;日本在1998年关闭了2000多座工业废物焚化炉,到2000年7月已有4600座垃圾焚烧设施被停止使用。各国政府纷纷立法关闭垃圾焚烧设施的直接原因是:在垃圾的焚烧过程中,会产生大量的有毒物质,其中有被国际组织列为人类一级致癌物的二噁英。

由此可见,垃圾处理的方向实际是很清楚的。西方国家首先提出了废物处理的“4R”理念:Reduce(源头减量)、Reuse(重复使用)、Recycle(循环再生)以及Recover(回收利用),并由此引发了发达国家在工业设计、产品生产与消费等领域的一系列革命。

综上所述,在燃料、动力的历史演进过程中,我们看到了“发展”——在“经济人”的利益驱动下,对人类生存环境造成了不可逆转的影响。如果把人类发展融入复杂性科学的框架内,用“废热·废物”增大法则解释动力源危机,我们会看到:从风力到石油,在人类生产活动与能源的关联中表现出一种让人类难以接受的姿态——“废热·废物”、水、土之间的平衡逐渐被打破,水土流失、土地沙漠化、水资源匮乏……而这一系列状况又与不断反复的干旱、洪涝形成恶性循环。现代工业文明造就了一个环境破坏型的经济结构,从“经济人”到“社会经济人”,公司行为必须有革命性转型。

第十一章　变化中的公司与社会

——公司与利益相关者

从20世纪末到21世纪初，以美国为代表的资本主义企业进入了历史性的转型期，公司治理模式——股份公司的所有制结构发生了巨大变化，股东与公司经营者的关系也进入了结构性的转型期。

公司治理结构变革，围绕公司治理的论战悄然而至：一个以人和地球为基础的市场经济体系，企业如何实现社会经济的可持续发展？经营管理阶层是忠诚于公司的价值利益还是忠诚于相互信赖的客户利益？

本章以德国公司治理为经验，利益相关者理论为框架，在全球化进程中分析公司、社会与利益相关者的关系，并在此基础上，探讨中国公司治理与利益相关者的关系。

一、公司治理结构变化

有关企业与市场的关系，对西欧资本主义市场以及市场组织的合理性进行系统分析的是马克斯·韦伯，他在《宗教的伦理与资本主义》一书中指出，企业与市场之间需要一种"形式的合理性"，所有的行动都是建立在这一基础上，并在此基础上推进市场的形成、发展。

（一）公司新管理者阶层的兴起

在一个形式合理的市场，企业与市场之间形成的"形式的合理性"是一个循环往复的过程。为了在市场形成竞争优势，企业会不断地扩大其规模，随着企业规模化速度的加速，部门与业务的急剧增加，企业组织进入复杂的组合之中。为了提高企业效率,在企业部门之间以及业务之间,需要一种新的调整体系,承担这管理调整机能的是具有专业知识的中层、高层管理者阶层。这就是企业内部新的管理者阶层——官僚制阶层。

由中层管理者阶层与高层管理者阶层共同撑起的官僚制阶层,这些“官僚”与公司“物”的所有权是分离的,具有工薪阶层的特征。于是,规模化的公司可以通过专业知识进行管理,从而维持公司在其形式上的合理性。当公司达到这一阶段的时候,实际上已经形成了“经营者控制”的管理模式。

一个健全的公司制企业是以制度化的结构为依托的。从组织理论来看,大规模的组织必然形成官僚组织,在官僚组织结构下,公司董事长与其他董事之间规定了不同的控制力与从属关系。需要注意的是,尽管是同质的经营者集团,但是,公司的最高层与其他管理层之间,从理论上或者从实际上来看,他们所承担的责任与职能有本质的差异。我们所见到的大多数企业,公司高层虽然是从同质的工薪阶层中提拔上来,然而,新的职能与以前所承担的义务,从机能上看,发生了决定性的变化,这是一种承担责任方式的变化,被称做“责任的种类”①。履行这一责任的是“管理者伦理”层面,只有具备了责任与伦理的公司高层才可以说具备了“领导的精神”。

(二)从“管理者资本主义”到“投资者资本主义”

在美国,股份所有的分散与公司专业管理阶层的兴起,作为股份所有者的股东与企业的关系也进入了结构性的转型期。随着股份所有权的分散、资本与经营分开、企业管理层兴起、经营者企业出现,经营者企业控制了美国经济。这种以工薪管理层控制大企业的战略决策模式被称做“管理者资本主义”(Managerial Capitalism)②。

与此同时,这期间的资本市场也发生了实质性变化,持股比例从个人向商业银行信托部、养老金基金、投资公司、生命保险、非营利团体等机构

---

① 〔日〕青木一能:『全球型社会危机』,芦书房 2005 年,第 84 頁。
② 参见〔日〕夏目启二:『変貌するアメリカ企業と社会』,文理閣 2006 年,第 78 頁。

投资家转换,从而导致股份持有主体结构发生变化。90年代以来的证券市场,从个人股份向机构投资家转换的股份比例开始逆转,由此带来了股份公司决策方式的重大转机,以前分散的个人持股向股份集中的机构投资家、大股东转换,从而形成了机构投资家与大股东的合作关系,这又被称为投资者资本主义(Investor Capitalism)①。

20世纪80年代后期,投资者资本主义已经成为美国资本主义发展趋势。国际竞争力不断下降的大企业通过企业收购、合并重新提升竞争力。然而,对于企业收购,尤其是对竞争对手的企业进行收购,如股票公开收购(take-over bid)、控股权收购(leveraged buyout)等是通过大量的借款进行的。对此,反对公司收购的公司经营者与机构投资家之间展开了一场攻防战。州政府在收购过程中加入了一些条款,致使公司增加收购成本,如通过股票分红的方式发行转换优先股,从而增加企业收购成本。这是一种防止企业收购的策略。于是,围绕公司收购,机构投资家与公司管理层之间进行了一场围绕公司治理的论战,论战的主题是:“公司是属于谁的?”这场论战的主要利益相关者仅涉及股东、机构投资家以及公司经营者,这是一种狭义的利益相关者。

进入90年代以后,股票公开收购和控股权收购的势头开始转弱,机构投资家与企业管理层之间进入了密切合作时期,在合作的基础上,共同参与企业决策过程。在这种情况下,作为大股东的机构投资家强化了对企业管理层的发言权,而公司理念更加重视股东价值的最大化。为了使公司管理层致力于股东价值的最大化,机构投资者赋予企业管理者股份购买权。90年代后期,IT产业的一些大企业把股东利益的最大化作为经营目标,以股价涨幅作为企业价值的评价标准,以“公司发行的股票数×股价=股份的时价总额”的公式评价上市公司业绩。在这种评价体系下,为了维持股价,公司不惜采用伪造财务报表等手段。IT泡沫崩溃以后,类似“安然”这种公司因做假账而相继进入经营困境或破产。

公司治理结构变化,一个问题随之而来,那就是:公司是谁的?公司与

① 〔日〕夏目启二:『変貌するアメリカ企業と社会』,文理閣2006年,第78頁。

社会应该维持怎样的一种关系？

（三）公司是属于谁的？

20世纪80年代在美国出现了大规模企业合并与收购（M&A&D），在所谓的企业“强强联合”过程中，“公司是属于谁的？”这一问题提上了议事日程。公司治理也是在这一基础上展开。

“公司是属于谁的？”这一观点的深层次解释来自委托代理理论。委托代理理论认为，委托人（股东）与代理人（公司经理层）是一种契约关系。可是，代理是需要成本的，称为“代理成本”。作为委托人的股东希望代理人（企业经理层）为股东的利益提高企业价值，从而实现有效率的企业运营，这就是“代理成本”。在这里，核心的问题是：委托代理理论是在维护委托人的利益的基础上考虑的。从20世纪末到21世纪，这一理论在全球推进，并渗透到公司的决策过程。

20世纪末的美国，公司合并、收购以及分割，公司重组给地域经济、地方政府以及工人带来巨大影响。对于“公司是属于谁的”这一问题的回答也发生了根本变化。公司经营者认为：“公司是属于利益相关者的”。对于“公司是属于股东的”这一主流观点来说，“公司是属于利益相关者的”观点是一个巨大的飞越。

从利益相关者理论的视角分析公司的定义，可以说，公司是风险的结合体，也就是说，公司是由相关的利害关系承担风险的一个结合体。利害关系是有价值的，例如，人的、物质的、资金的以及资本的形态，有自发的、非自发的，这些都是风险的载体，即承担者。作为股份公司的利害关系者是通过活动的结果获取利益或者蒙受损失。所以，利害关系者要承担风险，公司就是这些风险的结合体。

二、“利益相关者”理论

在美国兴起的“利益相关者”（Stakeholder）理论，对21世纪的资本主义世界产生巨大影响。对于公司与社会的关系，在公共政策层面上也有了较大的调整。“利益相关者”不仅仅是一个企业用语，而且在政治领域也被频繁使用。

（一）利益相关者研究的相关文献

美国是“利益相关者”理论的先驱，几乎在所有的文献上都能看到这一概念。例如，从“利益相关者”的视角分析公益事业的规制问题（Corry and others，1994）；从论述革新的社会组织中展开“利益相关者”理论（Engel，1997）；以企业“利益相关者”的价值最大化为视角分析市场活动（Wheeler and Sillanpaa，1997）；最近几年养老金问题（Greenstreet，2001）与企业发展战略（Walker and Marr，2001）也涉及“利益相关者”理论。另外，顾客满足与顾客忠诚心（Scharioth and Huber，2003），跨国公司文化的多样性（Veser，2005）都对“利益相关者”进行了不同角度的阐述。政府层面的“利益相关者”论，如 OECD 的核能源局（2003，2004）围绕放射性物质的处理等一系列利益相关者问题也引起广泛关注。

另一方面，“利益相关者”概念进入了理论化阶段，也形成了一定的理论体系。例如，弗里曼（Freemand）的“战略管理：利益相关者路径”（Strategic Management：A Stakeholder Approach，1984）；阿克哈法吉（Alkhafaji）的“共同治理下的利益相关者”（A Stakeholder Approach to Corporate Governance：Managing in a Dynamic Environment，1989）；克拉克逊（M. Clarkson）的“公司利益相关者”（the Corporation Strategic，1998），等等。

从以上理论体系来划分“利益相关者”理论的话，大致可以分为战略经营论、企业与社会论、企业伦理论、公司治理理论、企业的社会责任论（SRI 论）等。在美国，有关企业与社会关系的研究已经走过了较长的时期，利益相关者理论是在公司伦理研究中展开。例如，阿尔奇·B. 罗尔（A. B. Carrol）的研究成果《企业与社会》已经出版了第 6 版。另外，从公司治理与企业社会责任的关联中论述利益相关者理论也是一种颇有新意的分析。尤其是弗里曼与阿克哈法吉的研究成果对利益相关者理论在美国的普及起到重要作用。

弗里曼在战略经营领域第一次提出“利益相关者”概念，他认为，任何一个公司的发展都离不开各种利益相关者的投入或参与，比如股东、政府、债权人、雇员、消费者、供应商，甚至是社区居民，企业不仅要为股东利益服务，同时也要保护其他利益相关者的利益。这个定义的意义在于把影响企业目标的个人和群体看做利益相关者，并把当地社区、政府部门等实体纳入利益相关者管理的研究范畴，这一界定大大拓宽了利益相关者的内涵与外延。

阿克哈法吉的研究对利益相关者理论的贡献也是很大的，他从公司治理的利益相关者理论入手，指出了美国公司治理方式与传统模式以及欧洲模式的区别，从而提出了“利益相关者”模型。然而，阿克哈法吉的贡献并不局限于理论模式的建构，而是认识到美国 20 年来公司环境的变化。以往的企业目标与社会要求是等同的，企业向市场提供商品和服务，为股东赢利，提供就业，从而维持企业的发展。可是，近二十年来，企业环境发生了急剧变化，随着工厂安全、环境污染、机会均等、产品质量与安全等一系列问题的发生，企业的公共意识问题提上了议事日程，现代企业家必须对公共问题作出回应。为此，企业目标应该作出相应的调整，确立企业社会战略的组织目标。阿克哈法吉的提案认为，企业经营者必须正视环境变化，并以此整合公司活动，公共政策所关注的问题也应该进入公司决策视野。

阿克哈法吉虽然认识到利益相关者的利益分享所产生的现实问题，从而把利益相关者提到公共问题的高度，可是，如何调整“利益相关者”之间由于利益分享而产生的矛盾？这一问题却没有进入 Alkhafaji 的研究视野。

S. Cooper 等人在 2001 年的研究提出了“重视股东价值还是利益相关者的价值”？这涉及利益相关者之间的利益调整问题，同时还提出了经营业绩的测量与指标的开发。

基于企业“反社会行为”，从资本制约与市民管理的高度看企业与社会的关系，经济民主主义是一个重要的视角。从经济民主主义解释企业的社会存在，进而在公共政策的层面对大企业实施民主的制度规制，修正大企业本位的政策体系，构筑国民本位的制度结构。正是从这个意义上来说，利益相关者理论是从大企业本位的政策体系向国民本位的政策体系转换的制度创新。

（二）利益相关者的构成

如果对股份公司的利益相关者作一解释的话，那么，利害关系者可以分为“自发的利害关系者”与“非自发的利害关系者”。

“自发的利害关系者”可以是股东，也可以是投资家、职工、顾客以及供货商，这些人是利害关系的载体，他们在辨别风险与利益的基础上作出选择；所谓“非自发的利害关系者”是指难以预测的风险降临或者不降临，股份公司的经营结果是获利还是损失，也就是说，这些存在的利害关系不是自发地所能预测到的，它是由其他利害关系活动的结果引起的。包括政府、社区与环境在内的“非自发的利害关系者”，对以下两种风险是难以规避的：一是由公司成本内部化所导致的风险；二是公司成本外部化所产生的风险，如污染、生态破坏、因企业违法引起的社会动乱等。

在区别“自发的利害关系者”与“非自发的利害关系者”的基础上，利益相关者的风险可以作以下解释，所谓风险是股份公司在其经营活动的过程中，所有权、利害关系、法律与道德的权利等方面存在的共同威胁的要素。

三、公司治理结构中的利益相关者

公司治理以及利益相关者理论对企业与社会关系的影响究竟有多大？与此相关的政策又有哪些转变？

（一）“社会忠诚义务”能否履行

首先，围绕公司治理的论争，随着“公司是谁的”这一问题的提出，经营者的高尚伦理被提到了一个相当的高度。经营管理者不应该追求股东利益的最大化，而是忠实于已经建立起信赖关系的客户，并为此努力工作，这被称为“社会忠诚义务”。

其次，经营管理层的职能是什么？股东主权论认为，经营管理层是股东的代理人，其使命应该以股东价值的最大化为目标，并为此付出努力。

利益相关者理论认为,经营管理层应该是在超越企业权力的基础上行使其使命,即履行经营者的伦理与责任这一义务。

然而,在跨国公司驱动下的全球化进程中,利益相关者理论以及与此关联的“社会忠诚义务”的履行显得尤其艰难。现实是,经营者与股东一起去追求自身利益最大化,由此产生欺诈、掠夺等一系列违法事件。IT 泡沫崩溃后的“安然”假账事件、美国华尔街投资银行的投机行为等都是经典案例。虽然经营者的职能逐渐趋于制度化,并有严格的法律规制,但是,在竞争的市场中正确地把握企业与社会的关系,忠实地履行社会责任,仍然是一种神话。

(二) 被排斥的利益相关者

公司治理的路径依赖在很大程度上与利益集团的行为有关。所以,公司治理的相关制度一般都是在利益集团参与下制定,公司治理结构也是根据利益集团的偏好建构的。

在我国,1993—1999 年是建构公司治理结构阶段,在 1999 年党的十五届四中全会上,公司治理被正式写入中央全会文件;2000 年以来是公司治理机制的建设阶段。我国在将近二十年的时间里,完成了从治理结构到治理机制、从国内公司治理到跨国公司治理的转变。可是,在现代公司制度和法人治理结构方面很难用国外的评价系统进行测量。

从国外公司治理状况看,世界银行的公司治理评价标准主要从宏观层面考察外部力量对公司治理的影响;日本 CGS 公司的治理评价标准主要从股东权利、董事会、信息透明等方面考察公司内部治理结构改革对绩效的影响。经合组织(OECD)有关公司治理的评价更注重利益相关者的权利。我国在 1999 年制定的《关于公司治理的五项原则》中专门对利益相关者的权益进行了阐述:其一,保护利益相关者受法律保护的权利;其二,当利益相关者的利益受到侵害时,应该获得有效赔偿。在 2004 年制定的《关于公司治理原则》中进一步强调对利益相关者及投诉者进行保护。

可是,我国公司的治理环境、治理结构与发达国家有很大差异,在改善公司治理方面更多地强调尊重股东利益。例如,我国证监会于 2006 年 1

月1日出台的《上市公司股权激励管理办法》,同年9月国资委出台的《国有控股上市公司(境内)实施股权激励办法》,两部法规都是激励高管为股东利益最大化工作,而在利益相关者方面的制约,还仅仅是起步阶段。2005年新修订的《公司法》正式实施以后,监事会的责任及其在公司治理中的作用呈不断弱化的趋势,由此看到我国上市公司100强的基本特征,即公司治理中的利益相关者最为薄弱。例如,国内较有知名度的海通证券的公司治理评价体系,股权结构、股东权利以及财务及信息披露等方面较为具体,而利益相关者问题基本没有涉及。

公司治理结构中排斥利益相关者的利益,由此带来的后果不堪设想。以江西章源钨业污染事件为例。江西赣州享有"世界钨都"的美誉,作为赣南钨业的第一家上市公司,章源钨业拦腰截断章江水系的三条河流,开凿山体改变河流走向,利用河道筑坝排放尾砂废水,对当地防汛抗洪、农田灌溉和生态安全构成直接威胁。另一方面,章源钨业发布2011年半年度公告称,归属于上市公司股东的净利润比上年同期增长100%—130%。作为一家上市公司,一边发布诱人的业绩报告,另一边却利用河道建坝库,排放尾砂废水威胁周边安全。

更有甚者,大连一处高尔夫球场掠夺村民水源,直接用城市饮用水库的水浇灌草坪,而附近村庄村民的生活用水一天只供两次。一般来说,18洞的高尔夫球场占地1500—2000亩,36洞的球场占地可达到5000亩,用水量高达三百多万立方米。一边是高尔夫球场哗哗地浇水,一边却是正常的生活用水都难以保障,公司与社会争夺水资源的问题不断恶化。

(三)共享价值观的期待

对一个具有高尚道德标准的公司来说,通过以共享价值观为基础的管理制度去影响市场营销的成效,这已经成为重要的经营战略之一。《财富》在对1000家公司的调查中发现,95%的受访者坚信在今后的几年中,必须采用更具有社会责任感的公司行为以维持公司的竞争优势。[1] 成立

① See J. Bamford, Changing Business as Usual, Working Woman, November 1993, p.62.

于1886年的美国加州香水公司(the California Perfume Company,也称雅芳公司)就女性最为关心的健康问题进行了调查,答案是乳腺癌。公司在全球超过50万的销售人员通过在其销售店发放小册子向女性提供关于这种疾病的知识。雅芳销售代表在乳腺癌防治活动中的互动,无疑会改善顾客关系并促进销售。可以说,雅芳找到了一种途径,这种途径将公司业务与重要的社会问题联系,同时改善了销售成效。[①]

问题是,公司怎样才能建立一套共享价值观呢?让雇员接受一套社会责任的价值观,必须发挥强有力的公司领导力,然而,建立公司的共享价值观不是一件容易的事。因为社会责任对企业利润的影响,不管是积极的还是消极的,短期不可能看到。另外,还有一个因果关系的悖论:公司社会责任与经济绩效是正相关吗?是否可以表明正是公司的高利润才使得公司能够参与社会活动呢?

四、欧盟公司治理中的的社会责任

90年代后,全球化对欧盟的社会与企业经营产生很大影响。欧盟社会变化使企业经营发生了怎样的变化;欧洲企业与盎格鲁-撒克逊模式(Anglo-Saxon Model)的企业有什么不同?作为欧洲企业模式之一的德国公司最具有代表性。

(一)“社会市场经济”对公司治理的影响

以“社会市场经济”为特征的德国资本主义维持了“社会”原则,与盎格鲁-撒克逊型资本主义不同的是,德国以“社会资本主义”为目标。

什么是“社会市场经济”?它有两层含义:其一,以责任维系的市场经济;其二,以社会公正为目标的市场经济。与这两点密切关联的德国型公司治理,呈现出企业高层管理者、董事会与监查会的多重结构。随着2006

---

① 参见〔美〕斯蒂芬·P.罗宾斯:《管理学》,孙建敏等译,中国人民大学出版社2006年版,第120页。

年《共同决定法》的实施，工人代表进入监查会，占监查会人数的一半，从而强化了监查会的监督职能。

盎格鲁-撒克逊型的市场经济建立在市场原理主义基础上，市场规则以重视股东价值为前提，在此基础上，构筑一个“效率至上”的竞争型社会。

欧洲型资本主义并没有抛弃市场规律，政府为了加强社会建设而制定一系列社会性规制。与此同时，对于市场原理的灵活运用，在贯彻市场原理的领域进行某种程度的调试，也就是说，不仅仅以股东利益最大化为目标，而是创建比较平等的、收入水平较高的、稳定的资本主义社会。

德国公司模式的社会意义是在资本主义历史发展中逐渐形成的。德国是后发的资本主义国家，国家对经济发展的积极介入，是德国后来居上的主要推进力。然而，德国经济之所以能持续快速健康发展，迅速成为世界经济强国，关键在于德国选择了“社会市场经济”的发展模式：主张并实行有序的市场竞争，同时，在需要时由政府进行宏观调控和必要的干预。显然，这是在国家宏观调控下的资本主义市场经济。

在欧洲模式的资本主义展开的过程中，德国的“社会市场经济”模式必将对公司治理结构产生巨大影响。

1. 出资者中心的公司体制

德国公司是以出资人为中心的公司体制，这是德国公司制的特点。在德国，大多数企业、外国企业中，公共机构的所有者对资本的控制都在50%以上，这主要与第二次世界大战后的战后处理方式有关。德国的战后处理与日本不同，日本是由美国单独占领，对于资本以及土地所有都采用民主化手段，对大企业实施了解体政策；而德国是由美国、苏联、法国和英国4国共同占领，实施统一的占领政策有一定的难度，所以占领当局没有对大公司采取解体政策，因而形成了德国公司的这一特点。

战后，大公司所有者的财产一度被冻结，冻结后的财产交由专门的财产管理处管理，几年以后原封不动地归还所有者。所以，德国大企业所有者和战前一样，可以支配自己公司的资产，他们也不会失去土地、工厂等资产。在德国，持股公司得到法律认可。

银行对公司的影响力是德国公司的又一个特点。在德国，融资关系与所有关系分开，银行向公司派遣官员，从而对公司施加影响。

2. 公司的社会意义

在共同决定体制下，公司体制以出资者为中心，并享有最大的利益优先权。然而，在出资者利益与资本利益备受重视的德国，对于社会弱者来说，社会公正、社会福利也是得到重视的。可以说，这是德国公司社会责任的体现。

社会弱者的利益由国家政策调整，特别是第二次世界大战以后，在Freiburg学派的社会市场经济理念下，以劳资协调为基础的"共同决定制度"扩大了职工参与公司治理的权利，并成为德国公司重要的制度特征之一。

在"社会市场经济"条件下，社会政策的核心部分是独立于市场经济之外的，或者说是不适用市场经济原理的。这独立于市场经济以外的社会政策，以一种社会责任原则委托于市场。而更重要的是，社会公正原则以宪法的形式作出规定，然后交给市场运作。例如，联邦宪法第20条第1项规定："德意志联邦共和国是民主的、社会的联邦国家"。也就是说，在实现平等、保护弱者与社会救助的基础上实现社会的公正与稳定。需要强调的是，企业的社会意义是在"社会市场经济"的基础上，作为"共同决定制度"实现的，与此相关的是德国公司利益相关者治理模式。

（二）德国公司治理

1. 公司治理特点

德国公司是一个多层结构，高层管理层、业务管理机构、董事会以及监查会分开设置。1976年实施的《共同决定法》规定，监查会的半数由职工代表组成，这意味着工人可以对公司政策过程施加影响力。对于董事会的人事权与董事会的政策决定过程，法律赋予了工人监督的权力。在这一制度安排下，企业外部的监查会与企业内部的经营者协会，都有职工代表参与实施监督权。另外，在资本层面的监查会成员中，除了法人大股东以外，银行代表也加入监查会。银行实施委托议决权，不仅向监查会派遣官员，而且对公司施加影响。

由此可见,德国公司的出资者,金融机构、工会组织、职工等各利益相关集团,在法律和制度层面,通过监查会对公司的政策过程给予一定影响,在施加影响的同时,对公司实施规制。

2. 公司治理改革

在法律或制度层面,以利益相关者为核心的公司治理是有成效的。可是,1990 年一连串的公司不法事件,使得监查会的监督职能遭到质疑。1993 年非金属大企业 Metalgesellschaft AG 在美国的子公司在石油期货交易中亏损 30 亿马克,总公司陷入困境。另外,因投机不动产遭到巨额亏损的 Schneider AG 事件,使得企业的监督机能备受质疑,公司治理进入新的改革时期。

一系列的公司改革,目的是提高德国公司的透明度。当时德国公司改革的特点是利益相关者之间的利益多元博弈。在全球化背景下,德国公司的这一特点还是被社会所认可的。可是,深层次改革指向高层经理阶层、监督机构的监查会以及董事会,尤其是对董事会,监查会的机能如何强化,成为议论的焦点。

在上述改革的推进下,1998 年第一部法律《企业的控制以及透明度法》出台,强化监查会的责任与监查权限。同时,预决算监督人的独立性也得到了明显改善。2000 年 1 月 Frankfurt 大学的 T. Baums 提交了一封被称做是"Frankfurt 俱乐部"的民间委员会报告,提出了治理原则。另外,同年 6 月另一个民间委员会"柏林俱乐部"也提出了公司治理原则。

在民间改革逐渐推进的过程中,2000 年 5 月,首相施罗德设置"公司治理委员会",作为政府咨询委员会对德国公司治理体系提出实质性建议。"公司治理委员会"300 页的报告书在 2001 年 7 月 10 日公开发表。[①]

德国司法部对公司治理委员会的报告书作出回应,2001 年 9 月规定了德国上市公司的公司治理规则,并任命监查会议长 G. Cromme 为政府委

① See Baums, Theodor Hrsg: Bericht der Regierungskommision Corporate Governance, Koln, 2001.

员会委员长，并在2002年2月公开发表委员会报告《德国公司治理规则》。报告不仅扩大了投资家的权利，而且对提高顾客、职工与公共的信赖度也作出了一系列规定。另外，规则强化了公司信息透明度。

（三）职工参与的法律规定

1. 欧洲经营者协会

在欧盟国家，具有社会意义的《共同决定法》给劳资双方带来深远的影响。在欧洲统一进程中，劳资关系在20世纪90年代也有了长足进展。1996年10月28日，德国联邦议会通过了《欧洲经营协议会法》。《欧洲经营协议会法》规定，在欧盟区域活动的企业与企业职工之间实现信息共享，提供一个跨越国境的、经营者与职工的对话场所。法律适用范围包括德国或者在欧盟区域活动的企业，具体包括：在欧盟国家的、有1000人以上职工的公司；或者在欧盟区域内涉及两个国家的、职工数在150人以上的公司。

《欧洲经营协议会法》允许各企业在跨国境的信息提供与协议方面具有自身的特色，致使该法更加适合各国的法律体系以及企业各部门的特殊性。在德国，《欧洲经营协议会法》产生以前已经有一百家左右的企业自发缔结劳资间协议，这些协议在《欧洲经营协议会法》实施以后仍然有效。但是，《欧洲经营协议会法》所规定的权限，不是狭义的“共同决定”权或者否决权，而是强调通过信息提供、协议以及对话，改善职工的经营参与权。所以，《欧洲经营协议会法》所规定的职工权限，主要是获取信息的权利与协议权。然而，该法律建构了跨越国境的、参与经营的制度框架。在欧洲，这是首次创设。

2. 欧洲公司的创设及其形态

1970年6月，EC委员会通过了创设欧洲公司的提案，30年以后的2001年10月，在欧盟部长理事会上采纳了《欧洲公司法》，3年以后的2004年10月，欧洲公司诞生。欧洲公司不是根据各国法律设立的国内企业，而是以欧盟法为基础的欧盟法人。欧洲公司的设置形态由四种基本形态和一种派生形态构成。

(1) 通过合并产生的欧洲公司

这是欧洲公司的第一种形态,即通过合并设立的欧洲公司。例如,根据欧盟国家法律设立的、在欧盟区域登记的事务所。另外,有总公司的股份公司,如果两家公司能符合欧盟国家框架内两个国家法律的话,那么,这两家公司可以合并为欧洲公司。

(2) 通过持股公司设立欧洲公司

欧洲公司的第二种形态,即通过持股公司形式创设欧洲公司。例如,根据欧盟国家法律设立的公司,或者在欧盟区域内登记的事务所,或者总公司的股份公司,如果两家公司能符合欧盟国家框架内两个国家法律的话,那么可以通过持股的形式合并为欧洲公司。

(3) 由子公司设立欧洲公司

第三种形态,与第二种形态相同条件下的一些公司,作为欧洲公司的子公司设立欧洲公司。

(4) 通过组织变更设立欧洲公司

第四种形态是:至少在两年间可以接受欧盟国家法律的子公司,或者根据欧盟国家法律设立的公司、欧盟区域内登记在册的事务所等等,可以通过组织变更成为欧洲公司。

以上四种基本形态,再加上派生的、作为总公司的子公司形式设立的欧洲公司,构成了欧洲公司的设置形态。

3. 公司职工参与经营的权利

在欧洲公司,对于职工的经营参与权,欧洲公司法的相关规则通过理事会指令的方式予以补充。理事会的"经营参与指令"成为欧洲公司法不可分割的一部分。实际上,职工的经营参与,在欧盟国家之间经过了30年的争论,最终提案的形成来自于政治的妥协。

有关职工代表参与经营管理的方式,由欧洲公司设立的职工代表组织——特别交涉机构与企业进行交涉。如果特别交涉机构与企业交涉不能达到一致,则按照以下标准操作:

(1) 如果是通过组织变更设立的欧洲公司,那么,以前的"共同决定"要素,在欧洲公司能得以保证。也就是说,经营者参与的条件,在欧洲公司继续适用。例如,德国、荷兰、北欧一些国家通过组织变更成为欧洲公司的时候,经营参与的条件没有变化。

(2) 持股公司通过设立子公司的方式组成欧洲公司的时候,至少50%的职工在“共同决定”的保障下参与经营。所以,当进入欧洲公司的时候,这一方式不会改变,而且这是一种职工参与程度最高的方式。

(3) 通过合并设立的欧洲公司,至少25%的职工参与过“共同决定”,对通过合并设立的欧洲公司来说,这种方式的参与度也是最高的。

但是,通过合并组成的欧洲公司,欧盟各国的经营者参与指令是可以选择的,这里指的是“适用除外”的选择。所以,选择了“适用除外”的欧盟国家,如果通过合并组成欧洲公司的话,“共同决定”一般是不实施的。

经营者参与指令,在内容方面,依存于欧盟国家国内法律的现象还是比较普遍的,它不一定能反映出德国模式的共性。1970年以来的三十多年,从欧洲公司法创设的过程看,对于“经营参与”通过激烈争论,逐渐形成对峙的双方。所以,“经营参与指令”与最初的理念相比,实际上是后退的,而最终的实现也是由各国的妥协促成的。然而,在全球化的冲击下,欧洲公司法依然能坚持经营参与的社会性条款,对此应该予以积极的评价。

五、全球化趋势下的利益相关者——社会功能弱化

全球化致使相互依存的市场与社会的关系发生巨变,“市场”与“社会”分离,全球化在不同的文明、不同的经济体之间以及各国不同的文化、制度与组织之间发生冲突。一种有代表性的观点认为,全球化是美国模式的全球化。现在的全球化,也就是新自由主义的价值规范在全球扩张的过程。

(一)“市场”与“社会”分离

20世纪90年代以来,全球化进入了一个新的阶段,以美国为中心的盎格鲁-撒克逊资本主义模式给其他经济圈带来的风险是前所未有的。无可置疑,在全球化的经济层面,美国的影响力涉及几乎所有的领域。例如,

市场规制改革、国际自由贸易等,都在贯彻美国的新自由主义主张。有关公司法与金融体系的规制、全球化资本市场、美国的跨国公司等,都在创造一种美国的全球化模式。在全球化的冲击下,公司与社会关发生了质的变化。

表 11-1　500 个跨国公司的所在地(1999)①

美国	179
欧盟	148
日本	107
加拿大	12
韩国	12
瑞士	11
中国	10
澳大利亚	7
巴西	3
其他	11
合计	500

全球化致使跨国公司在国内相互依存的市场与社会的关系发生巨变,"市场"与"社会"分离,"市场"向其他经济圈转移。也就是说,全球化致使原来与"市场"共处于一个共同体的"社会"留在了国内,"市场"向海外转移。于是,全球化在不同的社会形态之间发生冲突,这一冲突的主要形式是把不同的文明、不同的经济体以及不同国家的文化与制度朝着同质化的方向演进。

然而,这是一个不同文明和文化的经济圈。在全球化进程中,在同质化与均质化的竞争中,公司增强其效率的能力呈逐渐增强趋势。可是,各个国家或者是各经济圈的"社会"并没有发生急剧的变化,这是因为构成"社会"的制度与组织具有文化与文明的特性,而文化与文明的变化是极其缓慢的。也就是说,在全球化的冲击下,公司与社会发生变化的时间模式是不一样的。构成"社会"的制度与组织,在文明与文化的层面,很难接

① See Alan Rugman, The End of Globalization, 2001, p. 8.

受一个“全球化的市场”。在这种情形下，“全球化市场”与接受这一“市场”的社会之间很有可能产生摩擦与冲突，“公司与社会”的关系出现新的而且是深刻的分化。

全球化致使公司与社会关系面临危机，是文明的冲突吗？冷战结束后，现实世界迎来了新的对立与摩擦，亨廷顿认为，这是从意识形态的对立向“文明的冲突”转换。他从文化相对主义的立场出发，指出世界并不是西欧化的单线发展，它是由多样的文明构成，当欧洲文明的核心价值——自由、平等、民主主义以及个人主义向其他文明浸透的时候，冲突由此而来。

福山（Hurannshisu Hukuyama）以文明之间的共同轴心——“信赖”为切入点，认为在道德相对主义基础上形成的个人主义会使人与人之间的信赖度低下，在集团之间，或者是从属于该集团的人与人之间，这一现象在不断地增多，最终导致社区功能萎缩。正是在这种情况下，NPO、NGO 等非营利、非政府组织开始急剧增加。

随着市场与社会的分开，在全球化的推进下，形成了全球化市场与全球化社会。从理论上来说，全球化经济与全球化社会应该是同时发展，可是，全球化社会的步伐远远滞后于全球化市场的进程。

（二）全球化驱动下的财富与权力

在全球化的推进下，市场体系在自我调整的过程中与社会分离，虽然市场与社会可以相互补充，但是，市场与社会仍然遵循不同的理论在运作。

1. 东亚模式是“奇迹”吗？

全球化以市场经济化为标准，把全球纳入一个均等、同质的结构内加以推进。跨国公司进出于他国文明圈的时候，就公司活动的场所来说，必须保障其享有自由市场竞争的权利，在全球化规范的基础上展开经济活动；另外，跨国公司能够影响一国的政策制定。从这意义上说，跨国公司享有一种权力的让渡。即使是对以美国为中心的全球化持批评态度的国家或者公司，当它进入全球化市场的时候，其运行机制很难说与美国模式有任何的区别，这就是全球化企业的共通性。

当跨国公司进入经济相对滞后的国家时,一方面,跨国公司要求获得自由市场经济的竞争条件;另一方面,跨国公司正是利用了发展中国家的制度弱点开展其经营活动。例如,利用一些对外资的优惠政策,生产高污染产品,从而引发企业伦理、环境等一系列与后发国家社会结构关联的问题。然而,即使出现了上述社会后果,但是对引进外资的后发国家来说,还是能够产生可观的经济福利。于是,经济发展成为后发国家的权力象征。

20世纪80年代的"东亚模式",积极引进跨国公司,通过跨国公司的出口取得本国经济的高增长率,以15%—16%的出口增长诱导7%—8%的GDP增长,这就是东亚创造的"奇迹"。问题是,全球化带来的最富裕层与最贫困层的落差是前所未有的,生活条件的结构性缺失以及贫困、不平等的扩大等也是东亚国家现在所面临的实际问题。

对新自由主义的全球化模式始终持批判态度的国际NGO(ATTAC)副代表Sudann Zyozi认为,跨国公司正是利用一些后发国家在制度上的缺陷或者在制度形成方面的滞后获取财富的,通过其权力的运作,把财富集中在社会上层。Zyozi与世界银行经济学家Matcxi Uruhu讨论的时候,两种意见针锋相对,Uruhu指出,全球化以经济发展为目标,为了达到这一目标,全球化体现为财富、服务、资本以及劳动的统合过程;对此,Zyozi进行了反驳,认为"所谓全球化,是在不可逆转的跨国公司权力下,各国之间的不平等与一个国家内部不平等越来越扩大的机能装置"①。1999年12月在美国西雅图举行发达国家首脑会议之际,国际NGO与NPO举行了大规模的示威活动,这实际上是对这种不平等体制的抵制。"人类的存在应该置于利润之上",提示了一种对抗新自由主义全球化的新的价值体系。

2. 滞后的利益相关者——社区功能弱化

财富与权力的对立,从宏观的层面看,体现为公司与社会的对立。在公司与社会发生质变的今天,社会福利如何提高?或者对公司的利益相关者来说,效率与公正的关系如何保持平衡?这些都涉及社区功能问题。在全球化急速扩张的今天,世界"同质化"不断地被推进,而社区功能却在

① 〔日〕青木一能:『地球型社会的危机』,芦书房2005年,第69頁。

弱化。

“全球化社会”的基础在社区,福山曾经说过,由共同价值观形成的社会是社区,在其价值观方面,如果权威性能获得广泛支持的话,那么,这个社会整体的信赖度是很高的。可是,今天的社会,价值观的多元化以及对权威的不信任感呈逐渐加强的趋势;另一方面,集团的归属意识也在不断增强。为此,“自主性”与社区归属两种相反的立场同时存在,于是,形成了众多的、松散的组织与集团。近年来,多样性的 NPO 与 NGO 就是在这种背景下产生的。

多元的价值观、信息的普及,从社会整体的视角看,在不断选择的过程中会形成一种差别结构。这是一种功能性的选择体系,人一旦进入这种选择体系,在同一个社区,由于个人费用负担能力上的差异,会产生生活舒适度的差别,这一差别累积到一定程度,会进一步扩大社区内在生活质量上的差异。于是,传统意义上的社区,人与人之间的纽带逐渐淡化,社区社会关系弱化,个人的社会性逐渐低下,“具有社会意识的人”逐渐减少,最终导致“社会”的缩小。这一倾向一旦持续的话,全球化社会的形成将变得越来越困难。

古典经济学的经营思想是以市场与社会一体化为基本假设的,问题是,全球化致使“市场”与“社会”的依赖关系分离,并且这一分离产生的矛盾以及危机越来越表面化。社区小型化、利益多元化、社会弱化……对财富的憧憬以及对技术的追求推进了市场领域的扩大,可是却侵蚀了社会领域,而且新自由主义对社会的渗透加速了市场扩大。“市场优先”还是“社会优先”?在全球化的推进下,古典经济学所谓“市场能够降低企业权力对社会危害的程度”这一假设被众所周知的现实所颠覆。

(三)公正全球化

1.“公正全球化”的提出

20 世纪以来跨国公司呈持续增长的态势,到了 70 年代,基本形成了两个特征:第一,现代公司成为垂直统合与事业部制建构的大企业;第二,美国企业具有形成跨国公司趋势。80 年代,跨国公司进入了全球化战略的转换期。80年代中期,跨国公司主要以“外部委托”等方式进行战略转换,委托对象包括亚洲新兴工业地区,如新加坡以及东盟国家的泰国、马来西亚、印尼、菲律宾、中国。从90年代后半期至21世纪,跨国公司的“外部委托”战略进入了一个新的阶段,跨国公司与跨国银行采取海外采购的方式,把事业活动向国外转移。产品、零部件制造以及开发等事业活动通过直接投资或者作为“外注”的战略展开,这一战略涉及民生用的电子工业产品、汽车、服装以及玩具等日用品产业。

跨国公司的外部委托以削减成本为目标,但它却带来人权、环境、劳动条件、贫困以及消费者权益等一系列问题。跨国公司的全球化战略从90年代末开始遭到全球抵制。1999年的西雅图会议中,各国的NGO、地域NGO通过网络结集了一支反全球化的队伍,向西方峰会及国际机构提出抗议。可见,国际NGO的合作关系也是全球化的。

发挥全球的利益相关者的力量,抵御跨国公司的“反社会行为”,这一“合力”将对21世纪企业的经营方式产生巨大影响。这种行动方式被称做“公正全球化”或者“全球治理”。

“公正全球化”是在人们对不公正全球化批判的基础上,由国际劳工组织(ILD)“全球化社会问题世界委员会”提出的概念。据该组织解释,“公正全球化”的基础是满足所有人的基本需求,如人权、尊严、文化形式、自治等。在一个社区,公正全球化的理论模式是对世界银行与IMF在全球推进的新自由主义的修正,从而促使政策转型。

2. “公正全球化”的可行性

公正全球化关注的是政策提案,政策提案的组织体制就是“全球化社会问题的世界委员会”(WCSDG)。WCSDG不是常设的国际机构,也不是国家机构。该委员会在2002年2月创设,是独立的组织体,委员会成员由以诺贝尔经济学奖的获得者约翰·斯缔格利兹为代表的26人组成,来自政府成员、实业界、劳动工会、市民社会、学界等。委员会关注的是全球化的各个侧面,如经济、社会、环境等,并寻求解决方法。2004年,委员会发表最终报告,从此组织在形式上的作用基本结束。

可是,WCSDG报告书提出的政策建议由谁实施呢?政策提案的意义是什么？正如WCSDG报告书所提出的，政策实施主体不仅有IMF、世界银行、WTO等国际经济机构，还有国家机构、议会、跨国公司、工会组织、市民社会、媒体以及非政府组织的NGO等。这里有正式组织与机构的相关者，也有非正式组织以及相关者，这就是全球化进程中的利益相关者。

全球化的利益相关者是在联合国提出的全球治理的基础上考虑的。联合国全球治理委员会曾经指出，治理是指个人与机构、私与公之间，就共同的问题采取多种解决方法；或者是调整多元的利害关系，从而取得合作的过程。

全球治理的道德标准是什么？国与国之间社会以及文化的差异是决定道德与非道德行为的重要环境因素吗？在中国的跨国公司应当遵循母国的道德标准还是应当接受当地的行为标准？在1999年1月的世界经济论坛上，联合国秘书长号召全球企业的领导者采纳并参与《全球契约》(Global Compact)，契约概括了全球经营在人权、劳工以及环境领域的九项基本原则，如下表所示：

表11-2　《全球契约》

人权	
原则1	在其影响范围内尊重和维护国际公认的各项人权
原则2	绝不参与任何漠视和践踏人权的行为
劳工标准	
原则3	维护结社自由、承认劳资谈判的集体权利
原则4	彻底消除各种形式的强制性劳动
原则5	消灭童工制
原则6	杜绝任何用工与职业方面的歧视
环境	
原则7	应对环境挑战
原则8	主动承担对环保的责任
原则9	鼓励无害技术的发展与推广

以往对公司社会责任的要求，是作为企业经营的外部问题对待的，但是，《全球契约》把社会责任引入公司经营，并将其作为经济重大课题纳入公司决策过程。

六、中国:“利益相关者”是一种稀缺的资源

2004年初,美国和欧盟对我国出口企业强制实施“SA(Social Accountability)8000”社会责任认证。SA8000是美国社会责任国际(SAI,前身为美国经济优先认可委员会,CEPAA)制定和推广的一系列社会责任认证标准,是全球第一个可用于第三方认证的社会责任标准。SA8000标准主要包括童工、强迫性劳动、健康与安全、自由结社与集体交涉谈判权利、工作时间及报酬等九项原则。

正由于美国和欧盟的促动,我国国内公司和地方政府才意识到社会责任的紧迫性,由此才注意到利益相关者的权益。有些地方政府出台了相关法规以促动《劳动合同法》的实施。可是,在实施《劳动合同法》的时候,公司却以种种对策抗拒。例如,按《劳动合同法》规定,工作8年以上的职工可以与公司签订长期合同。可是,上市公司泸州老窖股份有限公司销售公司北京分公司为了应对即将实施的《劳动合同法》,要求八十多名员工以“个人原因”辞职。员工们同时被告知,大多数人可以在辞职后马上拿到新合同。该公司《关于2008年用工编制和劳动关系处理的通知》是这样说的:由于劳动合同法将于2008年1月1日起生效,根据公司统一安排,与片区存在实际用工关系的所有员工需先辞职。之后,属于股份总公司编制的人员,可签新的劳动合同。

在我国,有人以“世界工厂”而自豪,也有人以“血汗工厂”而自卑。我国凭借优越区位优势,对跨国公司产生了极大的吸引力。世界500强企业中已有近四百家进入我国,我国从而成为名副其实的“世界工厂”。然而,在我国的外企主要集中在劳动密集型产业,出口也主要集中在劳动密集型产品。问题是,就职工的相关权益来说,劳动密集型产业历来就是劳工权益倍受侵犯的领域,尤其在一些民营或外商投资的劳动密集型企业,安全事故、侵权事件、超长加班、拖欠工资等现象屡禁不止。

近几年来,经常发生员工罢工事件,可是,与其他国家对类似事件的处理方法不同。我国企业首先寻求政府方面的帮助;其次开除领头罢工的人。

例如,2010年发生在广州的本田工厂工人罢工事件,最终还是开除了带头罢工的工人。同样作为跨国汽车巨头,如果在日本、韩国或者在北美发生工人罢工事件,面对强大的工会,公司方一般是妥协,并作出让步。

在我国,对一个公司社会责任的评价往往注重社会慈善、公益、捐助,以及缴纳了多少税款等。纳税是法律强制规定的,但对地方政府来说,增加税收收入意味着政府更奢华。所以,对于职工或者消费者权益的保护,显然不会列入社会责任的评价标准。在公司和政府的决策视野中,几乎没有"利益相关者"这一概念。例如,在食品安全方面,企业明显占上风,因为政府相关部门在制定标准的时候,不是站在监管的角度,而是与各利益相关方磋商。乳制品事件前面已有阐述,而速冻食品金黄色葡萄球菌事件更是触目惊心。金黄色葡萄球菌对人体的危害主要是可能会导致肝癌,2004年5月实施的《速冻预包装面米食品卫生标准》规定不得检出金黄色葡萄球菌。但是,三全、思念水饺等品牌的速冻食品都陆续被检出金黄色葡萄球菌。2011年9月,卫生部发布了《食品安全国家标准——速冻面米制品》的征求意见稿,其中对金黄色葡萄球菌的含量放宽了标准,"每克1000—10000个之间都为合格"。据官方人士透露,放宽标准的背后是经济利益,"如标准每提高10或者100个点,就会有众多企业因产品不合格、技术不达标而倒闭"[①]。涉及亿万公众健康的问题,消费者却没有参与的机会,所谓的"利益相关者"更无从谈起了。

维持一个人的生命靠的是空气和食物,从最近两个指标——空气和食品的争议来看,在整个过程中居然把公众和消费者的权益置之度外,这是严重的政策倒退。受益者显而易见:一是公司,可以大肆以次充好;二是监管部门,保障GDP稳步增长,唯独看不到公众和消费者得益。从空气质量看,将检测发布PM2.5推迟到2016年,这是为何?一项来自上海市环保局的调查显示,2009年因雾霾引起的居民健康危害共造成经济损失24.61亿元,人均损失377元,占上海2009年GDP的0.17%。[②] 社会承担了企业

① 温淑萍:《速冻食品新标、企业当家》,载《经济观察报》2011年12月12日第6版。

② 参见石述思:《食品空气标准该谁说了算》,载《中国经营报》2011年12月12日B7版。

引发的风险成本。

企业是追求利润的资本运动体,同时又是社会生产的承担者,它作为社会分工的组织体出现,一系列的社会目标需要企业来完成,“利益相关者”正是基于这一前提而进入主流理论体系。纵观全球,“利益相关者”理论对世界各国的公司与社会产生巨大影响,公司与社会关系也由此发生很大变化。然而,在我国,利益相关者还没有成为推进公司改革的主体力量。

营利性、环境性和社会性是公司治理的三大原则,在三大原则的分设和制衡中构筑公司的社会存在,这是21世纪公共治理的核心理念。政府应该通过一些法律性的条例管制敏感性领域,并以公众参与的方式唤起利益相关者的力量,迫使公司以市民的公共性引导其活动。

第十二章　公司民主化规制与社会责任

在一个民主社会中,公司却是不民主的。[①] 公司有关生产、雇用以及投资的决策影响到了整个社会,可是公众却没有发言权。尤其当公司在环境污染、人权保障及公共安全等方面作出了错误决策之后,受害的是消费者与雇员。

如何制约公司无限膨胀的权力?在宏观层面,把公司纳入社会责任的外部规制体系,包括已有的公司社会责任国际评价机构,以及经营者网络、以 NPO 为核心的市民运动,由此对公司社会责任的监督形成良性循环机制;在微观层面,公司民主化规制是一项多重指标,在公司民主化管理、环境革新与道德管理等方面,不是停留在企业的"慈善感觉"(援助活动)等社会活动层面,而是上升为左右企业生存与发展的决定性要素。

一、公司与社会冲突:合法性与正当性

(一)公司"反社会"行为为何多发?

社会对公司伦理寄予无限的期待,可是,公司实态与社会期待却有很大程度的背离。近些年来,一些著名公司的违法事件接二连三地发生,如美国"次贷"欺诈,日本"毒大米"事件,中国食品安全——"三聚氰胺"奶粉、地沟油、染色馒头、速冻食品的金黄色葡萄菌、塑化剂白酒,等等。以上"违法事件"也许是几年一遇,而公司"反社会"行为却是大量的,似乎每天

---

① See Ralph Naber and Mark J. Green, eds., Corporate Power in America, New York: Grossman Publishers, 1973.

都在发生的,属于环境问题。人类进入工业革命以来,企业创造了巨大的物质财富,可是也带来了严重的环境破坏和资源过度消耗。公司"反社会"行为频发基于以下几个原因:

(1)多数企业没有社会责任概念,从整体看,企业的社会承诺缺乏制度保障。

(2)"企业社会责任"是在外压的冲击下不得已而采取的对策。根据日本企业舆论调查,虽然80%的上市公司都致力于企业社会责任建设,然而,大多数是属于不得已而采取的对策,没有把社会责任作为企业的主体问题加以改进。

(3)公司具有隐蔽性特征,对公司内部的不法事件往往采取封锁的办法。

(4)公司内部告发、通报制度尚未确立。日本是发达国家,但它又是公司违法事件多发的国家之一,这是为什么?在欧美国家,对于公司"反社会"行为,企业职工可以向社会告发,而且这一行为完全正当合法,告发者受法律保护。在日本,虽然也有法律保护告发公司"反社会"行为的人,可是,作为一种社会机制却是不到位的。在中国,公司员工如果告发本公司的违法行为,员工必然被公司开除,而且一般得不到法律援助。

(5)公司尽管有工会组织,但是,在工会与公司一体化的情形下,不可能发挥监督机能,工会组织很难尽到社会责任。

(6)利益相关者理论的实施尚未到位,对于经营者控制的局面,消费者尚未形成有效的抗衡能力。在中国,市民社会力量较弱,缺乏推进公司社会责任的参与力量。

鉴于以上企业"反社会"行为的原因,消费者、环境团体、非营利组织对企业活动提出了新的要求,然而,旧的体制并没有发生实质性变化,根本的问题是公司治理目标与社会期待的差距逐渐扩大。

(二)社区——合法性与正当性的基础

在市场经济条件下,公司只能在遵循市场规则的前提下追求利益的最大化,它必须忠实地服从市场理论,这就是公司的合法性,也就是说,必须是制度赋予的合法性,才能被社会所承认。可是,在一个竞争激烈的市场,公司的成长是极其不稳定的,为了寻求制度性的稳定,公司选择走规模化的道路。垄断方式就是一例。因为公司规模越大,权力的可控力越强,它可以把市场调整到对自己最有利的方向,持续地维持其巨额的利益。这是公司与社会之间产生冲突的一个重要变量。在这种情况下,公司正当性的基础开始动摇,公司与社会关系进入紧张状态。

如何平衡企业与社会的关系?企业"利他主义"的经营理念如何向社会渗透?社区的地位显得越来越重要。所谓社区,是一个具有共同价值观的社会。例如,对于基本权益的维护、对公司"反伦理"行为的抗争,等等。如果社区强大,与公司抗衡的能力就会不断增强,这被称为"社区功能"。然而,现实是,在全球化的推进下,社区变小了、被弱化了,从而导致社会功能逐渐衰退,社会对公司的规制力不断减弱。另外,对公司所具有的权力的正当性是由社会证明的,当社区功能被弱化的时候,对于公司正当性与合法性的监督力也就失去了。我国消费者形成不了一支强大的力量,其原因也在此。

一般来说,企业所持有的权力越大,社会对其正当性批评的力度也越大。企业善于运用行政权力,而社会通过政治途径对企业进行规制。公司与社会如何缓和这种紧张的关系?对此,公司必须有证实自己正当性的理论或者经营对策,这里的"正当性"是通过其经营获取舆论支持的,即经营思想或者经营的理论体系。

如果经营理论被社会接受,那么社会对企业的正当性是予以认可的。如果公司持有无限制的权力,并且永远以"法"的姿态强化其权力的话,那么,公司的"正当性"将无法得到社会的认可。

随着全球化的推进,"市场"与"社会"的依赖关系分离,而且这一分离产生的矛盾以及危机越来越表面化。正是在上述背景下,开始了企业经营理念变革,一个带有争议的问题悄然而至,那就是"社会责任"。

二、怎样的公司可以称做具有社会责任的公司

“企业存在的价值是什么”？这是一个老问题，但是却不断地唤起人们的重视，尤其在今天，公司社会责任已经成为公共治理的一个重要制约因素。

（一）什么是符合道德规范的公司行为？

企业活动的有害影响每天都在发生。在我国，最典型的例子就是：某工厂的烟尘或者污水给邻近的财产所有者带来致命的危害。对于这一问题，经济学有不同的解答，而不同的解答来自不同的方法论诠释。

企业存在的价值是负责帮助社会实现一系列范围广泛的社会目标，这是公司社会责任。公司社会责任如何测量？一种观点认为，如果一个公司达到政府设定的污染控制标准，或者在录用、晋升员工时拒绝采用年龄和性别歧视政策，那么这就是我们所期待的社会责任；另一种观点则认为，上述要求仅仅是法律底线，以法律底线作为社会责任标准，实际上否定了公司存在的社会意义。那么，什么是公司存在的社会意义？例如，一个公司使用可再生纸包装产品，或者参与社区环境建设，或者提出雇用与人权对策，并在此基础上制定了项目环境评估、居民健康评估等一系列社会对策，这是否体现了公司存在的社会意义？

人们把上市公司的股价作为评价企业的唯一目标，但是股价能表明一个公司的社会存在吗？在发达国家，资本市场已经对公司社会责任实现了量化。譬如，越来越多的投资者正转向“符合道德规范”的投资，并根据这方面的表现，估计未来股票市场的走向。一部分大型跨国公司，特别是石油、化工等在生产过程中可能会对环境和社会产生影响的行业巨头，都把“社会责任”作为公司核心价值观之一，而且这种价值观已经渗透到股市，通过股价的涨跌调控跨国公司的社会责任行为。

应该说，我国资本市场也开始重视上市公司的社会责任。中国社会科学院企业社会责任研究中心和证券时报中国上市公司社会责任研究中心

联合发布《中国上市公司社会责任信息披露研究报告2011》便是一例。遗憾的是,在上市公司社会责任报告中,及格报告为96份,占全部报告的18.08%。[①] 从整体上看,在环保、弱势群体支持、艾滋病防治、沙漠化防治等日益严重的社会问题方面,公司尚未有持续和自觉的贡献。

在我国资本市场,公司社会责任尚未实现量化,投资者还没有意识到"符合道德规范"的投资。以制钠产业兰太实业为例。2000年达到年产1万吨规模,2004年已突破年产1.3万吨。然而,金属钠属于资源和电力高耗费产品,每生产1吨金属钠,大约需要1—1.3万度电,电的成本占总成本的50%以上。所以,制钠产业在发达国家日趋衰退,原来世界排名第一的美国杜邦公司具备每年4万吨的生产能力,如今已经减少到2万吨;而排名第二的法国麻萨原来具备3万吨的产能,如今已经停产。我国制钠业的蓬勃兴起说明了什么?

根据2004年11月13日的股市行情,兰太实业是沪市成交金额最大的股票,单日成交达到4586万股,竟然比该股上市首日的成交量(3468万股)还高,创下上市四年来之最。[②] 兰太实业的奇迹还在持续,2009年5月15日兰太实业股价涨到100元一股,因为兰太所拥有的120平方公里的盐湖可为核电提供金属钠。[③]

西方国家日趋衰落的产业在我国却作为朝阳产业不断地扩张,由此引发的环境污染、生态危机不仅仅是公司的社会责任,还涉及行政导向、资源保护以及公共安全等一系列公共治理问题。

(二)什么是公司社会责任

20世纪90年代以来,以金融为中心的美国模式向世界各国渗透,于是,上市公司股价是评价企业的唯一目标,企业的合并、重组,也在于期待不断增高的股市价格。在制造业、服务业以及流通业,一部分人因企业上

---

① 参见《中国上市公司社会责任报告八成不合格》,http://www.sina.com.cn,2011年8月2日访问。

② 参见《兰太实业股价被公开操纵》,http://finance.sina.com.cn,2004年11月13日访问。

③ 参见《兰太实业股价涨到100元一股是有道理的》,www.wlstock.com,2009年5月15日访问。

市而成为巨富,但绝大多数人仍处在贫困之中。

然而,人们也许忽略了美国模式的一个重要方面:制造业工人属于中层收入阶层,是中流社会的砥柱,由此推动制度变迁与环境改善,这是美国工业社会的特点。我们可以从一个反面证实这一特点。从20世纪80年代以来,美国信息化社会快速发展,制造业逐渐向发展中国家转移,于是,制造业界的收入差距扩大,贫富分化再现。但是,我们从美国制造业衰退的过程中可以领悟到,一个制造业大国,制造业工人是中流社会的砥柱,这就是公司社会责任的体现。

什么是公司社会责任(Corporation's Social Responsibilities, CSR)?谁来提升公司的社会价值?古典经济学的观点认为,企业的社会责任便是利润最大化,即为股东实现利润最大化。经济学家米尔顿·弗里德曼就是持这一观点,他指出,“公司管理者的经营活动就是要从股东的最佳利益出发,这是公司管理者的重要责任,其标志就是财务方面的回报”①。

社会经济学的观点则认为,公司的社会责任不仅仅是创造利润,还包括保护和增进社会福利。这是因为,社会通过购买产品和服务为企业提供了支持,所以,社会期待企业参与社会的、政治的和法律的事务。

“利益相关者”理论从经济性和社会性的平衡来分析公司社会责任,它把企业活动纳入社会责任的范围,包括经济责任、法律责任以及在此基础上的伦理责任、社会贡献的责任等,把经济活动所获得的附加值在利益相关者之间进行分配,以此寻求经济性与社会性的平衡。

世界经济论坛则把公司社会责任定位于四个方面:一是公司的道德责任,包括遵守法律法规、遵守产品安全标准和商业道德行为准则等;二是对人的尊重,包括员工安全,就业机会、薪酬公平等;三是环境责任,包括使用清洁能源,共同应对气候变化等;四是对社会发展的责任,主要指对社会和经济福利的贡献,比如向贫困社区提供水、能源、医药、教育和信息技术等要素产品和服务。

---

① 参见〔美〕斯蒂芬·P.罗宾斯:《管理学》,孙建敏等译,中国人民大学出版社2006年版,第141页。

由此可见，公司社会责任是指企业在制定发展规划的同时，应该负有致力于构筑有利于社会长远目标的一种义务，在可持续的范围内，创造出利润以外的价值，即公司在维系生存与发展的同时，承担起社会责任，这就是企业存在的价值。例如企业召回制度。一个实力雄厚的企业可以对生产出不安全的产品作出响应，尽管因安全隐患而有 10 次的产品召回，但它还是一家有社会责任的企业，因为从市场迅速地撤回不安全产品的行动显示了其社会响应能力，它回应了公共责任的要求。

（三）公司社会责任是超越法律所要求的义务

在我国，大部分公司对于社会责任的理解是有问题的。一般认为，企业的社会责任就是遵守法规，履行承诺。“联想”总裁柳传志在一次电视节目中公开表示：交纳税金、招收员工就是尽了公司社会责任。这种解释与国际上对公司社会责任的要求相差甚远。依法纳税是法律底线，如何去超越法律所要求的义务，这才是公司社会责任所要考虑的。例如，对于严重的水资源短缺，公司如何构筑环境管理体系？上海每月以 9000 辆左右的私车拍卖进入市场，洗车行业犹如雨后春笋一般，但根本没有人去关心水的重复利用问题。上海是水资源短缺的城市之一，目前上海、北京、哈尔滨、成都、无锡、株洲等大中城市都已经进入寻找和建设第二水源地的时期。可是，一方面在寻找新水源，另一方面却在大肆糟蹋水资源，淡水资源短缺已经成为未来 20 年我国要面临的重大挑战，作为汽车业应该承担起怎样的社会责任？如果以法律底线衡量公司社会责任的话，可以说，工业化给环境造成的污染，一般都是在“合法”的前提下发生的。大量的工业和生活污水未经处理直接排入水中，农业生产中化肥和农药大量使用，使得部分水体污染严重。水污染不仅加剧了灌溉用水的短缺，而且直接影响到饮水安全、粮食和农作物安全。公司利润以巨大的社会成本为代价，那么公司的社会伦理体现在哪里？

从“经济人”到“社会经济人”，公司可持续发展战略如何面对这一转换？还是以水资源为例。我国水资源已经降至生存警戒线以下。联合国相关组织有关水的生存警戒线数据是：500 立方米/人，而海河流域仅为

300 立方米/人。长江、黄河、淮河、海河均处于“不堪重负”状态中。公共部门对公民进行的节水宣传,似乎缺水是由于生活用水造成的。但水利部统计显示,2003 年中国万元 GDP 用水量为 465 立方米,是世界平均水平的 4 倍;全国工业万元增加值用水量是发达国家的 5—10 倍,水的重复利用率为 50%,而发达国家已达 85%。面对如此严峻的水资源危机,有关水的循环利用,公司是否有详尽的战略规划?

社会是公司活动的平台。20 世纪 90 年代以来,企业活动的平台转向国际社会,这就是企业的国际化,由此而来的是,企业面向的社会呈现多元的趋势。多个市场、多个政府、多个民族,对企业来说,社会变得异常复杂,社会对企业的“认可度”也有较大差异。所以,公司社会责任是对社会各个问题的积极回应,公司必须对雇员关系、慈善事业、环境保护以及产品安全等社会问题承担责任,并付诸实施。例如,随着我国“走出去”战略的推进,众多的公司活跃在全球市场,然而,公司的雇用与人权对策是否具有竞争力?公司的战略计划是否包括企业伦理与社会原则?项目环境评估、居民健康评估等一系列社会对策是否到位?等等。

公司社会责任,实际上就是创设与社会价值共鸣的制度。企业生产方式和投资方向对公民、社区以及自然环境可能产生正、负两面影响。关键在于公司投资是否将各个利益相关群体纳入决策范畴。对公司的商业决策来说,若一味追求经济利益,长此以往产生的社会问题必然成为阻碍经济可持续发展的主要因素。在这里,以日本“朝日企业市民奖”为例作比较分析。

2007 年第 4 届“朝日企业市民奖”的获奖企业和团体有大阪市的“近畿工人信用社”、东京的“综合警备保障”、福冈的“索尼集成电路九州工厂”以及山形县的“横田东北——食品容器包装公司”。在整个评选过程中,有 171 家企业参与,①企业业绩包括社会福利、环境保护、社区贡献、教育投入等各个方面。

1. 索尼集成电路九州工厂

获得“朝日企业市民奖”的索尼集成电路九州工厂坐落在日本熊本县

① 〔日〕大宫司聪:「朝日企業市民賞」,『朝日新聞』2007 年 9 月 25 日第 13 版。

菊阳镇,工厂的半导体制造过程需要反复洗净,因此,工厂每年需要地下水约 150 万吨。可是,这一带的地下水要维系周边 100 万人的饮水。非政府组织(NGO)"环境网络熊本"呼吁索尼熊本工厂一起开展"地下水滋养活动"。工厂积极回应,并与农家合作,通过引入白川河水系,实施地下水补给工程,2006 年地下水的补给超过了工厂地下水使用量的 30%,约 192 万吨。① 而更重要的意义在于"地下水滋养活动"构筑了社区循环型经济体系。

上述案例说明,企业参与社区治理,有助于构筑一种生态型的社区循环型经济体系,从而创造出富有竞争力的新型产业。今天,社区治理参与型的企业会获得持久的利润。

2. 非营利福利金融机构——近畿工人信用社

获奖的大阪市近畿工人信用社通过支援 NPO 推进社区治理。近畿工人信用社起源于战后,当时是为了帮助工会成员的生活而设置的基金机构。与追求利润的商业银行不同,它是在非营利基础上组建的,具有非营利的福利金融机构特征。2000 年首次建立以 NPO 运转资金以及设备资金为对象的"NPO 事业支援分期融资付款体系"。可以说,这是日本首家支援 NPO 的金融机构。当时,一般银行对 NPO 的融资支持是消极的,而近畿工人信用社却把视角投向社会援助体系,鼓励 NPO 开拓新的服务领域,并给予资金支持。据统计,2007 年 6 月之前,在社区的节水设备制造、残疾人用品设计以及儿童保护用品等方面的融资达到 2500 万日元。②

政府财政支出的困境导致地方自治体的社区服务呈现多元化趋势,而且服务的内容和范围也不断细化。在这个过程中,近畿工人信用社起了很大作用。

如何支援 NPO,大阪市近畿工人信用社与京都 NPO 中心合作,创设面向 NPO 的新融资制度——京都市民活动支援合作融资制度。首先,京都工人福利协议会有 1000 万日元资金存于近畿工人信用社,该基金原来是

---

① 参见〔日〕大宫司聪:「朝日企業市民賞」,『朝日新聞』2007 年 9 月 25 日第 13 版。
② 同上。

以工人福利为目的运行的；其次，在此存款的基础上，近畿工人信用社设置了5000万日元的融资结构，支援每一个NPO的资金上限是500万日元；第三，京都NPO中心设置公益性审查委员会，委员会对申请融资的NPO进行监督，以确认在社区治理中的作用；第四，近畿工人信用社对融资进行最终审查。

在全球化的进程中，地域如何生存？这是全球普遍关心的问题。在经济全球化的时代，资金、物质以及服务与世界市场同步，人口稀少的地区，资金流出。地域经济疲惫与地域贫富扩大，这是区域发展的非均衡问题。国家资金难以向社区流动，社区如何生存？“朝日企业市民奖”提供了一个可操作的理念工具，即将重塑环境的道德冲动和利益驱动转化为理性规范的企业行动：一个企业要变得更有效率，那它就要牢固地扎根于地域社会，具体表现为对社区的忠诚以及社会义务。这正是日本“朝日企业市民奖”创设的初衷。

三、公司民主化规制的宏观调控与微观建构

确立对大企业的民主化规制，促使企业从“经济人”向“社会经济人”转变，公司民主化规制是实现这一转变的制度安排。

（一）什么是公司民主化规制

一个健全的公司以制度化的权力结构为基础。从组织理论看，大规模的组织必然形成官僚组织，在官僚组织结构下，公司董事长与其他董事之间规定了不同的控制力与从属关系。今天的公司，制度化的权力结构正在发生变化。

1. 民主社会中的公司并不民主

董事会是公司的决策机构，它代表股东利益，是公司法定的所有者。虽然股东是权力的象征，但他们并不是掌权者。从理论上说，董事会制定政策，并挑选执行这些政策的高级管理人员。然而，相关研究者指出，“大

公司的董事会常常扮演一种消极的角色,就像被请来的客人一样"[①]。董事会功能被弱化,公司中的权力由谁控制?

公司需要职业经理来运作,经理阶层控制着公司的政策。由中层管理者阶层与高层管理者阶层共同撑起的官僚制阶层,形成了"经营者控制"的管理模式。今天,经理阶层被看做是一种引导着公司命运的支配性力量。由于具有与公司有关的专业知识,他们能控制公司运作的关键程序。例如,经理层为董事会录取成员,控制着董事会的选举过程,为董事会议定日程……公司规模越大,经理层权力的可控力也越强。在一个"经营者控制"的权力结构下,经理们将他们个人的利益置于公司利益之上,可以把市场调整到对自己最有利的方向,持续地维持其巨额利益。当公司经理提出了错误战略之后,受害的是消费者与雇员。公司利润与社会福利之间没有必然的联系。

对公司权力,美国的一项民意调查表明,1963 年,54% 的受访者担心大公司集中了太多的权力,到 1979 年上升为 80% 。[②] 进入 90 年代初期,美国公众更多地批评公司权力,更少支持公司赢利。由此可见,以"官僚制阶层"治理公司,企业的"民主性含义"就会不断地引起争议。

2. 公司民主化规制含义

经营管理阶层是忠诚于公司的权力价值还是履行社会忠诚义务?在竞争的市场,"自由"与"公正"越来越成为社会所关注的热点问题。如何制止公司"反社会"行为?"公共利益"与"利他主义"经营理念如何向企业渗透?公司民主化规制是一种崭新的视野。

什么是公司的民主化规制?首先,从政治学的视角分析,公司结构三权分立:董事会——立法;总经理——行政;监查会——司法。通过三个权力的分设、制衡,提高公司透明度,并在社会的规范下从事企业活动。这被称为"公司民主主义"。其次,从经济民主主义视角看,经济民主主义强调企业的营利性、生态性与社会性的关联,并在这三大原则的分设与制衡中

---

① 〔美〕里查得·雷恩:《政府与企业——比较视角下美国政治经济体制》,何俊志译,复旦大学出版社 2007 年版,第 154 页。

② 同上书,第 71 页。

构筑公司社会责任的制度环境,从而促成营利性的相对化趋势。但是,公司三大原则的分设与制衡,对企业尤其是现代企业制度的结构来说,至今尚未形成指导性意见。

(二) CSR 宏观调控——公司民主化规制的外部结构

20 世纪 90 年代以来,地球环境问题、劳动、人权以及包括社区在内的社会问题引起全球高度关注。面临这一现实,若要实现社会经济的可持续发展,公司社会责任的理论与行动必须进入一个全新的阶段。

在理论层面,公司民主化规制是把经济外部性问题纳入经济核心范围。例如,产业政策中的 CSR 位置、法律框架中的 CSR 规范等。在行动层面,加入经营者网络与国际机构,以此扩大其影响力,并指导企业经营方式,进而对经济、社会、环境产生巨大影响。在这里,市民的声音,价值观的变化,非营利组织(NPO)规模的逐渐扩大,以及在一个网络体系中,NPO 对公司活动的监视、批判、调查、建议等,其影响力呈逐渐增强趋势。

在这时代的转换中,公司如何走出权力结构?如何回归社会?这要从组织结构的公司民主主义、公司行为的社会意义以及环境革新与全球化社会的构筑等方面考虑。

公司民主化规制将打破主流思想,并触发范式变迁。可是,现实的情况是,公司仅仅把社会责任限定于自主性的框架内,对来自外部的规制与诱导,一般是予以抵制的。以日本的教训为例,日本经团联在 1991 年的《公司行动宪章》中提出:"公司不仅仅是通过竞争获取利润的经济主体,对社会来说,公司是对社会有益的存在"①;2003 年,日本经济同友会发表《企业白皮书:市场进化与社会责任经营》;2004 年 5 月,日本经团联把"公司社会责任"写入《公司行动宪章》。可是,《公司行动宪章》制定以后,会员公司的违法事件不断发生,为了强化处罚,宪章也几经修改。可见,公司社会责任的相关规定以及经团联的《公司行动宪章》并没有被遵守。

① 〔日〕丸山惠也:「現代社会における企業の社会的責任」,『会社と社会——比較経営学のすすめ』,文理閣 2006 年,第 197 頁。

笔者认为,一个规范的市场应该构筑 CSR 外部规制体系,从而对公司的 CSR 监督形成良性循环机制。

1. 公司社会责任的外部规制体系

一是已有的公司社会责任国际评价机构的规制,如《跨国公司有关人权的责任规范》、《有关跨国公司与社会政策的原则》、OECD 的《跨国公司的行动基准》等等;二是国家层面的规制,如强化反垄断法、公司行为基准设定、环境规制等。

从外部规制体系看,国际机构、本国政府、经营者团体、非政府组织(NGO)/NPO 都从各自的立场对公司行动基准、伦理原则作出了相关规定。

2. 由外到内的规制

例如,工会组织、职工参与管理的制度安排;在工资、就业、职业培训与社会保障领域制定一系列保障“工人健康与安全”的相关政策;职工团体与经营者团体交涉的权利等。

3. 自下而上的规制

此即以消费者运动、居民运动为代表的市民运动;非营利组织与公司之间的“社会对话”等,以公民社会的规则构筑公司社会结构。

一般来说,公司 CSR 的自发性行为是有局限的,应该通过“法治的、契约的制度”推进 CSR。政府要考虑企业主张,更应该考虑市民团体的主张。例如,欧盟有《CSR 欧洲框架》,而我国迫切需要制定一个法制的外部框架,以由外到内的规制迫使公司承担起实现社会公平的责任。

综上所述,公司民主化的外部规制在于追究其生产过程,更进一步说,是追究公司的经营体制,即在怎样的经营体制下生产?其生产过程是否符合具有社会责任的企业标准?具体如图 12-1 所示。

由图 12-1 可以看出,一个规范的市场,应该制定 CSR 评价体系,从而对公司的 CSR 监督形成良性循环机制:公司对 CSR 的积极应对——市场对具有社会责任的公司予以支持——市场评价——公司竞争优势。但是,公司社会责任的良性循环不会自然形成,政府的政策导向尤其重要。另外,NGO、NPO、工会组织、金融机构对 CSR 的关心、支援、监管也不能缺少。

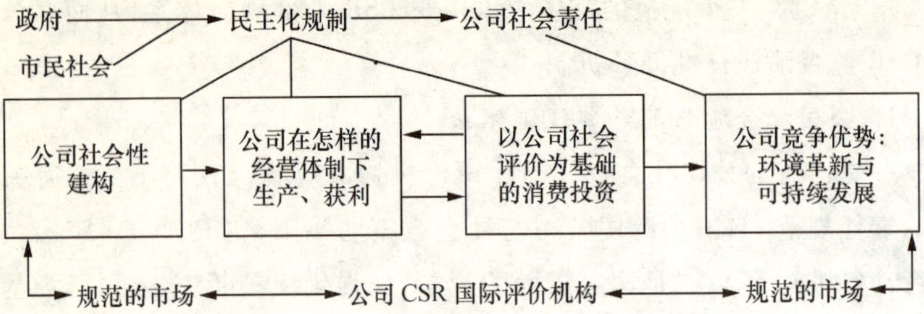

图 12-1　对公司民主化的外部规制

对此，CSR 国际评价机构，如国际标准化机构（ISO）的有关社会责任评价——ISO26000 规则正在不断地推进，它是作为指导方针被采纳的。在 NGO 层面，有国际联合机构（UN）的《全球行为标准》（Global Compact，GC），它以人权、劳动、环境作为防止腐败的伦理规范的三支柱，规定公司自主的行动标准。另外，SA8000 是国际企业行动规范，是美国 NGO 在 1997 年倡导的“国际社会责任”（Social Accountability International，SAI），与 GC 不同的是，通常的 NGO 运营主要在人权、雇用童工等方面，而 SAI 是以工会、企业利益相关者、专业知识者、评价机构等的合作关系为基础，人员分布是地域性的，涉及北南美、欧洲、亚洲，所以，它又是全球性的。

在上述基础上，消费者、就业者以及投资者的价值判断发生了根本变化。消费者在购入商品的时候，作为价值判断，首先考虑的是公司对消费者的社会责任问题；就业者在选择工作岗位的时候，首先考虑的是公司对职工的社会责任问题；投资家在决定投资对象的时候，一个重要的标准是 CSR。在一个交易的市场，当与卖方签订契约的时候，除了考虑品质、价格与交货期以外，更重要的是考虑对环境的承诺以及对于社会项目的追加。

（三）CSR 微观建构——公司民主主义的内部规制

来自公司外部的民主化规制，迫使公司走出公司治理的权力结构，转向“环境革新”与可持续发展轨道。这是一种新的市场原理，它迫使公司的社会责任从“慈善感觉”（援助活动）上升为左右企业生存与发展的决定性要素。

在微观层面，公司民主化规制涉及公司民主化管理、环境革新与道德管理等方面,社会责任应该成为企业经营的中心问题,并作为经济重大课题被纳入公司决策过程。这是一个政府、市民社会、公司的互动机制。

公司民主化管理的切入点在哪里?从微观层面看,是资本与劳动的关系,这涉及两个基本理论,其一,资本理论;其二,人的理论。前者关注结果(利润),后者关注过程(权利)。公司民主主义的含义是在政治经济学层面寻找自己的地位,从"资本"向"人"的转换中体现其社会存在。从这个意义上来说,企业是资本的结合体,同时也是人的结合体。具体而言,公司民主化管理的切入点主要体现在以下三个层面:

1. 把企业经营方式纳入社会责任范畴

全球人力资源管理协会(the Society for Human Resource Management, SHRM)曾经对美国、中国、印度、墨西哥、巴西、澳洲及加拿大七国进行过一项公司社会责任的专项调查。调查显示,巴西企业比较愿意创建企业社会责任计划,在企业社会责任方面的参与达到95%;美国同行有91%;中国企业最不鼓励员工参与企业社会责任计划,中国企业员工参加社会责任活动的比率最低。①

所以,把企业经营方式纳入社会责任范畴是公司迫切要考虑的战略问题。具体表现为:第一,经济活动体现社会公正、伦理以及对环境的责任;第二,就业录用与职工考核的公正性;第三,产品的品质与安全性;第四,企业的劳动环境、人权以及信息公开问题等,公司从遵守法规向创造企业价值转换,寻求社会责任的创新活动。

2. 公司参与社会事业

公司要开始着手解决社会问题——参与社会事业。第一,开发社会性商品与服务,促进社会事业;第二,开发环境型产品、老年人和残疾人产品,促进地域开发与治理;第三,公司把社会问题作为一种事业,进行社会责任投资,等等。例如,公司通过"社会创新"参与社会事业。联合利华在印度尼西亚与乐施会合作社会创新项目,公司赢利的大多数留在当地发展经

① See Landmark Study Finds Spread of Corporate Social Responsibility, www.shrm.org/surveys, April 11th, 2007.

济,联合利华支撑着相当于30万个全职工作的机会。

可见,公司创新不仅仅是产品创新、组织创新,更需要的是“社会创新”(Social Innovation)。联合利华执行长Patrick Cescau对“社会创新”的解释是:研发设计产品不仅要考虑消费者的功能需要,如食品的健康安全等,更要纳入消费者期待解决社会问题的各种“公民渴望”①。

3. 开展社会贡献活动

社会贡献活动包括:利用企业资源支援社区;企业捐助;利用公司业务、技术开展社会贡献活动;参与慈善活动等。例如,拜耳医药保健公司于2007年10月与中国卫生部签订策略伙伴计划,计划在未来5年内用2000万人民币训练中国中西部11个省332个贫困县的1万名医师。美国百事公司2007年4月宣布,在未来3年采购可再生能源,用于抵消在总部、全美工厂、物流中心及区域办公室所使用的电量。

以上三个层面的公司社会责任微观建构,其实质意义在于:(1)企业经营活动的过程应该充分重视社会的公正性、伦理性、环境以及人权;(2)对利益相关者有说明责任义务;(3)在环境、劳动、就业、人权、产品以及劳动环境、信息公开等所有问题领域,重视企业社会责任。例如,公司在选择投资对象的时候不仅考察财务绩效和管理,而且要重视这些投资所带来的人权、工作环境、健康等方面的社会责任问题。尤其是在新能源领域活跃的国际性企业,积极参与构筑地球可持续能力的再生计划,企业活动指向再生能源、未来型燃料以及绿色科学技术领域,这些企业以中长期的资金回报为目标。在中国,这类企业并不多。

四、公司民主化规制的测量与评估

公司民主主义如何测量?公司民主化规制并没有严格的定义,这涉及测量的问题,任何真实的事物都是可测量的。公司民主化规制是一项多重指标,可以通过多重选择获得公司社会责任的相关属性。然而,什么是最

① 钱为家:《全球战略CSR案例报告》,中国经济出版社2010年版,第31页。

理想的公司民主主义？这取决于如何测量“最理想”的相关变量。例如，儿童劳动，强制劳动，健康与安全性，劳动时间，补偿，以及工会、职工与经营者交涉的权利，公司信息披露制度等。

然而，公司是追求利润最大化的结合体，所有投资都是以预期回报率为导向，社会和环境投资也不例外。公司进行社会投资决策，不仅关注其投资是否有助于建立一个正义、可持续发展的社会，亦会追求利润最大化以确保资本增值。但是，对公民、社区以及自然环境的投资能否产生“正”的效应呢？对于公司社会责任来说，这是治理绩效问题。

治理绩效最关键的要素是责任性，[①]而公共治理视野中的公司社会责任更注重的是公共责任，对于公司民主化规制的评估与测量，正是基于这一目标。

（一）测量的信度与效度

如何测量公司民主化规制与公司绩效的关系？一般从公司社会责任的相关变量入手，常用的方法是通过分析企业的年度报表，或者引证公司文档中有关社会活动的描述，或者采用公众感受的“声誉指数”测量企业的公共责任与社会绩效。以这些标准衡量公司民主化规制的成效，从评估测量的效度以及信度看，有时很难反映其真实性。

1. 测量的信度

信度是指使用相同研究技术重复测量同一个对象时，得到相同研究结果的可能性。信度并不一定代表准确性。例如，采用磅秤的方法测量某人的体重，共测量两次，如果两次的结果相同，这种测量的方法可信。如果为了让某人的感觉好一些而将磅秤的刻度调低 5 磅，虽然每次测量的结果相同，那么也不过是重复错误而已，这种状况叫做“造假”。

证券市场信息公开制度是公司民主化规制的一个重要变量。可是，我国证券市场没有信息披露制度。所以，造假上市或者虚假财务报表比较普

① See G. Hyden and M. Bratton (eds.), Governance and the Study of Politics, Governance and Politics in Africa Boulder, Lynne Rienner, 1992.

遍。造假上市公司以良好的业绩向债权人展示其赢利能力，从而在短期之内筹集到数以亿计的资金，而投资者无法预测公司的实际经营状况，因为上市公司采用了以下造假方法：首先，“利润包装”。例如，收入提前进账、推迟结转成本、以收益性支出当做资本性支出、增加折旧年限、亏损挂账、资产重组等。其次，企业亏损造假。例如，收入进账推迟、提前结转成本、减少折旧年限、将应予资本化的费用列入当期损益等。

对大多数公司来说，公司绩效体系是否包括社会贡献活动，这是把握测量信度的重要方面。例如，企业对社区治理的贡献、对国际社会的贡献、对职工幸福生活的贡献等，在公司财务报表中能否体现？这涉及公司信息披露的相关制度规定。

企业社会责任信息披露可以有多种形式，但一般是采取企业社会责任报告或财务报表的形式。在我国，公司社会责任报告是公司自愿行为，不具有强制性。深圳证券交易所在 2006 年 9 月 25 日发布了《深圳证券交易所上市公司社会责任指引》，鼓励深交所上市公司积极披露社会责任报告，但是截至 2008 年 6 月 1 日，只有 47 家上市公司披露了社会责任报告。即使在财务报表中有社会责任的相关报告，但重点一般涉及慈善捐赠状况，至于生产经营各个环节的有关社会责任数据根本没有披露。也就是说，社会责任报告主要是定性分析，缺乏量化，大多数公司承担社会责任动力不足。中国社会科学院“公司社会责任研究中心”和《证券时报》“中国上市公司社会责任研究中心”联合编写的《中国上市公司非财务信息披露报告2011》深刻指出了这一现象，报告承认，上市公司非财务信息披露水平整体处于起步阶段，99% 的企业得分不及格，没有一家公司的得分在 80 分以上。[①] 非财务信息披露是指公司主动披露除财务信息以外的社会、环境信息。

2. 测量的效度

效度是指实证测量在多大程度上反映了概念的真实含义。首先是表

---

① 参见《上市公司 99% 非财务信息披露不及格》，http://www.news.china.com.cn，2011 年 12 月 28 日访问。

面效度，即实证测量的结果与我们的共识或我们头脑中的印象的吻合程度；其次是由一系列标准所确定的标准关联效度（也称预测效度）。

公司社会责任活动与经济绩效之间的关系是正相关还是负相关？实证测量的结果与我们的共识，或者与我们头脑中的印象的吻合程度是否一致？这由一系列关联效度（也称预测效度）确定，其测量往往是一个长期的过程。例如杜邦公司计划从1990—2010年二氧化碳排放削减65%，现在已经削减了45%；[①]丰田等10家世界著名企业联合制定削减温室气体排放15%的计划，等等。显然，这一系列业绩在短期内很难奏效。

对于测量经济绩效的年度报告等，通常用于短期的量化统计，而社会责任对公司利润的影响，无论是积极的或者是消极的，一般都要多年后才能见效。所以，根据公司短期财务指标也不可能得出有效的测量结果。

3．对策

信息公开制度是保障信度与效度的一个关键因素。美国证券市场有信息公开制度，尤其对会计信息透明度有严格规定。美国证券交易管理委员会（SEC）前主席利维特在1994年提出了会计信息透明度问题。1996年SEC把透明度和可比性、充分披露并列为高质量准则的三个要求。此后，巴塞尔银行监督委员会和联合国贸易发展会议对会计信息透明度作了具体规定，即通过减少备选方案、提高可比性来提高会计信息的透明度。美国"安然"事件致使会计信息透明度再次成为关注重点。当时的证券交易管理委员会主席皮特要求从及时、准确和清晰三方面消除会计信息的不透明。2002年7月，美国《公司改革法案》明确规定公司应提供具有透明度的会计信息。

我国证券市场为何监管乏力？原因如下：一是采用委托代理制和"股东大会—董事会—经理层"分层授权控制模式。经理层和大股东作为公司管理者控制了会计信息的生成与披露，中小股东对会计信息的知情处于绝对劣势，所以无法监督经理层和大股东的履约情况。二是董事会缺乏独立性，无法对经理人员实施有效的约束。例如，董事长、总经理由一人兼任的

① N. Miyats，「環境と成長は両立可能」，『日本经济新闻』2003年11月27日第3版。

公司占统计有效样本数的47.7%。原本是董事长监管总经理,现在变成董事长自己监管自己。三是公司监事会缺失,即使有,也形同虚设。

所以,要保证测量的可靠性,第一,应制定证券市场信息公开相关法规。第二,形成一个强大的外部监督机制,国际上比较有效的方法是采取“审计公告”制度,对审计结果通过公告形式向社会公示,使社会舆论更多地参与到监督中来。第三,建立民事赔偿制度。最高人民法院曾经制定《关于受理证券市场因虚假陈述引发的民事侵权纠纷案件有关问题的通知》,但是,在举证责任和诉讼成本方面,受害者很难维护自己的权益,提起诉讼的概率自然很低。

(二)中长期的风险评估方法

联合国环境规划署金融行动(UNEP FI)有关机构投资家的“资产运用特别调查委员会”在2004年形成一份报告即Materiality Report,针对给予企业经营重大影响的风险项目,也就是说,UNEP FI开始重新研究机构投资家的投资原则。UNEP FI指出,机构投资者在投资有价证券的时候,给环境、社会带来很大的负面影响。前联合国秘书长安南在2006年提出社会责任投资原则(the Principle of Responsible Investment),原则规定在决定投资的时候,必须考虑环境与社会,这是一种“实体评价”的方式,其重要性已经被国际社会认可。

由此可见,风险评估主要考虑投资对环境与社会的影响。我们的金融机构在投资基准一览中,对企业环境与社会治理的评价,应该逐渐向以财务数据为中心的、中长期的评价方式转换。这与一般意义上的在投资项目中纳入社会、环境因素是有区别的。中长期评价方式纳入了CSR评价体系,风险评估是这一方法论的主要特征,如果公司的环境风险与治理体制不完备,必将对公司业绩带来影响。随着市场的成熟,中长期风险评估的重要性日益显现,企业评价基准由此发生变化,这是近些年来企业评价的一种新动向。

(三)对产品供应商的CSR评估

作为产品供应基准的CSR,对企业来说,可以直接影响其生存与发展。

企业的生产网络不断地扩张，CSR 对象不仅仅是自家公司，还涉及集团企业，国内外的生产委托、承包单位，合作公司等。交易合同签订的时候，品质、价格、交货期是基本款项。然而，与环境相关的基准条件，如绿色供应等，在这十年左右的时间有了长足进展，包括卖方在内的、范围广泛的 CSR 逐渐被市场认同。在全球化进程中，跨国公司与国内企业一样，遵守严格的环境标准，以及与劳动、人权相关的政府政策。

在英国，NGO 人权组织——CAFOD（Catholic Agency for Overseas Development）对产品供应链的每一环节都提出了改善劳动条件的要求。从 2003 年开始，交易量排前 40 位的产品供应商都把 CSR 纳入管理规范，即“供应商行动规范”。以惠普（HP）的“供应商行动规范”为例：(1) 遵守法律，遵守一切国家的法律；(2) 环境对策，遵守 HP 有关环境的要求，尤其是对有害物质的管理必须有相应的报告；(3) 企业职工的安全、伤病、疾病的报告与管理；(4) 禁止强迫劳动、儿童劳动等。

IBM、微软、英特尔等国际著名企业在 2004 年秋天共同制定 CSR 供应标准——“电子工学产业行动标准”（Electronics Industry Code of Conduct, EICC），并于 2005 年正式启动。“电子工学产业行动标准”见下表所示：

表 12-1　电子工学产业行动标准

公司民主主义	健全民主制度；信息公开；构筑公正竞争的环境；保护检举人；参与社区治理等
职工权利	职业选择自由；劳动时间、工资、津贴等人道待遇；公平、无差别；结社、交涉的权利
环境革新	环境许可证/报告；公害防止/省能源；避免危险物质；废弃物零排放；产品有害物质的限制等
道德管理	承诺、说明责任；会计监督与评价；消费者权益；社区关怀

在欧洲，产品供应商也相继制定一系列社会责任宣言，Global e-Sustainability Initiative（GeSI）是一个典型规范，在联合国环境计划 UNEP 与国际电气电信联合 ITU 的支援下，2001 年在巴黎正式启动。在产品供应链层面，CSR 特别调查委员会由 Ericsson、BT、Wikipedia、Motorola、Panasonic 等主要厂商组成，2005 年，GeSI 与 EICC 结成伙伴关系，HP 等著名公司也加入了这一组织。从 2006 年开始，供应商的监管与风险管理已经成为共

同的规范。GeSI 作为情报信息业界共同遵守的规范,在企业可持续发展的推进过程中起了重要的作用。

Wikipedia 公司制定了具有本公司特点的供货标准,在与供货商签订合同的时候,人权、劳动权、环境管理、禁止行贿等条款都进入了合同款项中。在汽车产业,供货商的 CSR 也越来越受到关注。法国雷诺集团在 2004 年 10 月宣布维护职工的基本权利,包括禁止童工、禁止强制劳动、改善劳动条件、职业保护、职业培训、职工代表大会等。雷诺公司对供货商也提出了相同要求。2006 年以前,80% 的供货商作出了承诺,下一个阶段的目标是供货商 100% 的 CSR 承诺。

在日本,供货商的 CSR 承诺也进入了一个新的阶段。索尼公司在 2005 年加入了 EICC。NEC 从 2005 年开始也把 CSR 纳入供货商的基本规范中,尤其在风险管理方面,NEC 对供货商提出了六项要求:(1) 产品品质与安全风险;(2) 环境风险;(3) 信息安全风险;(4) 劳动安全、卫生风险;(5) 有关公正交易的风险;(6) 人权风险。以上要求也针对发展中国家的供货商,其中的“产品品质与安全风险”正是发展中国家容易忽视的。

另外,SRI——社会责任投资也进入了供货商的视野。在 Dow Johns Sustainability Index 与 FTSE4Good 的评价体系中,对发展中国家的劳动条件、人权、安全卫生、环境等方面进行评估。FTSE4Good 在 2004 年要求进入全球化的企业的供货商在强制劳动、童工劳动、职工代表的保障、团体交涉等方面遵守 CSR 的相关规定,并投入相应的资金。在此基础上,FTSE4Good 又提出第二步方案,要求供货商建构一种组织体系保障 CSR 的有效实施,对象先从食品厂商、服装、小商品开始,将来扩展到 IT 产业。

我国企业也积极参与了作为供应链的公司社会责任活动。近些年来,我国参加国际机构 UN 的 GC (Global Compact)的企业也逐渐增多。GC 创立于 1999 年,它以人权、劳动、环境作为防止腐败的三支柱,主要规定了企业自主的行动标准,但基本上没有法律的约束力。近几年来,参加 GC 的企业数急剧增加。发展中国家的中小企业也积极参与。可是,从实际的实施状况看,大多数参加 GC 的企业并没有按照 GC 的要求整合其公司体制。

SA8000 是国际性的企业行动规范,包括儿童劳动、强制劳动、健康与安全性、劳动时间、补偿以及工会与团体交涉的自由等多个方面。这些年来，参加 SA8000 的企业剧增，尤其是发展中国家的中小企业。例如，印度有 104 家公司，占 15%；中国 99 家，占 14%；巴基斯坦 47 家，占 6%。[①]

综上所述，在环境、劳动、人权等领域，公司民主化规制促使公司行为基准与基本规范进入了一个新的时代。可以说，这是全球化的市场社会对企业的期待。从公司层面看，公司在考虑经营方针的时候，社会的基本点是明确的。国际机构与 NGO 从各自的立场出发，对企业行为提出了规范要求，CSR 在市场社会的定位基本是稳定的。由此可见，企业行为标准不断地具体化，CSR 的社会期待不断地提高，对公司来说，CSR 的市场定位是一种契机。推进全球化水准的国际市场规范，从而促使社会规则革新，这是“社会契约”形成的过程。[②]

---

① 〔日〕谷本宽治：《企业社会责任的评价与市场》，载《公司与社会——比较经营学的推进》，文理阁 2006 年版，第 223 页。

② See G. F. Gavanaht, The Caux Round Table Principles for Business: Comparison and Prospect, Conierence on Corporate Codes of Conduct at the City University of New York, 2004.

第五篇 政府、企业与社会：协同治理下的企业社会责任

今天，作为全球发展的新的方向是“人的发展”（Human Development），联合国开发计划署（UNDP）把它作为21世纪国际开发合作的新理念。人——重新回到社会核心的地位，这就是“人的发展”。

公共治理结构中的公司社会责任以“人的发展”为前提，旨在构筑系统各部分间的协同，国家、公司及公民社会通过协同治理达到新的均衡。

第13章从“社会企业”的角度阐述协同治理。社会企业源自19世纪的欧洲，它是在国家权力之外，由市民将个体人力资本通过社会协同，提高其社会效能，促进社会发展。对于今天的“社会企业”，我们更关注企业家的社会责任。20世纪80年代以来，“以投资方法改变社会”——社会责任投资成为公司与社会协同治理的新范式。

在中国，社会企业是一个新生事物，社会责任投资也远远滞后于发达国家。为了构筑可持续发展的社会经济体系，宏观层面的社会责任推进制度是实现目标的关键。然而，产业政策的基础CSR应该置于怎样的位置？对此，与社会问题相关的各个部门正在共同寻求政策层面的改革。

第14章对新公共管理中的“公共性”提出质疑。本章对日本公共部门民营化改革以及上海公共部门改革进行了评述，在此基础上，提出“官制市场”与“市民市场”两个概念。

本篇从“市民的公共”——一个“大公共”视野中探讨从“批判型市民运动”向“政策提案型市民运动”转换的可能性，并在此基础上，以“市民市场”实现对“官商”权力的制约。

第十三章　社会企业——协同治理新范式

社会企业(Social Enterprise)是欧洲19世纪以来的一种志愿协同联盟,也称社会协同组织。19世纪的欧洲,“社会企业”作为市民社会内发的发展结果,充分体现了财富资本与社会资本同步发展。

一、社会企业:起源、含义、目标及趋势

(一)起源:社会企业与社会经济

社会企业源自欧洲19世纪市民自主活动的社会协同组织,可以在欧盟“特定社会经济研究”项目成果“欧洲社会企业兴起”中看到其源流。项目成果于2000年出版,书名为《社会企业》。从此,“社会企业”被官方和学术界认可,其影响力也不断地扩大。

“社会经济论”是“社会企业”的理论表述。“社会经济论”产生于19世纪40年代的西欧,它是指国家与个人之间进行有效联系的中间地带。一国的经济增长,如果没有积极的社会干预,失业与贫困问题是不会随着经济增长而自行消除的。西欧市民社会的自我发展过程中,社会问题通过社会资本的积累逐步解决,也就是说,它是在国家权力之外,由市民将个体人力资本通过社会协同,提高其社会效能,促进社会发展。在19世纪的欧洲,“社会协同”被称为“社会经济”。

“社会企业”包括三种社会经济组织:一是协同组合;二是民间保险公司;三是市民联盟,即市民自发性团体,例如与开发合作相关的NGO等。这些社会经济组织从事的经济活动不是用于资本积累,而是在某种程度上制约资本分配,把资金的一部分用于工人福利、失业救济与社会救助等方

面。正是从这一意义出发,“社会企业”有时被称为“社会经济”。

在英国,“社会经济”是指由“社会企业”控制、运行的经济。英国社会企业的支援组织“伦敦社会企业”负责人阿里森对英国“社会企业”作了如下概述:社会企业一般招募容易被社会排除的人员,例如,在贫困地区开设餐厅,并设立职业培训中心,在那里,优先招聘失业人员。由职业培训中心传授员工烹调技术与服务技能,然后向劳务市场推荐。社会企业获得的利益再向地域投资,从而成为地域开发的主要力量。另外,以残疾人自立为目的的协同组合或者是一些轻微的残疾人所从事的服务性工作也是英国社会企业的一大特点。

从理论的渊源分析,社会经济、社会企业与“政治联合论”有直接的关联。“政治联合论”来自于1791年法国人权宣言第2条,即“市民有建立政治联合的权力”。19世纪40年代,“政治联合”逐渐向“联合经济”、“协同经济”转换,从而产生“社会经济论”。

法国经济史学家查理·齐德(G. Gide)在《社会的连带经济》一文中提出以“社会经济”探求宏观的社会组织变革:首先,以“社会经济”推进社会事业,实现社会公正;其次,以“社会企业”改变社会组织,以促进资本主义经济制度改良。①

19世纪是政治经济学的全盛时期,但是,对政治经济学来说,解决工业化出现的社会问题,却是“社会经济”。在英、法、德以及西班牙等国,“社会经济”以“社会企业”的形式表现出巨大的社会功能。

(二)社会企业含义

《社会企业》一书将“社会企业”界定为“存在于协同组合与非营利组织交叉空间的组织”②,它包括:其一,经济层面企业;其二,社会层面企业。

1. 经济层面企业

(1)对于财富与服务的生产以及供给;(2)高度自律性;(3)有一定

① 〔日〕西川潤:『人間のために経済学』,岩波書店2006年,第273頁。
② 同上书,第275页。

经济风险;(4) 一定数量的有偿劳动。

2. 社会层面企业

(1) 以对社区的贡献为目标;(2) 设立市民组织;(3) 不以资本多少为原则,实行一人一票原则;(4) 接受与活动影响有关的人员参加;(5) 对利润分配有一定限制。

然而,在不同的学术研讨场合,对“社会企业”又有不同的解释:一种观点认为,社会企业就是服务社会,不以营利为目的,非营利组织和慈善公益事业属于社会企业。另一种观点认为,社会企业是非营利组织成立的营利机构,社会企业也是企业,它可以营利。一种被大多数人接受的观点认为,不少非营利组织缺少企业家精神,没有创意,而且效率低下,这样的企业不应该称做社会企业。所以,凡是具有社会理念,且有企业家精神的公司都可以称做“社会企业”。[①] 也就是说,社会企业并不是专指非营利组织,不论是非营利组织还是营利组织,只要具有社会责任,并积极付诸实施,从而得到社会充分认可,都应该是社会企业。这里,对社会企业的界定也基于这一观点,因为这一定义可以号召更多的公司投入到社会责任运动中来,以更多的社会资源解决社会发展问题。

(三) 社会企业目标

在英国、意大利等欧洲国家,或在美国、拉丁美洲等国家,社会企业以不同的形式活跃在地域发展的各个领域。在欧洲,社会企业的规模和影响力呈不断扩大的趋势。首先,创造就业,解决社会弱势群体问题,促进地区发展,这些是其他组织难以解决的问题。其次,促进福利制度转换。由于福利国家的财政困境,以及社会老龄化所带来的家族关系的变化,社会企业开拓了福利政策的新视野。对于老龄化社会来说,开辟了新的市场。对于地域发展来说,社会企业提供了一种新的社会服务。随着社会企业的规模不断扩大,社会关系资本(social capital)也呈现不断积累的趋势,对社区的开发、建设与治理起着不可低估的作用。

---

① 参见钱为家:《全球战略 CSR 案例报告》,中国经济出版社 2010 年版,第 229 页。

在英国,1991年制定实施的《社会协同组合法》促进了社会企业的蓬勃发展。《社会协同组合法》以社区利益为目标,社会协同为运行机制,在州以及县区,由社会协同组合创建的国际财团,2000年达到207个,一个财团组织平均由28.3个社会协同组合构成,对于各个社会协同组合,地区的国际财团在资金运营方面组成协同组合联合会、协同组合基金、信用保障机构等,在市政府与大学的协助下形成连带网络,从而形成社会关系资本。

英国社会企业的另一特点是没有统一的法人资格,社区利益的公司、劳动者协同组合等组织既有具有法人资格的,也有不具有法人资格的。围绕服务于弱势群体等一系列活动,促进社会企业的发展。其一,以社区中心为基础的、以地域发展为宗旨的模式;其二,职业培训模式,主要为残疾人、年轻失业者、移民等人群开设;第三,为吸毒人员、精神障碍者等提供服务。以上社会企业活动,在资金方面,来自政府的较多。布莱尔政权执政以来,政府给予慈善团体的资金,从1991年的31.7亿英镑增加到2002年的75.3亿英镑。①

(四)趋势——欧盟"社会企业"重新崛起

在20世纪30年代的经济危机,以及第二次世界大战以后的经济成长时期,"社会企业"几乎消失,而在20世纪80年代又一次兴起,并引起全球广泛关注。"社会企业"的重新崛起基于以下三个原因:

第一,随着资本积累逐渐进入成熟阶段,人们对富裕的认识,在价值观方面发生了很大变化。欧盟各国民众更加追求人与人之间的关系,即社会关系,也就是说,从单纯地对利润的追求转向对社会的、文化活动的需求。对于人类福利的基础,他们不仅重视经济层面,更重视经济与社会的整体发展。

第二,西欧混合经济模式中形成的福利国家体制,由于老龄化社会引起财政赤字,到了80年代已经步履维艰。与美国、俄罗斯国家不同,欧盟国家的财政赤字是由于优越的福利政策造成的,所以对经济增长时期确立

① 〔日〕小塚尚男:「日本社会的企業の現状」,『地域開発』2007年11月,第22頁。

的福利国家体制普遍持批判的态度。例如,对公共政策反思,或者对国家作用的边界提出质疑等。在一系列的反思和质疑声中,市民认识有了空前提高。

第三,欧盟国家居高不下的失业率是“社会企业”复活的又一重要原因。欧盟国家的平均失业率在10%左右,在法国年轻人中,这一比率达到20%,[①]几乎接近20世纪30年代经济危机时代的失业率。正是在这种情况下,19世纪英国经济危机中由失业工人组成的协同组合运动,在今天的欧盟国家以“工人消费协同组合”的形式活跃在社会公共领域。

在上述原因的推进下,“社会企业”得到了欧盟国家政府的确认。从欧盟的组织结构看,共有23个总局,社会政策属于第5个总局,“社会企业”属于第23个总局管辖,同属第23个总局的还有企业福利政策、协同组合等。有关非营利部门的相关法律也是由第23个局制定的,实际上这是有关“社会企业”的立法,立法一旦通过,税制以及奖励政策将对亚洲乃至中国都有重大借鉴意义。

在“社会经济”的推进,19世纪协同主义传统的复活过程中,协同组合是一个显著特点。1989年以来,欧盟每年举行“社会经济”会议,参加者有协同组合、民间金融、保险公司、社会团体、学者以及政府人员。欧盟的“社会经济”理论研究机构——“协同经济国际研究中心”把1992年在巴塞罗那协同经济国际研讨会上发表的成果命名为“社会经济”。

二、社会企业类型

“社会企业”分社会创业家与社会资本家两大类,以上列举的英国与美国的社会企业行动方式应该归类于社会创业范围。总体来看,社会创业以社会创新为特点,帮助弱势群体摆脱困境。社会资本家运用公司经营方式解决最为迫切的社会问题,例如,贫穷、无家可归、失业等一系列社会问题。

---

① 〔日〕西川潤:『人間のために経済学』,岩波書店2006年,第275頁。

（一）社会资本家

“社会资本家”代表了20世纪80年代以来的市民运动方向——“自我组织化”，在现实的社会框架内，创造出一种合适的、独特的制度，它不是来自既存制度的统合，而是通过“自我组织化”面对发展中的问题。在金融领域，有Domini社会投资公司、发展中国家市场机构（Developing World Markets，DWM）、支持银行（Shore Bank）、孟加拉国的小额贷款银行等，这些都可以称做“社会资本家”。例如，“支持银行”来自房地产产业。由于美国芝加哥城市小区企业衰退，银行创始人希望通过房地产产业协助解决小区发展困境。“支持银行”协助全球四十多个国家约五十家小型银行，小型贷款业务达三亿多美元，以帮助无法从传统银行取得融资的民众，从而协助金融机构。

“社会责任基金投资银行”的经营理念是：运用资本市场，创造投资机会，协助解决社会问题。目前DWM掌控全球2.5亿美元的资金。[①]

但是，全球知名度最高的还需首推孟加拉国的小额贷款银行。小额贷款银行是由穆罕默德·尤努斯（Muhammad Yunus）教授发起的。1976年，尤努斯教授把贫困女性组织起来，通过编织竹椅子改善她们的生活。教授自己作为担保人向银行贷款小额资金，试验是成功的。可是，问题的实质是没有土地的贫困女性如何成为银行的融资对象。尤努斯构思的是架构一个对贫困女性起作用的银行制度，他把融资活动作为NGO计划推进。1983年，银行被政府认可，银行的会员在2000年超过237万人，涉及4万个以上村庄，其中95%是女性。通过小额贷款银行融资建造的住宅多达53万户。住宅贷款中的基础资材都是由小额贷款银行在全国分散的作业所经办。尤努斯教授的成功在于创建了一种崭新的商业模式——小额贷款。这是一种新型的、非常特殊的商业模式，首先，这种商业模式不是以赚钱为目的；其次，它是以企业的方式运作的，用企业家的创新精神投资和运营一个较大规模的社会发展项目。这样的商业模式，又是以社会效益最大

① 参见钱为家：《全球战略CSR案例报告》，中国经济出版社2010年版，第235页。

化为主的,同时又有一定的利润。这种商业模式就是社会企业模式。尤努斯教授也因此获得了2006年的诺贝尔和平奖。

(二)社会创业家

社会创业家涉及环境、社会等领域,它有三个层次:第一个层次是社会性与企业家的统一,社会创业家对公司运营中的"公共政策"越来越关切,企业产出是社会性的,它促进了健康福利事业。第二个层次是回归式的,商业利润反哺社会,以减少社会成本。第三个层次是非营利性组织创建营利性公司,其赢利用来补充非营利性组织的运作成本。如亚马逊保护小组(Amazon Conservation Team, ACT)、美国可再生能源协会(American Council on Renewable Energy, ACORE)、北京的半边天基金会(Half the Sky Foundation,HTS)、美国纽约的和平工作基金会(Peace Works Foundation, PWF)等,广义上也称社会企业。

亚马逊保护小组旨在保存亚马逊原住民文化,并给予原住民良好的训练和教育,使其成为雨林最好的管理者。亚马逊保护小组协助管理了大约四千多万亩雨林,给26个原住民小区带去福利。美国可再生能源协会的目标是到2025年将25%的电力及燃料由可再生能源替代。

总部位于北京的半边天基金会于1998年成立,发起人为从中国领养孤儿的美国家长。董事会主席罗·迪马蒂(Lou DeMattei)曾任美国银行与英特尔公司的税务律师。半边天基金会以改善孤残儿童生活为己任,通过项目帮助在中国福利院生活的孩子。具体包括:婴幼儿抚育、儿童早期教育及针对个体学习能力与兴趣的多种方法与活动,目标是提高孤残儿童的生活质量。目前已有上万名儿童受惠于五个创新项目:小妹妹婴幼儿抚育项目、小姊妹学前教育项目、大姊妹项目、新和家园项目、中国关爱项目。半边天基金会的命名引用中国名言"妇女能顶半边天",支持者已从原来的几个家庭发展到遍及世界各地的两万个家庭。

2011年1月12日,掌握着数十万亿美元资产的投资者聚集纽约联合国总部参加"气候风险和能源解决方案投资者高峰会议"。这些来自美国、英国等众多世界著名的投资管理者就公司如何将注意力更多地转向气候风险和机遇提出了一套指导方针。在高峰会议通过的一项决议中,资产管理者呼吁私营部门更多地投资于低碳科技,并更加严格地审查投资组合中的气候风险因素。

由此可见,社会企业家的价值体现在三个方面:近期价值——社会企业家通过创办社会企业的形式为社区创造就业;中期价值——实现社会与政府的"协同",增进社会福利,社会福利是衡量社会进步的主要标志;远期价值——社会资本的积累,推进社会良性互动。

三、以投资改变社会——社会责任投资(SRI)

现代公司由少数掌权者的价值观构筑,其核心价值是财富积累。公司规则以"财富最大化"为宗旨,并决定公司运营方向。从"财富最大化"走出来的社会企业,它们的存在可以带来全球社会的深刻变化。20 世纪 80 年代以来,"以投资方法改变社会"这一命题成为公司与社会协同治理的新范式。

有一种观点认为,把所谓公司社会价值与商业价值融合的行为仅仅是为了"善举",与公司利益没有多大关系。美国哈佛大学迈克尔·波特教授批评上述观点,认为公司"善举"不是"零和博弈",公司的社会性建构可以改善竞争环境,财富创造不能以社会成本为前提。

(一)投资方法的重要性

我们可以沿着历史的视角,从建筑物的标志性变迁看公司对社会的影响。欧洲文艺复兴之后,巨大的建筑都是出自对神的敬畏而建造。例如,欧洲的大教堂、东南亚的佛教寺院等,普遍以"德"的象征而存在,人们从那里接受教育。接着而来的是政府时代。过去的 300 年,几乎所有的时期,最大的建筑物都是宫殿或者是议事堂,它们作为市民社会的社会建筑物而倍受尊重。20 世纪以来,公司总部大楼是都市标志性建筑,我们从这些大楼看到了商业力量的伟大,它成为市民社会追崇的偶像。然而,它还在发生变化。今天,最雄伟的大楼为金融服务业所有,人们认可了这种推动金钱的力量,金钱成为人们推崇的目标。

今天的投资形成明天的世界。然而,传统的投资理念,从来不去考虑对社会与环境的影响,项目评价的标准是利益而不是生活质量。现在是两个世界共存,几乎所有的富人看不到另外一个世界,就像都市的象征那样,看到的是金钱的力量和荣光。

社会投资家的基本信念是:"投资的方法最重要"。理由很简单,一些投资家总想尽可能地获得更多的利益。可是,如何使这一带的居民住得更舒适却从来没有进入投资家的视野。对公司来说,支付维持正常生活水平的工资不如采用奴隶般的劳动更节省成本;净化环境不如污染环境更节约成本;在停车场周围绿化环境不如用煤炭沥青铺路更省事。如果现代文明是用企业存在的理由定义投资家的话,那么,我们所期待的未来是不可能实现的。

文明的进化至今经过了一万年,人类已能够维系和平、尊严以及共同的价值理念。我们创造了前所未有的经济繁荣,惟独没有创造出适合人类居住的环境,以及公司的诚信管理。

今天,"以投资改变社会"的理念已经被更多的机构与个人所接受,而且这一数量在不断地增加。社会责任投资经过几年的成长达到了一个新的水平。根据美国社会投资研讨会每两年的调查,1996 年以来,在美国的机构投资家,在投资项目的选定标准方面,有 10% 锁定于社会责任投资。社会责任投资每两年出现一个倍增的趋势。社会责任投资在 1999 年达到 2 万亿美元①,2003 年达到 2.15 万亿美元。② 美国三大投资监督机构中的 TIAA(教职员保险年金联合会)与 CREF(大学退职股份基金)两家以及 Vangurad Group 从 2000 年开始从事社会责任投资。

在 20 世纪 80 年代中期之前,在企业年度报告中几乎没有社会责任投资。可是,现在大企业的年度报告中,"社会责任投资"是一个很平常的词汇,在报告中,经常能看到社区治理、雇用的多样性、环境承诺等。

---

① Amy Domini:『社会的責任投資』,〔日〕山本利明訳,木鐸社 2002 年,第 20 頁。

② 〔日〕藤田和:「アメリカの社会的責任投資」,『日本経済新聞』2003 年 11 月 19 日第 8 版。

(二)社会责任投资评价方法

金融机构通过金融业务评价产业界的公司社会责任,根据评价的结果,采取相应的支援措施。具体地说,第一,投融资路径,例如,社会责任投资(SRI)、环境改善型投资、支援市民活动与支援社会活动的融资等;第二,开发金融商品,如储蓄商品、保险商品(环境风险应对型保险)等。可见,关于投融资层面的 CSR 基准,社会责任投资居于最重要的地位。

20 世纪末,发达国家生产基地向海外转移,投资者在选择投资对象的时候不仅考察财务绩效和管理,而且开始重视这些工厂的人权、工作环境、健康等方面的社会责任问题。尤其是在新能源领域活跃的国际性企业,这些企业以中长期的资金回报为目标。他们积极参与构筑地球可持续能力的再生计划,企业活动指向再生能源、未来型燃料以及绿色科学技术与环境效果。在美国,这类企业约有 3500 家。

公司社会责任投资,一个鲜明的特点是:社会责任投资所追求的是有利于公共治理目标这样一种道德义务,其治理机制是基于资本市场的投资选定过程,通过“社会屏障筛选”和“股东投资行动”控制公司的社会责任。

1. 社会屏障筛选

“社会屏障筛选”是指在投资决策中应用社会标准进行选择的过程,从公共财政的角度出发,选定投资企业的重要标准在于投资能否创造一个环境洁净、机会平等、公平正义和安全生产的社会环境,例如,这些基金不会投资于酒类、赌博、烟草、核能等相关领域。除此以外,建立社区发展基金、为小企业提供融资等也是“社会屏障筛选”的重要选择指标。前者为个人投资者支持那些具有社会责任感的企业提供了一条路径;后者则通过社区投资,创造就业机会,缓解弱势群体的贫困问题,从而达到善治。

2. 股东投资行动

“股东投资行动”是一种金融责任,它通过能够负起社会责任的股东大会对公司社会责任施加影响,在公司治理结构的框架下,有社会责任意识的投资者以公司股东身份,通过与公司管理层进行对话沟通、递交呈请、投票等方式积极影响或引导公司管理层,项目选定主要在环境和劳动等领域。从长远看,“股东行动投资”的金融责任有助于改善财务绩效,提高相关利益者(包括股东、消费者、雇员、买方、社区及自然环境等)的福利水平。

有关股东行动,现在一般由资产运营公司代替投资者与投资企业管理层交涉,以寻求社会责任方面的改善。例如,英国的投资顾问公司 ISIS 在考虑公司履行合同的时候,把公司治理的 CSR 作为提高公司业绩的重要依据。在环境问题、社会问题(劳动条件、人权)以及公司治理(渎职、信息透明)等方面,都是作为与投资企业的约定展开的。如果机构投资家、资产运营公司把环境与就业都作为合同中的重要议程的话,企业会被迫作出回应。尤其在股东大会上行使股东提案议决权的时候,其影响更直接。在这种场合下,往往由机构投资家之间联合,通过共同行动实施其影响力。对企业经营者来说,即使对社会的要求可以置之不理,但是对股东大会上的意见却不能熟视无睹,必须作出回应。美国股东的提案数如下表所示:

表 13-1　美国股东行动:股东提案数 2001—2003 年

股东议决权的社会方针项目	提案数		
	2001	2002	2003
融资基准	10	10	6
慈善捐款	6	9	21
环境:资源利用/能源/有害物	24	34	33
CERES 原则/报告	9	8	13
GMO	19	14	13
气象变动	6	21	21
公平就业	27	34	34
全球化的劳动基准	48	48	47
人权	19	16	16
军队、暴力	13	10	9
健康	9	20	5
政治贡献	12	9	6
香烟	13	13	21
合计	215	249	261

（续表）

与治理有关的议决权行使项目	提案数		
	2001	2002	2003
董事长的多样性	13	11	10
企业官员报酬	17	8	11
企业官员报酬调查/冻结	3	3	7
合计	33	22	28

资料来源：Social Investment Forum, 2003 Report on Socially Responsible Investing Trends in the United States, 2003, p. 18.

在美国，SRI 的整体规模在 1995 年为 6390 亿美元，2005 年达到 2 万 2900 亿美元，增长约 3.6 倍，相当于全美专业投资规模（24.4 万亿美元）的 9.4%。①

表 13-2　美国 SRI 规模（1995—2005）　（单位：10 亿美元）

	1995	1997	1999	2001	2003	2005
社会屏障筛选	162	529	1497	2010	2143	1685
股东投资行动	473	736	922	897	448	1685
以上两项共同投资	N/A	84	265	592	441	117
社区投资	4	4	5	8	14	20
合计	639	1185	2159	2323	2164	2290

资料来源：Socil Investment Forum, 2005 Report on Socially Responsible Investing Trends in the United States, 2006.

上表中，社会屏障筛选的投资总额，1995 年是 1620 亿美元，2005 年上升至 16850 亿美元，增长约 10 倍。另外，投资信托 1995 年为 120 亿美元，2006 年上升至 1790 亿美元，增幅达 15 倍左右；金融机构的 SRI 参与也占了很大比例，约为 15060 亿美元。尤其是年金基金的 SRI 运用也有大幅度地提高。

在英国，社会屏障筛选的投资总额 2001 年为 2245 亿英镑，市场占有率为 12.7%，②可见，英国从 1997 年的 227 亿英镑到 2245 亿英镑。这一增

① See Social Investment Forum, 2005 Report on Socially Responsible Investing Trends in the United States, 2006.

② See R. Sparkes, Socially Responsible Investment, John Wiley & Sons, 2002.

长幅度主要是由于养老金法的修正以及养老金基金的运用,而机构投资家的 SRI 参与也是主要原因之一。

与英美国家相比,日本的 SRI 规模相对滞后,2006 年的资金总额仅为 2585 亿日元,[①]根据投资信托协会的统计,2006 年的纯资产为 584790 亿日元,其中 SRI 的比率约占 0.4%,尚未形成影响市场的规模。[②]

需要说明的是,从现在的 SRI 市场规模看,纳入 SRI 目录与投资信托的企业不一定在资金来源方面占据优势地位,这是因为,在那里选定的企业,要进入一个包括社会、环境与经济在内的评价体系中进行筛选,在一个总体水平上获得优良企业的评价是需要时间的。所以,包括 CSR 评价的市场成熟度、支持 SRI 的法律制度的完备,以及对于投资家、股东投资的相关制度的整合等,公司社会责任投资是一个系统工程。

四、中国社会责任投资滞后的原因与对策

2008 年全球社会责任投资总额接近 5 万亿欧元,欧洲的社会责任投资比重占全球 SRI 的 53%,美国的社会责任投资占全球 SRI 的 39%。[③] 与西方国家相比,我国的社会责任投资起步较晚,在市场经济转型过程中,对于社会责任投资的相关制度建设,以及市场对社会责任投资的认识存在较大误区。

(一)公司社会责任需要政府制度推动

我国是被动接受公司社会责任的发展中国家之一。当西欧市场对我国出口产品实施 SA8000 社会责任标准的时候,我们的第一反应是贸易保护,认为西方国家把 SA8000 当做人权斗争的工具。劳动和社会保障部的劳动科学研究所课题组为此作了大量调研,并发表了调研报告。报告认可

---

① 参见〔日〕谷本宽治:《企业社会责任的评价与市场》,载《公司与社会——比较经营学的推进》,文理阁 2006 年版,第 225 页。

② 同上。

③ 参见周康:《中国社会责任投资的发展现状及策略》,载《当代经济》2010 年第 6 期,第 78 页。

SA8000对改善我国劳工状况有积极意义,但同时担忧:如果实施社会责任的相关规定,那么势必加大外贸出口企业成本,削弱企业低成本优势。报告最终认为,“企业社会责任运动在中国,其贸易保护主义和人权斗争的色彩更浓厚一些”①。

把社会责任标准纳入意识形态范畴,必然对市场秩序及社会福利带来巨大影响。例如,我国《公司法》只在原则上规定企业履行社会责任,但没有对社会责任的披露机制作出相关规定。以资本市场为例。2006年深圳证券交易所发布上市公司社会责任报告,2007年有二十多家上市公司自愿发布了社会责任报告。2008年上海证券交易所发布了渣打上市公司每股社会贡献占有份额的通知。于是,有两百家左右上市公司披露社会责任相关信息。

可见,上市公司的社会责任报告都是“自愿披露”,问题是,个别企业的CSR活动能否带来社会整体的CSR提高?显然,不能简单地下结论。如果CSR基本上还是企业自觉活动的话,那么,在不同的领域达到何种程度,都是企业自主裁量的结果。可是,这一结果导致企业(包括供货商在内)CSR的规范参差不齐,根据CSR报告所显示的数据很难作出评价。企业自发的CSR固然重要,但是,构筑能让企业自觉遵循社会责任的制度环境更具有理论与现实意义。

美国1966年的《情报自由法》、1976年的《阳光下的政府法》、1996年的《电子化信息公开法》以及2002年的《公司改革法案》都是以法律的强制力促使信息公开的,如《公司改革法案》强制上市公司提供具有透明度的会计信息。再如,美国证监会于2003年规定基金公司必须向客户披露股东大会股东决议的投票记录等。

英国社会责任投资理念于2000年出现在相关的法律文件中,法律要求职业养老金基金在投资过程中考虑社会、环境以及伦理因素;法国在2001年的新法规中要求上市公司在年度报告中公布社会环境信息。

① 参见劳动和社会保障部劳动科学研究所课题组:《透视企业社会责任运动(下)》,载《上海企业》2004年第11期,第17页。

在政府的强制推动下,资本市场出现了一系列社会责任投资指数。如美国 1990 年发布了第一个以社会和环境为筛选标准的指数——多米尼社会指数(Domini 400 Social Index),1999 年发布了道・琼斯可持续发展指数等。

在我国,公司社会责任主要是通过跨国公司审核和评估,而对象仅是供应商,政府基本没有介入。再加上我国市民社会力量薄弱,缺乏公司社会责任的推进力,所以,政府的推动尤其重要。如果以公司"自愿"为前提的话,那么,公司社会责任的实现需要相当长的时间。

(二) 公司社会责任意识偏低

现代企业制度的滞后制约了公司社会责任投资。我国 1992 年提出建立社会主义市场经济体制,1994 年 1 月 1 日实施《公司法》,提出建立现代企业制度——公司制。在转型期,公司重视的是自身发展,忽视了对社会环境的责任。2001 年我国加入 WTO 以来,这种忽视已经成为阻碍现代公司制度建设的障碍。例如,2006 年商业部《WTO 经济导刊》杂志社中国企业社会责任发展中心曾组建独立调查机构,对 1500 家公司的社会责任状况进行调查,结果显示:76% 受访公司表示听说过"企业社会责任";42% 的受访者听说过"SA8000 社会责任标准"。[①] 可见。对于公司社会责任,我国公司还处于"观望、听说"的阶段,尚未有实际行动。

社会的发展阶段与投资者的社会责任意识有密切关系。首先,由于市民社会尚未成熟,因此对环境污染、食品安全、剥削劳工、欺诈客户等行为缺乏社会监督,尤其是政府监管或相应惩罚措施不到位时,社会责任因子就会被低估。其次,我国尚未制定国家层面的信息公开法,资本市场也没有信息公开相关法律。虽然地方政府有信息公开相关条例,但是,由政府制定行政法规制约政府,怎么执行? 所以,即使社会对企业履行社会责任有所要求,但由于没有法律依据,社会责任因子同样无法评估,或是由于难以评估而被放弃。最后,许多投资者尚未开始关注企业社会责任表现,那

---

① 参见王志乐:《2007 跨国公司中国报告》,中国经济出版社 2007 年版。

些因社会责任问题所引发的潜在投资风险没有被发现和重视，社会责任表现好的公司也并没有比同类公司享有更多收益，甚至可能因为履行社会责任而增大成本，导致利润指标暂时落后而被投资者抛弃。

公司社会责任意识滞后直接影响到社会责任投资。在亚洲，我国社会责任投资起步晚了十年左右。日本于1999年推出第一支社会责任基金——Nikko生态基金；2000年我国香港地区汇富环球基金管理公司推出社会责任基金。我国于2008年才推出第一支社会责任基金——兴业社会责任基金。

公司社会责任投资起步晚，投资方法也单一。SRI的基本方法有三种：股票筛选、股东倡导和社区投资。在我国，目前实施的只有股票筛选。股东倡导对中小股东来说基本无法实施。因为《公司法》对股东提案权有持股比例的制约，一般持有上市公司3%以上的股份才有提案权。在美国，股东只要持有上市公司股票一年以上，市值超过两千美元就有提案权。至于社区投资，上市公司尚未列入议事日程。

（三）把公司社会责任投资纳入公共政策范畴

今天，全球发展的新的方向是“人的发展”，联合国开发计划署（UNDP）把它作为21世纪国际开发合作的新理念。人——重新回到社会核心的地位，这就是“人的发展”。

公共治理结构中的公司社会责任以“人的发展”为前提，旨在构筑系统各部分之间的协同，国家、公司及公民社会通过协同治理达到一种新的均衡。

第一，把CSR纳入宏观政策范围，推进制度革新。为了构筑可持续发展的社会经济体系，对于政府来说，政策导向是实现目标的关键。对于产业政策的基础，CSR应该置于怎样的位置？在这一前提下，与社会问题相关的各个部门联合起来，共同寻求政策层面的改革。例如，英国从2002年开始，以贸易产业部为中心，正式启动企业社会责任活动；瑞典从2005年开始设置环境维持开发部（Ministry of Sustainable Development），旨在寻求环境、社会与经济的协调发展，为此，政府在各部门之间进行政策统一与协调。这些经验都值得我们借鉴。

第二,在微观层面的相关政策中,界定公司社会责任。对于所面临的一系列问题,比如能源短缺、自然禀赋退化、空气和水污染问题等,企业应当承担什么样的责任?在我国公共政策的结构中,这种责任划分并不明确。然而,在20世纪80年代初期,美国联邦政府在废弃物公害治理一项中支付了16亿美元,这些费用的88%来自排放废弃物的产业界,其余由中央政府和地方政府财政负担。[①] 可见,美国公共政策体系中责任划分是清楚的。

如何从制度层面上确保科学发展观的实施?从公共治理的意义上来说,公司社会责任纳入公共政策范畴是一个全新理念。

第三,避免政府误导性的财政补贴。从经济的视角看,自然环境提供了巨大经济价值。然而,人类活动对地球环境的负荷也是巨大的,地球上可以利用的淡水和植物生长总量已经有一半以上被消耗。问题是,政府误导性的财政补贴加重了这一趋势。例如,政府对煤炭、核燃料、石油、道路等领域的补贴;对房地产的政策支持等,这些支持了不可持续的经济发展。这是一种逆向的因果关系。

第四,政府规范企业。我们应该知道,公司像公民那样承担社会责任,这种行为的形成不是自发的,而是跨国公司与包括各种环保、人权组织在内的非政府组织以及各利益相关者之间长期博弈后形成的。但在我国,在很多弱势群体缺乏代言人以及非政府组织普遍缺失的情况下,政府对公司的规范就显得尤其重要。

所以,政府致力于规范、促进企业在经济、社会、环境三方面共同创造有价值的行为,并引导企业与社区团体、工会、消费者建立伙伴关系,使其识别主流社会的准则,改变其社会参与方式,对变化的社会需求作出回应。

第五,完善社会责任投资的相关税收制度。我国有关慈善公益事业的法律尚未完善,税法对"公益"的界定在某种意义上制约了社会责任投资人的积极性。例如,按现行税法规定,纳税人必须通过我国境内非营利性

① 参见甘峰:《比较政府新论》,立信会计出版社2007年版,第177页。

的国家机关和社会团体进行捐赠,才属公益,可享受税收优惠;如果捐赠人通过其他渠道或直接向困难群体捐赠,不属于公益,不享受税收优惠。即使是公益捐赠,扣税比例也是偏低的。例如,我国公益慈善捐赠,税前扣除比例,企业为12%,个人为30%。[①] 但是美国相关法规规定,个人向公益性社会团体捐款,其捐赠税前扣除额最高可达50%,如果超出捐款比例,可以转到下一个年度扣除。而我国是不可以向后年度转结的,这一规定与国际惯例不相符合。所以,政府要拓宽捐赠渠道,扩大公益捐赠范围,完善社会责任投资的相关制度,以激发公司社会责任投资。

① 参见张文春:《捐赠的税收政策:效应及启示》,载《中国税务》2011年第6期,第20页。

第十四章　市民的“公共”:公共部门民营化的公共性缺失与回归

——新公共管理的“公共性”质疑

政府、公司与市民社会“协同治理”下的公司社会责任,其核心是它的公共性。然而,新公共管理推进下的公共部门民营化把非营利组织引入一个“官制市场”,并没有改变官支配的“公共”属性。

日本公共部门改革以缓解政府财政困境为目的,把非营利组织或者私营企业引入公共部门。然而,上述意义上的新公共管理改革很难从“大公共”这一层面进行评价。

上海公共部门改革、BOT 模式的运用,把赢利的基础设施项目推向市场,吸引外商资本和民间资本参与建设。可是,改革基本按照“官制市场”的规律运行,公司社会责任很难有质的提高。

本章从“市民的公共”——一个“大公共”视野中探讨从“批判型市民运动”向“政策提案型市民运动”转换的可能性,并在此基础上,实现从“官制市场”向“市民市场”的转变。

一、“行政外包”下的“公共”——民主导还是官支配?

传统的观点把“公共”等同于“官”(政府),而新公共管理推进下的公共部门民营化是否改变了“官”支配的“公共”属性?回答是否定的。

(一)新公共管理与公共部门民营化

公共部门民营化是发达国家行政改革的主流方向,可是,以改善政府财政状况为原点，这又是发达国家行政改革的基本趋势。其一，利用民间部门的高效率、低成本提供公共产品，以减少财政赤字；其二，作为一种战略考虑，公共部门提出一系列方案，以改善公共服务，"更多地依靠民间机构，较少依赖政府来满足公众需求……在产品、服务的生产和财产拥有方面减少政府作用"①。新公共管理理论认为，公共部门民营化是一种公共服务市场化的运行模式，是向"小政府、大社会"转换中的制度安排。

新公共管理的改革中，委托代理理论对公共部门改革产生巨大的影响。所谓"代理"(Agency)是指人们的行动由当事人之间的契约制约，一方当事人委托另一方当事人代替自己完成工作。以这种关系的设定为前提分析产生的信息不对称等一系列问题，就是委托代理理论。委托代理理论具体表述为：国民(委托人)——公共部门(代理人)。新公共管理下的公共部门改革中，公共物品的提供与生产分开，取消公私区别，非营利组织或者私营企业进入公共部门，于是，公共物品的供给形成如下委托代理关系：公共部门(委托人)——非营利组织或营利组织(代理人)。

委托代理理论把契约关系引入公共领域，在公共部门构筑委托代理关系，以加强激励机制、监控机制，并以市民参与避免不道德的机会主义，因为它"预期代理人随后选择的行为将产生委托人所期待的结果"②。于是，"行政外包"(日本称为"行政委托")应运而生。

(二) 日本"行政委托"的"官制市场"

在日本，作为新公共管理一环的行政改革，自治体政府以各种形式把公共事务的一部分委托给民间。可是，改革几乎全部以削减行政成本为目标，也就是说，以改善财政状况为目的，把公共事务的一部分委托给民间企业。显然，改革是从"官"层面开始。下面以两个城市的"行政委托"为例：

横滨市行政改革以"共创"为目标，以公民协作为路径，实现从"官"到

---

① Mare Holzer and Kathe Callahan, Government at Work: Best Practices and Model Programs, Califonia: SAGE Publications, 1998.

② 〔美〕乔·B. 史蒂文斯：《集体选择经济学》，杨晓维译，上海三联书店 2003 年版，第 354 页。

"民"的转换。然而,改革的动因是严峻的财政困境。随着人口老化,横滨市福利领域的互助费与1992年比较,增加2.7倍。另一方面,市财政收入增长缓慢,政府税收中对市民税和固定资产税的依存达到84.5%。当经济不景气时,由于个人收入减少和地价下跌,税收长期处于低迷状态。所以,"共创"目标基本锁定于改善财政状况。首先,通过出租公有资产,增加财政收入,2008年这一项收入达到6.1亿日元,成为自治体最可观的财政收入;其次,在民营化与民间委托方面,2004年制定"新时代行政计划",包括市立大学的独立行政法人化、福利设施的民营化、垃圾收集、公园管理等方面的行政委托等,由此削减20%的相关人员,从而在一定程度上减轻了财政负担。①

兵库县加西市的公共部门改革也是从财政层面开始的。20世纪90年代以来,加西市通过借款发展城市基础设施,上下水道工程借款305亿日元,城市开发借款16亿日元,从而使财政的累计债务达到528亿日元,平均每位市民负担106万日元的债务。为此,市长中川畅三提出以公民联合促进城市再生,通过行政委托,把上下水道等窗口业务外包给关东电力服务株式会社。外包第一年,人工费削减1030万日元,滞纳金回收增加3360万元;外包第二年,人工费削减950万日元,滞纳金回收增加3790万日元。从市长的业绩看,中川畅三市长上任时的累计债务约588亿日元,上任后的第三个会计年度,减少了60亿日元的债务,②市长的目标是10年内累计债务削减一半。

以上例子可以说明这样一个问题:公共部门改革中,虽然"削减行政成本"与"提高公共服务质量"两个目标同时并举,然而,几乎所有的政绩点都是在财政层面。"行政委托"通过公共部门的市场化运作,把企业或者NPO纳入官制市场,成为"公共"的担当者。为此,政府可以缩小财政规模,减轻财政赤字,以达到行政改革目的。问题是,财政困难往往是机构、人员以及支出的膨胀或者是公共政策失误所致,当政府自身难以解决这一

① 〔日〕野田由美子:「共創——横浜市が目指す公民連携の取り組み」,『地域開発』2008年第10期,第41—43頁。

② 〔日〕中川暢三:「公民連携で進める自治体再生」,『地域開発』2008年第10期,第36—37頁。

问题的时候,或者说政府的政策失误影响到公共物品正常供给的时候,公共服务的一部分业务才转让给民间来做。显然,上述意义上的政府改革很难从“大公共”这一层面进行评价。

(三)上海基础设施的“行政外包”

上海基础设施项目的“行政外包”基本采用BOT(Build Operate Transfer)模式,即建设、经营、转让的一种外包方式。政府将一个基础设施项目的特许权授予承包商,承包商负责项目设计、融资、建设和运营,在这过程中回收成本、偿还债务、赚取利润,特许期结束后所有权移交当地政府。

BOT模式是投融资体制改革的重要一环,但在改善财政状况方面,与日本公共部门改革的动因基本相似。以资产运作为重点,扩大社会融资,将赢利的基础设施项目推向市场如高速公路等可以收费的项目,实行社会化招商,市政府在土地出让、动拆迁、税收、贷款贴息等方面实行政策优惠。

从“行政外包”的体制看,基本上是一个“官制市场”的架构。作为投融资体制改革的第一步,上海建立了十多个各类政府性投资公司作为融资主体,从而改变了计划经济体制下财政直接投资模式,所有的建设项目都以项目公司的方式进行市场化运作。可是,BOT模式的实践过程中,在投资方与公共部门之间增设了一个管理方的项目公司,这是一个行政事业单位。例如,公路建设BOT项目形成了市政局——公路建设有限公司(行政事业单位)——承包商(项目公司)的三级体制。这一体制是否符合“低成本、高质量”的公共物品供给体系?这属于改革效率的问题。

从“行政外包”的运行机制看,BOT项目基本上是在一个“官制市场”内运作。例如,有关投资回报率是由政府作出保证的。上海BOT项目基本上采用“固定比率式投资回报模式”,也就是说,按项目所在地政府事先协商确定的投资回报率,而不管实际经营状况。1994年上海市政府专为延安东路隧道复线BOT工程发布了《上海市延安东路隧道专营管理办法》,第10条规定,政府同意隧道发展公司合作双方对利润的分配约定,港方投资方在专营期内从隧道发展公司取得15%的投资回报率。由此可见,香港项目投资公司基本没有风险。一个没有风险转移机制的公共项目,如何保证其公共性? 这又是一个问题。

二、官制市场——被弱化的公共性

基于以上两个案例的分析可见,改革出于效率与成本。毋庸置疑,无视费用与成本的话,市民利益将难以保障。然而,行政外包的行政成本是一种“量”的分析,而公共性是“质”的体现。公共部门改革是削减行政成本——“量”的考虑还是提高公共服务质量——“质”的考虑? 这是问题的关键。公共部门改革只有从“质”的层面考虑,才有可能从整体上降低行政成本,从而克服财政危机。因为只有在“质”的层面上实施公共服务的行政外包,民间才有可能自由、充分地发挥其创造性。另外,行政评价必须由市民参与,从而避免评价的行政化倾向。正是从这个意义上来说,“行政外包(行政委托)”意义上的“公共”,仍然可以说是“官制市场”支配下的“公共”。

(一) 什么是“官制市场”?

什么是“官制市场”?“官制市场”与“民营化”是相关的一组词汇,或者说是从民营化政策中产生的词汇,它频繁使用于市场化测试、规制改革等新公共管理改革的进程中。从市场交易看,一个交易需要多个买方与卖方并经过多次反复地商谈才能达成双方认可的价格水平。可是,从公共事务民营化的过程看,与一般市场交易完全不同,买方是一个,交易也是一次,价格以卖方(行政委托一方)的预定价格为基础,这就是“官制市场”。

在日本,公共部门民营化,NPO 逐渐成为一支力量。日本 NPO 法人化制度于 1998 年 12 月 1 日开始实施。据 2007 年 6 月统计,NPO 法人数量已经达到 31855 个,而且这一发展势头一直在持续。与美国不同的是,新公共管理推进下的日本公共部门民营化,NPO 被引入一个“官制市场”,并在社会事业的运营方面逐渐呈现行政化趋势。在官制市场结构中的 NPO,会计责任对象必须符合行政标准。另外,在买方市场无需竞争的情形下,事业运营方法只是限于单一的买方,NPO 的服务意向只能服从行政需要,所以,公共性很难有质的提高。当 NPO 经营陷于困境的时候,唯一的目标是维系组织的生存,NPO 的治理功能自然陷于瘫痪状态。

从表面上看,NPO 由于资金筹措能力低导致陷入经营困境,从而依赖于行政外包事务。然而,深层次的原因是,作为新公共管理结构内的公共部门改革,通过行政外包的市场化运作,逐渐把 NPO 纳入官制市场,从而减少行政成本,改善财政状况。例如,日本在 1999 年 7 月通过了“PFI 推进法案”(Private Finance Initiative,私人融资行动),可以说,日本在亚洲率先以法律的形式推进公共部门民营化改革。可是,这种模式的最大问题是“官”决定权下的市民参与问题。从 PFI 内容看,公共部门控制计划制定,民间部门负责公共物品的设计、资金、建设以及运营,最终由公共部门购买民间提供的服务。显然,公共行政委托的事业内容、规模以及事业用地等,基本由官方决定。

上海公共设施的民营化改革,由于招投标制度不完善,整个过程也呈行政化倾向。我国公路建设工程普遍实行“综合评估法”的招投标机制,具体是:由相关单位预先计算出工程造价作为标底,根据这个标底,组织专家为投标商打分,得高分者中标。“综合评估法”对“漫天要价”有一定的抑制作用,但在其准备、开标、评标、定标以及组织专家打分等各个环节,都可以出现各种人为因素,如行政审批和行政干预、地方保护等。所以,卖方是一个,买方也是一个,交易也是一次,整个过程基本被纳入“官制市场”。据统计,从 1997—2004 年,全国 10 个省大约有 15 个交通厅长因贪污受贿被判刑。交通建设领域腐败易发,主要原因还是建设工程不完善的招投标制度。

民间资金一旦进入“官制市场”,民间企业便从公共空间转入权力空间,民营资本成为新的垄断者。例如,沪杭高速公路由福禧公司承包以后,价格体系没有丝毫变化,民营化意义难以体现。当沪杭高速公路上海段由 4 车道改 6 车道后,从上海到杭州要多花费一个多小时。可是,收费标准不变,道路扩建带来的负面成本由社会承担。

(二)“官制市场”的 NPO 经营困境

在日本,给予市民活动法人资格,NPO 法充分发挥了社会贡献的作用。

当时被赋予法人地位的 NPO 是以志愿者活动为中心的、规模较小的市民活动团体。但是，10 年以后，参与 NPO 经营与社会活动的团体，多数是专家团体或者是社会改革的参与者。同时，参与 NPO 活动的目的出现多样性，内容也更加丰富。可是，近年来，NPO 经营逐渐趋于行政化，而且在其社会事业的运营方面也随之陷入了困境。

日本大阪大学保存了 1.4 万个 NPO 团体的财政数据，从 0 到 37.5 亿日元，收入规模的分布幅度相当大，0 元收入的占 15%，500 万日元左右收入的占 65%，可见，大部分的收入规模偏小。由于组织收入较少，为了确保固定支出以及职员的工资，事务局长只能自己削减工资，以维持组织运营；当资金流动发生困难而无法向金融机构借款的情况下，有些 NPO 机构只能向理事借款以维系组织生存；更严重的是，当项目进行过程中发生资金短缺的时候，NPO 组织只能向职员借钱维持业务运转。

造成收入分布不均的原因是对公共资金的依赖，也就是说，竞争性的行政委托是导致 NPO 收入失衡的主要原因。从现实的情况看，NPO 团体得到捐款和会员费的比例普遍较低，一般在 5%—10%，而行政事业的收入比例在 53%—65%[①]，事业收入的绝大多数是通过行政委托业务，或者是行政购买服务、外包等形式获得的，而以市民为对象的服务性收入相对较少。

20 世纪 70—80 年代的美国，小规模的风险投资型企业和 NPO 就业率高，这些企业主要分布在政府与民间之间的福利、教育等公共领域，在这些领域中，当出现制度内无法解决的问题时，一般由 NPO 出面解决，NPO 因此得以充分发展，这就是 NPO 的革新、变革的力量源泉。在美国，NPO 的资金有相当部分来自民间捐赠。可是，日本 NPO 的资金一般来自借入金，捐赠的较少。在这种条件下的资金支持会影响到 NPO 的活动范围与使命。从这种意义上来说，日本没有捐赠文化的基础，其障碍是“公益性”问题。

---

① 〔日〕田中弥生：「官制市場と市民市場」，『地域開発』2007 年第 11 期，第 25—27 頁。

（三）“官制市场”的两极化现象

由于对政府金的依赖，导致 NPO 的两极化现象。日本独立行政法人、大学评价与学位授予委员会教授田中弥生曾经对年收入在 500 万元以上的 1885 家 NPO 法人进行过调查，从公共资金与民间资金的收入结构来看，行政收入比例为 62%。[①] 2006 年的又一次调查表明，来自民间的会费、捐款、民间财团与企业赞助费有增长趋势，与此并行的是，来自行政机构委托的收入、行政补助金也呈不断增长的趋势，而对市民直接服务所获得的收入却出现下降的趋势。

NPO 两极化现象涉及公共资金型与民间资金型的模式问题，这是事业性质的差异。一般来说，公共资金比例在 80% 以上的团体称为“公共资金型”；民间资金在 80% 以上的称为“民间资金型”。从活动的领域看，“公共资金型”一般活跃于保健、医疗、福利领域；而“民间资金型”大部分活跃于国际合作领域。从监督机能、资金调配、政策提案以及行政交涉等方面看，这两种模式的理事会在管理层面上有很大的差异，公共资金型的 NPO 与行政关系密切，预算外的资金比例较高，所以，理事会的管理职能在组织内部很难得以确认；而“民间资金型”的理事会，其管理职能在其组织内部的认同程度较高。

（四）NPO 的行政化——新公共管理下的逆向推动

NPO 在展开其社会活动的过程中，最感到困惑的是来自行政的、廉价的委托业务。为了履行委托契约，资金不足部分只能由 NPO 组织垫付。如果缺口大的话，只能通过有偿的志愿者服务补充。廉价的委托业务致使 NPO 陷入难以自立的困境。这种情况一旦持续，NPO 的组织运营必将陷入困境。例如，有偿志愿与无偿志愿，在职员的工资上会发生差异，而这一差异带来的是组织内部的不和谐，从而使志愿者活动范围逐渐缩小，会员数也相应减少，由此产生 NPO 目标的逆向转换，即 NPO 组织的功能更加体

---

① 〔日〕田中弥生：「官制市場と市民市場」，『地域開発』2007 年第 11 期，第 25—27 頁。

现在与行政的交涉方面。然而，这一转换致使 NPO 失去了原来的意义，从而对市民社会发展产生逆向拉动效应。

上述变化可以从 2007 年 3 月日本内阁府的有关官民伙伴关系的基调调查中得以证实。在有关行政委托问题的回答中，“有 31.5% 的回答认为，如果行政委托事务减少的话，NPO 法人活动将很难维持”①。

这一状况在二十多年以前的英国也发生过。在撒切尔政权的新自由主义路线推进下，由于行政效率化、市场化的运作，在福利等领域的 NPO 活动，由原来的补助金制度转变为委托制度，而且委托的价格很低，这样一来，NPO 的活动范围逐渐转向行政业务，而廉价的委托业务致使 NPO 陷入难以自立的困境，致使 NPO 不得不进一步依赖行政委托业务。在英国，这一现象被称为“委托文化”（Contract Culture）。

行政委托（行政外包）被看做西方行政改革市场化的经验，但很少注意到公共部门市场化所带来的公共性问题，尤其对第三部门的生存、发展带来一系列的负面影响：

（1）社会使命逐渐让位于组织的生存与发展等诸问题。

（2）NPO 的自我发展逐渐让位于行政委托事务，并为此投入更多的人力物力。

（3）行政委托事务以外的社会服务逐渐减少，开发社会需求的欲望减退。

（4）捐款与会费逐渐减少，资金过渡依赖行政。

（5）志愿者服务的范围、力度及其影响力逐渐弱化。

（6）自下而上的治理型向自上而下的统治型转换，如 NPO 组织的管理层更加注重行政方面的交涉；另一方面，组织的监管机能也因为自上而下的行政委托条件变成履行条件的职能，即服从的职能。

NPO 职能在发生变化，服务于市民的性质在改变，开发社会服务的创意在减少，从公共治理的角度看，NPO 的实质性意义在发生变化。然而，深层次的问题是，作为新公共管理结构内的政府行政改革，通过行政外包的

---

① 日本内閣府『国民生活局市民活動団体基本調査報告』2007 年。

市场化运作,逐渐把 NPO 纳入官制市场,从而减少行政成本,以达到行政改革目的。

三、市民的“公共”——提案型市民运动

如何确立市民的“公共”? 从“官制市场”到“市民市场”,提案型行政外包是实现这一转换的有效路径。

(一) 参与式治理

1. 参与式治理的相关论点

第一,在民主主义层面,政治参与是政策制定过程中程序正当化的一种手段。在代议制民主主义国家,选举是参与的一种手段。近年来,以代议民主主义为基础,市民的政治参与作为直接民主主义的补充手段而备受重视。因为受政策影响的利害关系者参与政策制定的话,也许会出现一个好的政策结果。政治参与的过程必须保障市民之间形成具有共识的交流平台,以及市民与地方政府、人代会之间的交流。从协商民主主义的立场看,要把市民参与置于交流的平台上,通过自由、公开的协商,形成一致意见。当然,市民参与并不是万能的,形式化的情形经常出现,所以,其效能也有一定的限度。

第二,市民参与的前提是信息公开。网络社会的市民参与可以有不同的形式,可是,能够获得信息与不能获得信息的市民之间存在信息落差的问题。地域治理与市民参与,地方政府收集整理的信息能否成为市民参与政策制定的基础信息,这是信息公开的实质,从这一视角看,信息公开与政策指标是政治发展过程中有待于创新的问题。

第三,市民参与的结构,既有制度化层面的,也有非制度化层面的。以“市民规则”为基准,对于市民参与的特定组织以及阶层作出明确的规定,这些都属于制度层面。例如,20 世纪 70 年代以后的日本,“市民参与式行政”开始试行,市民提案型——“从零开始的基本构想设计”属于这一类型。然而,培养出大量的、能够参与协商式民主的市民,努力提高自身的政

策参与能力、信息获取能力，这又是非制度层面的。

2. 政府、企业与市民社会的协同

首先，市民参与式治理的关键在于政策过程中的价值取向问题。从主权者的视角考虑市民参与式治理，它是市民社会（市民活动、NPO）、政府（政策过程）与企业（市场活动）三个部门的联系与互动。这里有一个“公私二分法”的转换问题，也就是说，超越“政府与市场”的二分法，向“政府、市场与市民社会”的三分法转换，从而出现一个“市民市场”。“市民市场”需要调整复合的相互依存关系，以及通过 NPO 的政策网路功能推进公共政策制定，这就是“市民市场”结构中的政府职能转变。

其次，政府政策的分层化，即国际层面、国家层面、地方层面等不同层面的政策展开，在这些不同层面的政策展开过程中，实现政府机能的分层化。与政府决策和机能分层化相对应的是复合式的参与式治理，来自不同层面的市民活动以及 NPO 的政策提案，在政策评价中的市民参与，等等，所有这一切，可以称为“政策开发”，而“市民市场”是一个政治起点。

最后，以市场为主体的企业、以“市民市场”为主体的市民活动与 NPO、以公平为目标的政府，各种组织运行的关键是如何平衡以上三者关系，这是一个复合型的政策课题，而对于“市民市场”来说，各种组织运行如何向参与型治理转换，属于“组织治理”问题。

（二）提案型行政外包的前提条件

通过提案型行政外包确立市民的“公共”，必须以两个条件为前提：其一，培育民间主体；其二，建构与民间主体对话的机制。

从理论上来说，能够接受行政外包事务，代替政府行使公共服务的民间主体是否存在？如果没有一个合适的主体可以承担相应的行政事务的话，那么应该由政府来做。在这里，关键的不是市场测试，而是民间主体培育。也就是说，地域治理的民间参与中，民间主体是否存在？行政外包的前提在于如何培育民间主体，它可以是企业或其他民间组织。

在西方国家行政改革进程中，公共部门的民间进入，一般采取市场测试的方法，以费用与成本进行测算，从而决定哪些行政事务可以委托民间去做。然而,如何提高公共服务的"质"? 民间的创造性存在于哪些领域,哪些事业? 行政是不太了解的。所以,如果要决定哪些业务委托给民间,那么必须与民间对话,以民间提案作为决策的依据。

以日本"我孙子市"的经验为例。我孙子市从2006年开始实施提案型公共服务民营化制度,城市所有的行政事务约一千一百件(包括事业内容与人件费)向社会公开,从民间征集民营化提案。提案者不限,可以是企业、NPO法人、社会团体以及PFI形式的外包等。这种方式和以前最大的区别是:以前的民间委托事务,尽管也听取市民和外部意见,但基本上还是由行政决定委托对象;而提案型的民间委托,是由民间提案,外部专家与市民共同审议决定。在行政层面,主要对于事业分类与行政评价、民与官作用分担等一系列问题进行审视。在此基础上,双方相互沟通、确认,最后由提案审查委员会审议通过。

据"我孙子市"的资料披露,2006年8月之前共审议提案79件,采用34件。[①] 其中包括:(1) 三家企业联合提案,就成立垃圾处理与绿色循环中心这一提案获得通过,在基础设备方面,采用PFI模式更新老化设备,运营方面由企业联合共同进行;(2) 市保健中心提出的生育、育儿工作室议案,由保健中心的保健师、专家承担教学,传授婴儿出生、幼儿教育等系列知识;(3) 有关城市公共事业系列的议案,如运输公司的市民科、绿色中心和道路科共同申报的电线杆居住表示板管理、垃圾的不法投弃监视、道路巡回检查等三位一体议案;(4) NPO法人与社区事务有限公司接受公民馆委托举办单科大学讲座的议案也经审议会审议通过,等等。

综上,提案型民间委托需要从两个层面完善其制度建构:首先,要有一个提案型公共服务民营化的组织机构,可以叫做审查委员会。审查委员会以市民利益为基准,设数个分科会,分科会由该领域的专家、接受服务的市民以及市的相关部门职员组成。分科会重点审查服务内容与市民的服务要求是否一致等,最终就提案者的信赖度、提案内容进行确认,然后提出结论性意见。

---

① 福嶋浩彦:「市民の公共をつくる」,『地域開発』2008年第10期,第9頁。

其次，民间提案型的行政外包与评价体系，这是制度创新的两个层面。民间提案型的行政外包制度，作为评价体系，最基本的一点是服务接受方——市民的认可。如果仅仅以行政方面削减成本为出发点，那么，行政外包从一开始就无法取得市民的信赖。行政外包在符合市民需求的范围内，努力提高服务的质量，这就是共同平台，其构筑以市民需求为原点。

（三）从“批判型市民运动”向“政策提案型市民运动”转换

公共治理与市民参与是在自发的、批判的市民活动的基础上发展而来，被称为“批判型市民运动”。今天，对于发生在我国的一系列的公司不良行为，市民的反响和抵制基本局限于批判型市民运动的范围。然而，21世纪的市民运动将围绕公司社会责任展开，其重点应该从“批判型市民运动”逐渐向“政策提案型市民运动”转换。

“政策提案型市民运动”如何展开？第一，由公共部门在公共服务层面上作出项目设想；第二，围绕公共部门项目设想范围，由民间自由提案；第三，政府经过评审立项；第四，招标，然后由中标的 NPO 或者企业提供服务。提案项目可以包括公共设施、停车场、环境保护、低碳社区等。“政策提案型市民运动”运行机制见下图所示：

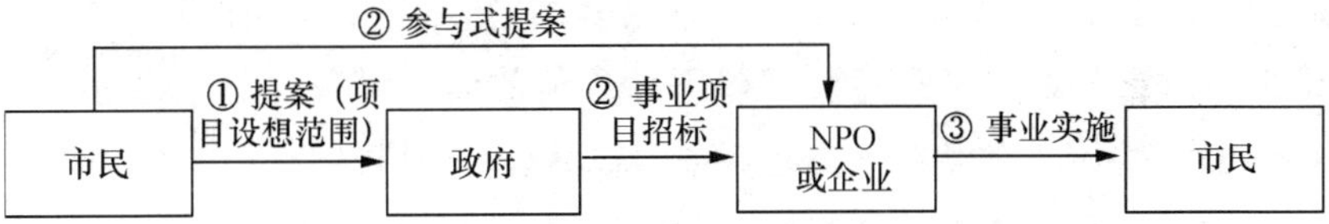

图 14-1　提案型市民运动运行机制

“政策提案型市民运动”涉及市民普遍关注的食品安全、环境安全、公共安全等，尤其当公司行为给社会造成直接经济损失的情况下，如何使公共项目更加贴近市民需求，“政策提案型”市民运动显得尤其重要。

例如，上海每月 9000 辆私车进入社会，再加上城市原有的私车拥有量，导致洗车业成为热门行业，但它是一个与社会争夺水资源的行业，而中水基本没有进入洗车行业。作为环境可持续项目，建构洗车业的循环水资源迫在眉睫，而“政策提案型市民运动”可以把这项目提上议事日程。政府可以有一个大致设想，让社会包括企业参与提案。政府的项目设想可以包括：从汽车环境税中建立循环水资源资金，建构全市循环水资源系统中心，把管道铺设到每家洗车店，没有循环水管道的店不准开业等。

美国弗吉尼亚州的《公私教育环境与基础设施法》(Public Private Education and Infrastructure Act)的实施是比较成功的“政策提案型市民运动”。尽管法案以教育基础设施命名，但实际上学校的项目仅占一半以下，其他领域的项目开拓急剧扩展，如郡政府住宅、立体停车场、州立医院等。总之，在弗吉尼亚州对于公共设施建设，民间可以自由提案。从2002年实施以来的4年，共100件项目启动。

《公私教育环境与基础设施法》与BOT、PFI(Private Finance Initiative，私人融资行动)、PPP(Public-Private Partnerships，公私伙伴关系)模式最大的不同在于：后三种模式的关键是官决定权下的市民参与。例如，公共行政委托的事业内容、规模以及事业用地等，整个决定过程基本由官方决定。无论是BOT还是PFI，以前由政府直接经营或者部分经营的业务全部或者部分转由民间经营，项目的转换过程也是由政府决定的。问题是，官主导的公共服务效率一般都比较低。但是，这一点政府并没有意识到，即使意识到了，也不会承认。在这种情形下，民间参与的余地仍然是有限的。而“政策提案型市民运动”以民间提案作为计划基础，它避免了采用的随意性。在BOT或PFI模式下，如果行政部门不想采纳的话，一般不会立项。作为提案型的行政外包，公共服务委托业务向社会公开，从民间征集运营提案，提案者可以是企业、NPO法人、社会团体等组织。另外，提案型民间委托的决定过程，是由民间提案，外部专家与政府相关部门共同审议决定的过程。

四、“大公共”视野：从“官制市场”到“市民市场”

市民运动从“批判型市民运动”向“政策提案型市民运动”转换，通过社会参与实现对“公司”权力的制约，从而构建市民市场。

构筑市民市场，关键在于政策过程中的价值取向。作为政策课题，政府是从自身的财政状况还是从社会方面考虑政策创新？这是“提案型行政外包”的基本问题。

对于市民来说，NPO组织运行如何向参与型治理转换，属于“组织治理”问题，而对于政府来说，通过市民参与式治理平衡政府、公司与市民社会三者关系，这是“大公共”视野的政策过程。

（一）市民的公共——地方人大改革

公共治理与市民参与的关系如何体现？已有的研究一般从政府改革与市民参与的角度阐述其意义。而笔者认为，平衡政府、公司与市民社会三者关系，地方人大的政策引领作用尤其重要。

首先，设置提案型市民参与的组织机构——提案审议委员会。其次，构建以信息公开为目标的地方人大，例如，有些地方人大改革可以采取“人大代表走出去”方式，代表到各地举行报告会，报告会不代表个人，而是代表地方人大。最后，构建市民参与型人大。作为市民参与制度，以前一般以申诉、请愿等方式参与，当事者在人代会一般没有发言的机会。那么，是否可以赋予申诉、请愿的当事者在人代会发言的权利？

在这里，日本地方议会改革的经验可以借鉴。近年来，相当多的地方议会把市民参与模式写入自治体议会的基本条例中。2008年1月末到3月实施的全国自治体议会运营的实际调查表明，在全国1890个地方议会中，1468个议会回应正在实施议会改革。①

以往我们重视的是政府改革，地方人大改革似乎没有引起社会关注，然而，对“市民参与型”治理路径，地方人大可以起到推进作用。例如，地方人大通过市民参与型提案的方式培育民间主体，提高市民政策参与能力，在此基础上，构筑市民、地方政府、地方人大三者之间新的协商关系。地方人大改革基于以下几个方面：

第一，加强地方人大的立法监督功能，形成独立于行政的改革机构，然后，设置“提案型市民参与”组织机构。第二，地方人大采取“走出去”方式，在各地举行人大报告会，就公众反响强烈的社会问题，列出有针对性

① 坪郷実：「参加ガバナンスと自治体再構築」，《地域開発》2007年第11期，第5頁。

的、贴近市民的政策菜单，鼓励市民提案。第三，举行一系列与提案相关的法律知识讲座，在人大政策法律专家的指导下，提高市民政策参与能力。第四，在市民提案的基础上，形成高质量的人大代表提案，交与人代会审议。第五，人代会通过议案，政府执行。可以说，整个过程体现了市民参与下的“公共性”，这是从“官制市场”向“市民市场”转换的“公共性”，这是“大公共”的视野。

（二）城市发展与市民参与

在我国现行制度下的城市发展计划基本上是由地方各级政府制定的。但是，近二十年我国城市建设的无序扩张已经成为一个沉重话题，有些城市建设的规模以及对资源的攫取几乎到了疯狂的地步。然而，市民对居住环境和生活质量的满意度如何？政府对公共资源的配置，它的目标函数与有效性并不是公众想象的理想模式。政府对“政绩”的追求与资源配置的目标函数融合在一起，前者占据首位。所以，城市发展基本被纳入“官制市场”轨道。

1．“参与型都市建设”的制度保障

城市发展与市民参与，是指市民参与城市发展规划的制定，即“参与型都市建设”。但是，如何激起一般市民参与的积极性？为此，行政层面的信息公开，公共机构保证公开的信息能够对市民参与起到制度保障的作用，充实代表一般市民的市民团体、专家团体，提高这些组织在市民参与过程中应有的地位，都是至关重要的。

对于城市发展与市民参与，作为运行机制的“提案型市民运动”仍然是重要的借鉴因素。因为从市民参与动机分析，以往的市民参与一般从受害者的角度参与，作为利益收益者的市民一般不参与，即使参与，也容易引起收益者与受害者之间的对立。所以，城市发展计划的市民参与，必须设定一个法定的、市民参与的制度，并且这一制度应该区别于一般意义上的都市计划参与方式。制度性的参与是市民共有的、对于城镇前景设计层面的参与。

在英国，区域发展规划的市民参与形式是以政府主办的圆桌会议为中心，作为政策制定主体的政府部门预先公布政策一览表，然后与市民团体、专家团体进行协商，而圆桌会议的参加者大部分也是市民团体和专家团体。日本1992年创设的市町村都市计划就是由多数市町村居民参与制定的。另外,城市发展的市民参与不是单指参与舆论调查这一形式,而是市民参与政策制定委员会的政策制定,或者是参与工作室(work shop)的都市政策制定过程。

2. 不同利害关系之间的利益调整

有关城市发展的市民参与,一般的舆论调查显示,市民对于贴近自身生活圈的问题比较重视,而对于离自身生活圈较远的区域,生活体验的实感较淡薄,而且由于知识普及不够,很难参与。

贴近自身生活圈的城镇建设计划,因计划带来的影响都是在利益相关者之间发生,不管是正的影响还是负的影响,都是被限定在离自己最近的生活地区内发生,也就是说,利害关系是被限定的。但是在一个比较大的区域,利害关系者是多元的,在实施计划层面,如垃圾处理场、支线道路设施建设所带来的影响,既有享有良好服务的地区,也有深受不良影响的地区,从而导致市民意见对立。所以,在区域发展计划中的市民参与落差比较大。

城市发展规划的市民参与一个显著的特点是不同利害关系之间的利益调整,而它最终成为地方政治过程中的重要一环,也就是说,需要制定相关法律。日本1980年制定了地区发展相关法律,规定作为都市计划一部分的地区计划,在制定该计划的时候,尤其要听取区域内的土地所有者、利益相关者的意见。这是一种市民参与的方法,而它的意义在于用法律程序把它决定下来。但是,在法律执行方面,实际的情况并不像提案制度所期待的那么完好。例如,日本《都市计划法》规定,城市发展规划的通过,必须经由2/3土地所有者的同意才能立案。遗憾的是,2007年末,完全按照《都市计划法》规定的2/3土地所有者一致同意的提案不到80件。根据东京工业大学教授中井检裕的研究室调查,与开发商无关的、完全根据土地所有者的意见修改而成的提案仅占全部议案的1/3左右。[1]

由此可见,公共性——以“官”为中心还是以“民”为中心?这仍然是

① 〔日〕中井検祐:「市民参加と都市計画制度」,『地域開発』2008年第9期。

一个悬而未决的问题。随着老龄化社会加剧、地球环境恶化以及贫困分化,城市建设中的公共性应该逐渐呈扩大的趋势,行政改革应该为现实社会发展趋势创造一个制度环境——培育和扩大地域的公共性。

(三)非营利组织的公共性需要政府创新

20 世纪 80 年代以来,无论是在发达国家还是在发展中国家,非营利组织都致力于各种社会问题的解决,但我国的非营利组织有其自身的特点,那就是"官民二重性",这一点与日本的"官制市场"有类似之处。但是,日本是通过行政委托的方式把非营利组织拉入"官制市场",而我国的非营利组织,大部分由政府创建、推动成立,或者从政府机构转变而来,如工会、妇联、工商联、消费者协会、行业协会等。即使是民间自愿的社会组织,也是在"双重管理体制"下生存、运行,很难具有非营利组织特有的非政府性、自治性、非营利性、志愿性等基本特征,而是扮演着政府延伸机构的作用。

温州是商会和行业协会较为集中的地区,其中有企业自发组成的商会,也有政府牵头组成的商会。但有一点可以肯定,温州商会的组建得到政府大力扶持,有些商会主席在人大、政协兼职;有些商会会长由政府提名。可以说,我国的非营利组织基本上还处在一个"官制市场"的状态。

确立市民的"公共",通过非营利组织扩展社会的公共性,实现从"官制市场"向"市民市场"转换。

1. 以"组织治理"培育民间主体

2011 年 11 月底,广东省出台了《关于广东省进一步培育发展和规范管理社会组织的方案》,决定从 2012 年 7 月开始,社会组织直接向民政部门申请成立,无需挂靠业务主管部门。改革的重点是行业协会、公益慈善类组织、社会服务类组织等。政府放权,退出管不了、管不好的领域,然后再以购买社会组织服务的形式扶持社会组织。[①] 广东的改革走在全国前

① 参见许为明:《广东拟降社会组织登记门槛》,载《社会观察报》2011 年 12 月 12 日第 12 版。

列,并与国际接轨,对社团实行注册制、登记制管理。

作为广东省社会管理体制改革的试点城市——顺德,2011 年 11 月 14 日正式发布《中共顺德区委顺德区人民政府关于推进社会体制改革加强社会建设的意见》,决定通过培育社会组织取代过去政府大包大揽的做法,扩大参政议政,从而实现"小政府、大社会"。

由此可见,从"官制市场"到"市民市场",广东经验比温州更符合这一方向。社会制度改革为现实的社会发展趋势创造一个制度环境——培育和扩大地域的公共性,在这基础上,形成政府、公司与社会的平衡。

2. *以政府创新拓宽公共空间*

在这方面,日本志木市的住民税"1% 住民自治基金"以及市川市的"1% 市民团体支援制度"是可以借鉴的。

志木市"1% 住民自治基金"由政府列出具体的、贴近市民的政策菜单,请市民选择。市民选择机制通过舆论调查,从 20 岁以上的成年人中抽出 1000 人为样本,每年进行调查。志木市的住民税,2004 年有 40 亿日元,1% 便有 4000 万日元,①这 4000 万日元的社会责任投资由市民决定。

市川市的"1% 市民团体支援制度"是由市民决定市财政支出 1% 的具体投向。② 第一,市民团体把下一个财政年度的活动计划向政府公示,然后,市政府以政府公报的形式向市民公开活动计划;第二,市民参照政府信息,选定自己支援的一个市民团体活动;第三,市民交纳住民税;第四,市政府把市民交纳的住民税的 1% 支付给市民选定的市民团体;第五,市民团体用其 1% 的财源向市民实施公共服务。

以上案例的价值在于"市民市场"的构建,以"政策提案型市民运动"拓宽公共空间,而这一行动由政府作出。

我们也可以尝试"市民提案型资金"的政府制度创新,资金可以占地方财政的一定比率,而这部分资金的使用由市民作出决定,通过市民提案

---

① 〔日〕報道:「住民税の使途市民が決める」,『朝日新聞』2004 年 9 月 4 日第 2 版。

② 〔日〕根本祐二:「官の決定権問題と民間提案」,『地域開発』2008 年第 10 期。

的方式决定资金的使用权。尤其在食品安全、环境治理以及城市建设等方面，通过“市民提案型资金”培养出大量能够参与公共治理的市民，从而平衡政府、公司与市民社会三者关系，最终实现从“官制市场”向“市民市场”的转换。

参考文献

一、中文文献

1. 王新生:《现代日本政治》,经济日报出版社 1997 年版。

2. 钱为家:《全球战略 CSR 案例报告》,中国经济出版社 2010 年版。

3.《中国统计年鉴 1987》,中国统计出版社 1987 年版。

4. 王振中:《转型经济理论研究》,中国市场出版社 2006 年版。

5. 黄安年:《当代美国社会保障政策》,中国社会科学出版社 1998 年版。

6. 姜守明:《西方社会保障制度概论》,科学出版社 2002 年版。

7. 李道揆:《美国政府和美国政治》,中国社会科学出版社 1990 年版。

8. 吴育辉、吴世农:《企业高管自利行为及其影响因素研究》,载《管理世界》2010 年第 5 期。

9. 南开大学公司治理机构研究中心:《上市公司治理指数》,载《管理世界》2010 年第 1 期。

10. 劳动与社会保障部劳动科学研究所课题组:《企业社会责任应对策略研究》,载《经济研究参考》2004 年第 81 期。

11. 中国经济增长与宏观稳定课题组:《增长失衡与政府责任——基于社会性支出角度的分析》,载《经济研究》2006 年第 10 期。

12. 启越:《PM2.5 不是潘多拉魔盒》,载《经济观察报》2011 年 12 月 12 日。

13. 许为明:《广东拟降社会组织登记门槛》,载《社会观察报》2011 年 12 月 12 日。

14. 温淑萍:《速冻食品新标、企业当家》,载《经济观察报》2011 年 12 月 12 日。

15. 周康:《中国社会责任投资的发展现状及策略》,载《当代经济》2010 年第 6 期。

16. 劳动和社会保障部劳动科学研究所课题组:《透视企业社会责任运动(下)》,载《上海企业》2004 年第 11 期。

17. 盛超:《出口食品合格率 99% 笑话了谁》,载《经济观察报》2011 年 12 月 12 日。

18.〔英〕罗纳德·科斯:《企业的性质》,载盛洪主编:《现代制度经济学》,北京大学出版社 2003 年版。

19.〔英〕罗纳德·科斯:《社会成本问题》,载盛洪主编:《现代制度经济学》,北京大学出版社 2003 年版。

20.〔美〕斯蒂芬·P. 罗宾斯:《管理学》. 孙健敏等译,中国人民大学出版社 2006 年版。

21.〔美〕阿曼·阿尔奇安、苏珊·伍德沃德:《企业死了、企业万岁》,载盛洪主编:《现代制度经济学》,北京大学出版社 2003 年版。

22. Douglass C. North:《交易成本、制度和经济史》,载〔德〕埃瑞克·G. 菲吕博顿、鲁道夫·瑞切克:《新制度经济学》,孙经纬译,上海财经大学出版社 1998 年版。

23.〔英〕亚当·斯密:《道德情操论》,谢宗林译, 中央编译出版社 2009 年版。

24.〔美〕里查得·雷恩:《政府与企业——比较视角下美国政治经济体制》,何俊志译, 复旦大学出版社 2007 年版。

25.〔美〕布坎南:《一致同意的计算》,陈光金译,中国社会科学出版社 2000 年版。

26.〔美〕J. R. 沙克尔顿、G. 洛克斯利:《当代十二位经济学家》,淘海粟等译,商务印书馆 1992 年版。

27.〔美〕戴维·奥斯本、特德·盖布勒:《改革政府——企业精神如何改革着公营部门》,周敦仁译,上海译文出版社 2006 年版。

28.〔德〕黑格尔:《历史哲学》,王造时译,三联书店 1956 年版。

29.〔法〕涂尔干:《社会分工论》,王了一译, 商务印书馆 1935 年版。

30.〔德〕哈贝马斯:《公共领域的结构转型》,曹卫东等译,学林出版社 1999 年版。

31.〔德〕韦尔夫·维尔纳:《德国视角下的欧洲社会模式》,载吴志成等主编:《欧洲研究前沿报告》,华东师范大学出版社 2007 年版。

32.〔美〕乔·B. 史蒂文斯:《集体选择经济学》,杨晓维译,上海三联书店 2003 年版。

二、外文文献

1. R. H. Coase, Industrial Organization: A Proposal for Research, R. Ruchs (ed.), Policy Issues and Research Opportunities in Industrial Organization, New York.

2. Lisa Roner, Coca-Cola-Ghosts in the Coke Machine, http:// www.ethicalcorp.com, Mar. 13th, 2006.

3. Castleman, UN Trasnational Corporations and Management Division, 1992.

4. Emily Stipes Watts, The Businessman in American Literature, Athens University of Georgia Press, 1982.

5. This Discussion Draws from the Principal Work on This Topic, Seymour Martin Lipest and William Schneider, The Confidence Gap: Business, Labor, and Government in the Public Mind, New York: Free Press, 1983.

6. M. Bowles, Gale on Easements, 13th ed., London: Sweet & Maxwell, 1959.

7. Fountainbleu Hotel Corp, v. Forty Five Twenty-Five, Inc. 114So, 2d 357, 1959.

8. World Economic Outlook-Globalization and Inequality, October 2007, IMF.

9. Charles Wolf, Markets or Governments: Choosing between Imperfect Alternatives, Cambridge, Mass: MIT Press, 1990.

10. R. Dahl and C. Lindblom, Politics Economy and Welfare: Planning and Politico-Economic Systems Resolved into Basic Social Processes, New York: Harper, 1953.

11. S. Krasner, International Regimes (lthaca, NY: Cornell University Press, 1983), M. Blyth, Great Transformations Economic ldess and lnstitutional Change in the Twentieth Century Cambridge University Press, 2002.

12. J. Court, Corporateering: How Corporate Power Steals Your Personal Freedom, New York J. P. Tarcher/ Putnam, 2003.

13. Organisation for European Co-operation and Development, OECD Factbook 2005: Economic, Environmental and Social Statistics, Paris, 2005.

14. J. Bamford, Changing Business as Uaual, Working Woman, November 1993.

15. Baums, Theodor Hrsg: Bericht der Regierungskommision Corporate Governance, Koln 2001.

16. Alan Rugman, The End of Globalization, 2001.

17. Ralph Naber and Mark J. Green, eds., Corporate Power in America, New York: Grossman Publishers, 1973.

18. Adam Smith:『道徳情感論』,水田洋訳,筑摩書房 1973 年。

19. Jennifer Clapp、Peter Dauvergnc:『地球環境の政治経済学』,仲野修訳,法律文化社 2008 年。

20. 鶴見和子:『内発の発展論』,藤原書店 1997 年。

21. 伊東光晴:『現代に生きるケインズ』,岩波書店 2008 年。

22. George Soros:『ソロスは警告する』,徳川家広訳,講談社 2008 年。

23. David Harvey、渡辺治訳:『新自由主義——その歴史の展開と現在』,株式会社作品社 2007 年。

24. 奥村宏:『会社本位主義は崩れるか』,岩波書店 1999 年。

25. J. Mark Ramseyer:『日本政治の経済学』,加藤寛訳,弘文堂 1996 年。

26. 中谷厳:『資本主義はなぜ自壊したにか』,集英社 2008 年。

27. 西川润:『人間のために経済学』,岩波書店 2006 年。

28. トマス・リハ:『ドイツ政治経済学』,原田哲史等訳,ミネルウ書房 1992 年。

29. 安籐良雄:『近代日本経済史』,東京大学出版社 1999 年。

30. 青木一能:『全球型社会危机』,芦书房出版社 2005 年。

31. 夏目启二:『変貌するアメリカ企業と社会』,文理閣 2006 年。

32. 丸山恵也:「現代社会における企業の社会的責任」、『会社と社会——比較経営学のすすめ』,文理閣 2006 年。

33. N. Miyats:「環境と成長は両立可能」,『日本经济新闻』2003 年 11 月 27 日。

34. 庄司克宏:「リスボン条約とEUの課題」,『世界』2008 年第 3 期。

35. 伊東光晴:「オバマはルースベルトたりうるか」,『世界』2009 年第 9 期。

36. 西川潤:「21 世紀の市民社会」,『軍縮問題資料』2004 年第 2 期。

37. 原伸次朗など:「米国発の金融危機とドル体制のゆくえ」,『経済』2008 年 10 月。

38. 大林尚:「負担と年金改革」,『日本経済新聞』2003 年 11 月 12 日。

39. 宮本太郎:「"小さな政府"論と市場主義」,『世界』2006 年第 5 期。

40. 岩田正美など:「いまなぜ社会保障建築が必要か」,『世界』2006 年第 7 期。

41. 評論:「日米構造協議」,『朝日新聞』1990 年 3 月 23 日。

42. 報道:「社宅の調査」,『日本経済新聞』1992 年 3 月 5 日。

43. 砂田一郎:「ブッシュの保守主義政治はアメリカに何を残したのか」,『世界』2008 年第 2 期。

44. 小塚尚男:「日本社会的企業の現状」,『地域開発』2007 年 11 月。

45. Amy Domini:『社会的責任投資』, 山本利明訳,木鐸社 2002 年。

46. 藤田和:「アメリカの社会的責任投資」,『日本経済新聞』2003 年 11 月 19 日第 8 版。

47. 野田由美子:「共創——横浜市が目指す公民連携の取り組み」,『地域開発』2008 年第 10 期。

48. 中川暢三:「公民連携で進める自治体再生」,『地域開発』2008 年第 10 期。

49. 田中弥生:「官制市場と市民市場」,『地域開発』2007 年第 11 期。

50．坪郷実:「参加ガバナンスと自治体再構築」,『地域開発』2007 年第 11 期。

51．大宮司聡:「朝日企業市民賞」,『朝日新聞』2007 年 9 月 25 日第 13 版。

52．赤木昭夫:「アメリカ型グローバライゼーションの終了」,『世界』2008 年第 2 期。

后　记

“公共治理结构中的企业社会责任”是上海哲学社会科学规划项目（2008BZZ002）。项目横跨经济学、比较政治学与比较公共行政三大学科领域。项目需要丰富的文献资料以及崭新的研究视角作为支撑，否则很难有创意。所以，怎么写是一个富有挑战性的问题。然而，选择一个挑战自我的研究课题，是对自己学术领域的一次新开拓。为此，2008 年的国庆日，笔者赴日本早稻田大学进行学术访问，半个多月的时间几乎每天在图书馆度过。

项目成功结项，通过了 5 位匿名专家评审，等级为良。为此，要感谢为笔者创造这次学习机会的早稻田大学西川润教授。

项目制作过程中，笔者参与了多次国际国内学术活动，相关的学术观点也与同行专家进行了交流。作为项目的中期成果，在 2008—2011 年的 CSSCI 刊物上发表了多篇论文，论文均被《中国社会科学文摘》、中国人民大学书报资料中心《政治学》、中国人民大学书报资料中心《公共行政》、中国人民大学书报资料中心《生态环境与保护》，以及《高等学校文科学术文摘》等学术杂志转载。

项目内容在研究生和本科生教学中也起了很大的作用。大量的、国内很难看到的资料，让学生耳目一新。这种信息反馈既来自上海师范大学的研究生，也来自上海杉达学院的学生。本书出版后，将作为上海杉达学院行政管理专业的教学参考书。

本书从主题设计到出版，各个环节都得到了许多前辈和朋友的帮助。首先，感谢早稻田大学教授委员会同意接受笔者为访问学者；其次，感谢上海师范大学何精华教授对项目的指导；再次，感谢北京大学出版社的支持和帮助；最后，感谢我的女儿甘明洁和女婿陈建桦为阶段性成果所做的英语翻译。

甘峰

2013 年 5 月 30 日于上海浦东金海路 2727 号